中国—中东欧国家
合作进展与成就

——第四次中国—中东欧国家高级别智库研讨会文集

黄平 刘作奎 主编

China-CEEC Think Tank Book Series

中国社会科学出版社

图书在版编目（CIP）数据

中国—中东欧国家合作进展与成就／黄平，刘作奎主编.—北京：中国社会科学出版社，2018.9
ISBN 978-7-5203-3433-4

Ⅰ.①中… Ⅱ.①黄…②刘… Ⅲ.①国际合作—研究—中国、东欧 Ⅳ.①D822.351

中国版本图书馆 CIP 数据核字（2018）第 245586 号

出 版 人	赵剑英
责任编辑	喻　苗
责任校对	冯英爽
责任印制	王　超

出　　版	中国社会科学出版社
社　　址	北京鼓楼西大街甲 158 号
邮　　编	100720
网　　址	http://www.csspw.cn
发 行 部	010-84083685
门 市 部	010-84029450
经　　销	新华书店及其他书店

印　　刷	北京明恒达印务有限公司
装　　订	廊坊市广阳区广增装订厂
版　　次	2018 年 9 月第 1 版
印　　次	2018 年 9 月第 1 次印刷

开　　本	710×1000　1/16
印　　张	14.25
插　　页	2
字　　数	227 千字
定　　价	59.00 元

凡购买中国社会科学出版社图书，如有质量问题请与本社营销中心联系调换
电话：010-84083683
版权所有　侵权必究

目 录

前言　中国—中东欧国家合作进展分析 …………… 黄　平　刘作奎(1)

第一部分　"16+1合作"动态进展

对"一带一路"倡议推动下的中国与中东欧国家关系
　　发展的分析和展望 ……………………………………… 苗华寿(7)
"16+1合作"中的问题及认识 …………………………… 高晓川(18)
德国对"16+1合作"的疑虑分析 ………………………… 黄萌萌(28)
首脑外交视域下的新时期中国与中东欧国家关系 ………… 胡　勇(42)

第二部分　"16+1合作"框架下的地方合作

中东欧国家进入上海市场的意义与路径 ……… 陆　钢　张钰洋(63)
"一带一路"背景下河北省国际产能合作的现状及
　　对策研究 ……………………………………… 刘海云　张金哲(72)
中国与中东欧国家教育合作机遇与对策研究 …………… 闫国庆(81)

第三部分　中国对中东欧的投资和经贸合作研究

中东欧十六国环境规制对中国 OFDI 的影响
　　研究 …………………………… 邱　强　张统勋　王　赛(93)
华人移民网络对中国直接投资欧盟的影响
　　研究 …………………………………… 尚宇红　杨晨成(112)

"一带一路"与投资中东欧
　　——中国私企进入斯洛文尼亚特殊
　医药行业的机遇与挑战 ················ 周忠菲　钟胙果　沈士林(137)
基础设施与产业园区双轮驱动：中国与中东欧经济
　合作的现实路径 ························· 吴志峰　王星宇(145)
英国脱欧对中国与保加利亚、罗马尼亚合作带来的
　利与弊 ································· 任再萍　王　娇(152)

第四部分　中东欧地区形势分析

中东欧国家政党政治"欧洲化"论析
　　——以波兰、匈牙利、捷克为例 ················ 姬文刚(187)
俄罗斯在塞尔维亚(2006—2016) ············ 南　江　王成云(203)

前言　中国—中东欧国家合作进展分析[*]

中国—中东欧国家关系越来越受到政界、学界以及商界的重视。在各方的努力推动下，"16＋1合作"从无到有，从单一的经贸合作到全方位的国家间各领域纵深合作，取得了丰硕的成果。"16＋1合作"框架确立和平台建设五年来，也是国际形势风云变幻、国际格局深刻调整的五年。对此，中国在推进"16＋1合作"上充分将"共商、共建、共享"的新理念融合到发展合作机制中来，将"一带一路"建设的路线图铺设到中东欧各国，体现出中国与中东欧各国合作的诚意和务实精神。同时，中东欧各国也积极响应，将各个国家的自身发展战略规划与中国的"一带一路"进行积极对接，特别是利用"16＋1合作"平台和机制，高频度加强与中国的合作与联系，展现出中东欧对中国国际地位的充分认可和高度重视。通过梳理"16＋1合作"五年来的成果发现，中东欧各方对"16＋1合作"的认同感和获得感进一步增强。

进入新时代，"16＋1合作"也亟须完善体制机制建设。如何在欧盟的框架范围内展开更加高效的多边合作，如何发挥好欧洲单一市场的优势使欧洲市场与中国市场实现无缝对接，以及如何加强"五通"交流，发挥"五通"优势，实现共同发展，都是摆在17国领导人面前的现实命题。当前的"16＋1合作"确实面临着一定的挑战，如匈塞铁路一波三折，欧盟对西巴尔干地区的新扩大战略等都对推进"16＋1合作"产生一定的影响。在未来可预期的时间范围内，或者具体说，下一个"16＋1合

---

[*] 黄平，中国社会科学院欧洲研究所所长、16＋1智库网络秘书长；刘作奎，中国社会科学院欧洲研究所中东欧研究室主任、16＋1智库网络办公室主任。

作"的五年无疑是考验中国—中东欧合作极其关键的时期。

正是在继往开来的关键节点，2017年12月17—19日，由中国社科院主办、中国社科院欧洲研究所承办、16+1智库网络等单位合办的"第四次中国—中东欧国家高级别智库研讨会"在北京成功举行。会议的主题为"中国—中东欧国家合作：未来五年展望"。这次研讨会是第六次中国—中东欧国家领导人会晤后召开的一次重要智库会议，旨在发挥智库的专业研究能力及多维度影响力，促进中国和中东欧各国政策沟通、民心相通，为在未来五年内中国与中东欧国家的"16+1合作"奠定了坚实的民意基础。会议开幕式上，中国外交部副部长、中国—中东欧国家合作秘书处秘书长王超，保加利亚驻华大使格里戈尔·波罗扎诺夫代表中外方分别致辞，中国社会科学院副院长、16+1智库交流与合作网络常务副理事长蔡昉发表主旨演讲。研讨会开设了三个分论坛，主题分别为："16+1合作"如何助力"一带一路"建设、未来五年如何推动"16+1合作"行稳致远、"16+1合作"如何推动中欧更加紧密合作。来自中国及中东欧16国的政府官员、知名智库负责人以及专家学者近300人共聚一堂，为促进中国—中东欧国家合作建言献策。中国—中东欧国家智库合作的协调机构"16+1智库网络"广泛收集各方学者中英文参会论文五十余篇，现将部分中文论文辑录成本书。

论文集分为前言和四大部分。

前言对中国和中东欧国家合作五年来的成就进行了总体分析。

第一部分的主题是"16+1合作"动态进展。高晓川的《"16+1合作"中的问题及认识》对"16+1合作"存在的部分问题进行了分析。文章指出，中国与中东欧国家的贸易不平衡、欧盟的经济政策与市场准入障碍、中东欧国家内存在的政治化思维和不利的舆论环境，以及域外大国的影响都对"16+1合作"形成一定的牵制。胡勇的《首脑外交视域下的新时期中国与中东欧国家关系》分析了中国与中东欧国家首脑外交的战略引领作用，并对其中存在的问题及其对策提出了自己新的思考。黄萌萌的《德国对"16+1合作"的疑虑分析》认为，中国应采取适当措施应对来自德国对于"16+1合作"的疑虑，如推动中德"工业4.0"领域创新合作在中东欧进行实践，并推进中欧投资协定谈判，避免美欧联手设置对华投资障碍。苗华寿研究员的《对"一带一路"倡议推动下的中国与中东欧国家关系发展的分析和展望》指出，我们应处理好与中东欧欧盟成员国、非欧盟成员国及欧盟本身的关系，引导各方积极参与，在具体项目评估时提高风险研判及应对能力。

第二部分的主题是"16+1合作"框架下的地方合作。2018年是"16+1"地方合作年，地方合作是推动"16+1合作"实现优势互补、精准务实的重要抓手。来自上海、河北、宁波等地的几位学者对地方省市如何在"16+1合作"中明确其定位和角色，发挥其特点和优势，与中东欧国家顺利对接作了深入的解读和剖析。陆钢、张钰洋的《中东欧国家进入上海市场的意义与路径》提出，"一带一路"沿线地区中，中东欧国家国际化程度和发展水平较高，设法让经济发展水平和经济体量都相近的上海乃至长三角地区与中东欧地区整体对接，将会在"一带一路"的西部地区实现战略性突破。刘海云、张金哲的《"一带一路"背景下河北省国际产能合作的现状及对策研究》分析了"一带一路"背景下河北省国际产能合作的现状，针对河北省在国际产能合作中存在的问题，从完善机制等方面提出了改进问题的对策建议。闫国庆的《中国与中东欧国家教育合作机遇与对策研究》分析了"16+1"教育合作机遇、挑战与对策，指出"16+1合作"框架下，中国与中东欧国家合作开展跨境教育，合力培养一批精通相关外语、熟悉国际规则、具有国际视野以及善于在全球化竞争中把握机遇和争取主动的国际化人才，成为当前重要的需求。

第三部分的主题是中国对中东欧的投资和经贸合作研究。中国在中东欧的投资具有数量相对小、业态呈多样性、非官方计划之内的中资企业占一定量比等特点。邱强、张统勋、王赛的《中东欧十六国环境规制对中国对外直接投资的影响研究》对中国对中东欧十六国的直接投资面板数据进行回归分析。指出应进一步加强对中东欧国家环境规则和法律制度的研究和宣传，加强双方的投资和贸易的互通互补性，使得投资和贸易相互促进。尚宇红、杨晨成的《华人移民网络对中国直接投资欧盟的影响研究》关注海外华人移民网络与中国对欧盟直接投资的关系。周忠菲等研究员的《"一带一路"与投资中东欧——中国私企进入斯洛文尼亚特殊医药行业的机遇与挑战》对中国私企与中东欧国家地方政府和科研结构的合作做了个案研究，分析了中小企业进入中东欧市场所面临的问题。吴志峰、王星宇《基础设施与产业园区双轮驱动：中国与中东欧经济合作的现实路径》关注深化合作的现实路径，指出应在巩固已有合作的基础上，提倡"基础设施"与"产业园区"双轮驱动机制，促进国有企业与民营企业的有机互动，并加快配套政策落地，为中国企业"走出去"的便利性和可持续性创造条件。英国"脱欧"给中欧关系带来战略风险和机遇，任再萍、王娇的《英国脱欧对中国与保加利亚、罗马尼亚合作带来的利与弊》分析了英国脱欧对保加利亚、罗马尼亚两国造成的冲击，以及由此所带来的中国与保、罗两国在多个领域发展关系的机遇、挑战和策略。

第四部分的主题是中东欧地区形势分析。姬文刚《中东欧国家政党政治"欧洲化"论析——以波兰、匈牙利、捷克为例》关注中东欧国家政党政治的转型及发展，论述了加入欧盟最早的三个中东欧国家波兰、匈牙利、捷克的政党政治的"欧洲化"，即欧盟对成员国国内政治的影响，以及国内结构对欧盟的反馈和调适过程。从政党政治"欧洲化"的东欧实践可以看出，"欧洲化"将会日益使中东欧国家的国内政治与欧盟政治进行双向对接，并改写甚至重塑欧盟及成员国未来的政党政治图景。由于历史关系、地缘政治和现实利益因素，俄罗斯在中东欧地区一直保有其传统影响力，特别是能源、交通等经济领域。南江、王成云的《俄罗斯在塞尔维亚（2006—2016）》从政治、经贸、军事等领域梳理了2006—2016年的俄塞关系。作为"16+1合作"不容忽视的大国，俄罗斯正积极推动塞尔维亚加入欧亚经济联盟，如何与各方加强利益协调和战略对接，将是"16+1合作"不容忽视的关注点。

2017年12月18日中国—中东欧国家高级别智库研讨会已落下帷幕，但是对"16+1合作"的研究方兴未艾。随着"16+1合作"不断深入发展，尤其在"一带一路"建设的总领下，中东欧地区势必成为中国打造对外开放新格局、新模式的示范区之一。笔者相信本论文集的出版，会进一步推进和加强中国对中东欧问题的研究，也会吸引政界、学界以及商界共同参与到中国—中东欧国家高级别智库中来，为"16+1合作"各司其职，各尽其力。

第一部分

"16+1合作"动态进展

对"一带一路"倡议推动下的中国与中东欧国家关系发展的分析和展望[*]

"一带一路"倡议是习近平主席于2013年9月和10月先后提出的，不仅立即得到国际社会的高度关注，同时也是当前我党和中国参与和完善全球治理体系的主动作为，助力实现"中国梦"的重大举措。中东欧地区是"一带一路"倡议要实现其既定目标的重要区段之一，而且中东欧地区与其他区段有着不同的特点，是中国开拓外交视野的重要地区，因此，分析和梳理好"一带一路"倡议及其对中东欧国家在实现"一带一路"倡议中的地缘政治优势，对促进中国与中东欧国家关系的发展，对实现习近平主席的伟大战略构想有着非常重要的意义。

一 "一带一路"倡议的提出及其至今所取得的成就

(一)"一带一路"倡议的由来和发展

众所周知，"一带一路"倡议是习近平主席于2013年9月出访哈萨克斯坦期间提出共建"丝绸之路经济带"的重要倡议和10月在出访印度尼西亚期间提出要打造"21世纪海上丝绸之路"的构想结合在一起，被称为"一带一路"。丝绸之路是一条沟通古代中国与西方古老而漫长的商路，后西段延伸到叙利亚。自此以后，这一名称便流行开来。不过这一名称并不能概括当时东西方贸易的全部内涵，因为"丝绸之路"既是运

---

[*] 苗华寿，国务院发展研究中心欧亚社会发展研究所研究员。

送香料、纸张和瓷器的商道，又是东西方的文化、宗教和技术交流的通道。

海上丝绸之路主要是指：自中国东南沿海港口，穿过南海、马六甲海峡，向西进入印度洋、波斯湾、红海沿海国家和地区，延伸至欧洲。由于海上贸易往来的不断发展，海上丝绸之路逐渐取代了古老的陆上丝绸之路，成为对外贸易的主要通道。

(二)"一带一路"倡议提出的背景

冷战结束以后，丝绸之路的复兴一直备受国际社会的重视：联合国最早提出复兴丝绸之路，美国于2011年明确提出"新丝绸之路"计划，中国于2013年提出"一带一路"倡议。而"一带一路"倡议的提出是经过充分论证的，它是在国内和国际两大背景下提出的。

国内背景：一是中国经济进入"新常态"，仍然处在重要的战略机遇期。中国经济呈现出"新常态"，从高速增长转为中高速增长，经济结构优化升级，从要素渠道、投资驱动转向创新驱动。2014年5月习近平主席在河南考察时首次提及"新常态"，指出中国发展仍处于重要战略机遇期。二是满足地区发展需求，"一带一路"倡议立足中国西部地区和东部沿海地区的发展和开放。为了"构建开放性经济新体制"，建立开发性金融机构，加快同周边国家和区域基础设施互联互通建设，推进丝绸之路经济带、海上丝绸之路建设，形成全方位开放新格局。三是中国是外向型经济，作为全球最大贸易国，同时拥有3亿多美元的外汇储备。而中国实际上需要的外汇储备是有限的，这意味着，中国有足够多的美元储备资产可以通过合理多元化的对外投资转化为非储备资产。

国际背景：在各国彼此依存、全球性挑战此起彼伏的今天，各国要对接彼此政策，在全球更大范围内整合经济要素和发展资源，才能形成合力，促进世界和平安宁和共同发展。一是面临新一轮全球经贸规则变局，对中国以及广大发展中国家提出新挑战，如不适应将面对被边缘化的风险，而主动适应也将面对体制机制和承受能力差距较大带来巨大冲击的风险。二是助推亚欧大陆的整体振兴，"一带一路"是由横跨亚欧大陆的铁路、公路、航空、海上运输、油气管道、输电线路和通信网络组成的综合性立体互联互通的交通网络。这一交通网络的建设如能与区域开发开放结合起来,就会助推亚欧大陆的整体振兴。三是中国与沿线国家贸易往来紧密,也是不少沿线国家的最大贸易伙伴、最大出口市场和主要投资来源地,近10年来,中国与沿线国家贸易额和直接投资年均增长明显高于同期中国对外贸易和对外直接投资总体年均增速。

(三)"一带一路"倡议的定位

"一带一路"倡议的核心内容是促进基础设施建设和互联互通,对接各国政策和发展战略,深化务实合作,促进协调联动发展,实现共同繁荣。"一带一路"建设植根于历史,但面向未来;源自中国,但属于世界。在"一带一路"建设合作框架内,各方携手应对世界经济面临的挑战,开创发展机遇,谋求发展新动力,拓展发展新空间,实现优势互补、互利共赢,不断朝着人类命运共同体方向迈进。这基本回答了人们对"一带一路"是全球性的还是区域性的这一问题和我们要实现的目的是什么。因为,古代陆上丝绸之路与海上丝绸之路的形成带动了沿线地区的繁荣,现代"一带一路"的建设同样将会极大促进沿线国家经济的发展,给它们带来实实在在的好处。所以,这一倡议就必然会得到国际社会的积极响应和广泛支持。

(四)"一带一路"倡议的成果

"一带一路"倡议提出后,至今已近4年,全球100多个国家及国际组织积极支持、参与"一带一路"建设,联合国大会、联合国安理会等重要决议也纳入"一带一路"建设内容。"一带一路"建设逐渐从理念转化为行动,从愿景转变为现实,建设成果丰硕。

一是政策沟通不断深化。中国已与俄罗斯的欧亚经济联盟、东盟的互联互通总体规划、哈萨克斯坦的"光明之路"、土耳其的"中间走廊"、蒙古的"发展之路"、越南的"两廊一圈"、英国的"英格兰北方经济中心"、波兰的"琥珀之路"以及老挝、柬埔寨、缅甸、匈牙利等国的规划全面展开对接。中国已同40多个国家和国际组织签署了合作协议,同30多个国家开展机制化产能合作。在2017年的高峰论坛期间,各方共签署一大批对接合作协议和行动计划,与60多个国家和国际组织共同发出推进"一带一路"贸易畅通合作倡议,共取得了270多项具体成果,为

"一带一路"建设开启了新征程、书写了新篇章。

二是基础设施联通不断加强。中国正在和相关国家一道共同加速推进雅万高铁、中老铁路、亚吉铁路、匈塞铁路等项目,建设瓜达尔港、比雷埃夫斯港等港口,规划实施一大批互联互通项目。目前,以中巴、中蒙俄、新亚欧大陆桥等经济走廊为引领,以陆海空通道和信息高速路为骨架,以铁路、港口、管网等重大工程为依托,一个复合型的基础设施网络正在形成。

三是贸易畅通不断提升。2014—2016年,中国同"一带一路"沿线国家贸易总额超过3万亿美元(2016年,中国与沿线国家贸易总额为9536亿美元,占中国与全球贸易额的比重为25.7%)。中国对"一带一路"沿线国家投资累计超过500亿美元。中国企业已经在20多个国家建设56个经贸合作区,为有关国家创造近11亿美元税收和18万个就业岗位[1]。

四是资金融通不断扩大。融资瓶颈是实现互联互通的突出挑战。中国同"一带一路"建设参与国和组织开展了多种形式的金融合作。亚洲基础设施投资银行已经为"一带一路"建设参与国的9个项目提供17亿美元贷款,"丝路基金"投资达40亿美元。2013年年末,中国进出口银行与匈牙利进出口银行建立了中国—中东欧投资合作基金;2016年,中国工商银行出资10亿欧元投资设立中国—中东欧金融控股公司,该机构面向中东欧国家募集市场化基金[2]。这些新型金融机制同世界银行等传统多边金融机构各有侧重、互为补充,形成层次清晰、粗具规模的"一带一路"金融合作网络。"一带一路"倡议与中国和中东欧国家间的合作高度契合,让中东欧国家受益。刚刚与中国建立全面战略伙伴关系的匈牙利早已和中国共同投资重要项目。

五是民心相通不断促进。"一带一路"建设在科学、教育、文化、卫生、民间交往等各领域广泛开展合作,为"一带一路"建设夯实民意

---

[1] 习近平:《携手推进"一带一路"建设在"一带一路"——在国际合作高峰论坛开幕式上的演讲》,《人民日报》2017年5月15日第3版。

[2] 夏宾:《五国经贸部长点赞一带一路:发展融入中国元素》,2017年5月15日,中国新闻网。

基础，筑牢社会根基。中国政府每年向相关国家提供1万个政府奖学金名额，地方政府也设立了丝绸之路专项奖学金，鼓励国际文教交流。各类丝绸之路文化年、旅游年、艺术节、影视桥、研讨会、智库对话等人文合作项目百花纷呈，人们往来频繁，在交流中拉近了心与心的距离。

中方则有着很强的基建能力和丰富的经验。丰硕的成果表明，"一带一路"倡议顺应时代潮流，适应发展规律，符合各国人民利益，具有广阔前景。

二 中东欧国家在实现"一带一路"构想中的地缘政治优势

在"一带一路"60多个沿线国家中，中东欧国家占1/4，是全球新兴市场的重要板块。"一带一路"建设不仅拓宽了沿线国家的企业投资之路、贸易之路，也拓宽了中国与中东欧国家的文化之路和友谊之路。

一是地缘优势明显。中东欧16国（波兰、匈牙利、捷克、斯洛伐克、斯洛文尼亚、爱沙尼亚、拉脱维亚、立陶宛、保加利亚、罗马尼亚、塞尔维亚、黑山、克罗地亚、马其顿、波斯尼亚和黑塞哥维那、阿尔巴尼亚）。位于欧洲中东部，总面积133.6万平方公里，其中面积最大的是波兰，最小的是黑山。中东欧地区连接亚欧两大洲，是连接亚欧大陆的重要纽带。中东欧国家在"一带一路"发展格局中，地理位置独特，向西可辐射欧洲，是打通"一带一路"西进欧洲的重要桥梁。中东欧16国全部是中国"一带一路"倡议的沿线国家，是中国通过海路和陆路进入欧洲腹地的必经之路。

二是政治体制较为稳定。20世纪90年代初期发生的剧变之后，至今中东欧各国都建立了议会共和制国家，实行三权分立的政治体制，立法权、司法权和行政权相互独立，互相制衡。宪法规定，中东欧国家各国都是一个由所有生活在其境内公民组成的国家，实行议会民主制。目前，中东欧大多数国家政局还算稳定，特别是维谢格拉德集团的波兰、匈牙利、捷克、斯洛伐克四国都能按本国的宪法规定实现议会民主制。

三是实用主义色彩突出。中东欧地区聚集了欧洲大多数小民族，其经济和社会发展轨迹有别于西欧，也比西欧国家经历了更多历史风雨。这一地区族群分布复杂交织，民族关系决定了该地区的政治地图是从地域广阔的多民族帝国向联邦、民族国家的轨迹，朝着民族同质化程度更高、体量更小的政治体方向发展。与西欧历史发展的差异决定了长期在大国夹缝中生存的中东欧国家以不一样的视角看待一体化进程，一些中东欧国家具有强烈的疑欧心态，他们希望欧洲一体化朝着更加开放和民主化的方向发展，而不是朝着更加封闭和集权的方向发展。因此，多数已入盟的中东欧国家在涉及成员国家政治、经济利益方面比西欧国家表现出更突出的实用主义色彩。

四是发展经济是中东欧国家的首要任务。中东欧各国经济社会发展差异明显，最富裕国家与最落后国家的人均收入差距近十倍。多数中东欧国家地处内陆，其经济社会多样化特点显著，内部发展不平衡。由波兰、捷克、斯洛伐克、匈牙利四国组成的"维谢格拉德"集团、克罗地亚、斯洛文尼亚以及波罗的海三国（爱沙尼亚、拉脱维亚、立陶宛）加在一起的九国的经济社会发展水平远高于其他七国，但基础设施普遍滞后，经济发展已成为中东欧各国当前的首要任务。

五是"16+1合作"机制为中东欧国家实现"一带一路"的构想奠定了坚实的基础。于2012年建立的"16+1合作"机制，标志着中国—中东欧国家关系发展进入一个新阶段。2013年11月，《中国—中东欧国家合作布加勒斯特纲要》规划了双边合作的蓝图。在"16+1合作"机制建立前，中国与中东欧国家的双边政治关系大都停留在所谓"友好合作伙伴"的普通关系层面上，"16+1合作"机制建立后，成为中国对外战略中区域合作方面的一个重要组成部分。

六是在"一带一路"的建设中，中东欧国家总体来说不仅拥有优越的地理位置，还有较大的国内市场。如铁路、公路和港口设施虽不先进却很齐备，而劳动力成本也普遍比西欧各国要低，并拥有较高素质的人力资源和优惠的投资政策，被很多投资者视为首选的投资目的地和进入欧盟市场的门户。

三 "一带一路"引领下的中国与中东欧国家关系的发展

中东欧是欧洲最有发展潜力的地区，中国和中东欧国家有着深厚传统友谊、真诚合作意愿，经济互补性强，这为中国—中东欧国家合作（"16＋1合作"）提供了充沛动力和巨大空间。

1. 自20世纪50年代至今，中国与中东欧国家关系的发展就经历了从相同社会制度为基础的双边关系向不同制度国家间关系的转变。在冷战时期，多数中东欧国家的对华关系基本上反映了中苏关系变化的特点。20世纪90年代初起，多数中东欧国家经历了社会和经济的转型以及加入欧盟两大的历史进程。在转轨期间的初期，受国内政治、经济和国际环境变化等因素影响，中国与中东欧国家关系曾处于相对的低谷中。自20世纪90年代中期开始，随着中东欧国家国内经济逐步回暖，多数中东欧国家已开始把拓展中国市场和吸引中国投资作为促进双边关系发展的优先目标。欧盟东扩后，欧洲因素开始主导中国—中东欧关系，双边关系开始在主权国家与欧盟两个层面运转，而欧盟因素的影响越来越明显，双边关系出现了两条相互分离的主线，即基于价值观差异基础上的政治对话和产经结构差异基础上的经贸合作。同时，中东欧国家在中欧关系中所具有的特殊作用逐步显现。

多年来，在吸收发达国家资金和产业转移过程中，中东欧国家政经发展与西欧已高度融合，成为欧洲重要的新兴经济体。同时，对西欧市场需求的过度依赖，使其经济贸易受到外部市场因素变化的不利影响越来越大。2008年欧债危机使中东欧国家愈加重视拓展多元平衡贸易关系。

2. 中东欧国家开始把中国视为亚洲地区最重要的战略性经贸合作伙伴。中东欧地区聚集了欧洲大多数小民族，其经济和社会发展轨迹有别于西欧，也比西欧国家经历了更多历史风雨。2012年"16＋1合作"机制的建立开启了中国与中东欧国家深化合作的新一页。在双方共同努力下，经贸投资合作硕果满盈。2003年，中国与中东欧国家贸易额仅为

86.8亿美元,到2014年时则已突破600亿美元[①]。如今,16+1专项贷款、投资合作基金等金融杠杆撬动马其顿高速公路、塞尔维亚跨多瑙河大桥、波黑火电站、波兰风电等多个基建、能源项目。连接贝尔格莱德和布达佩斯的匈塞铁路,更将成为"16+1合作"的标志性项目。

"16+1"地方合作方兴未艾,16+1省州长联合会等组织,已成为中欧间最大规模的地方合作平台。

双方人文交流亮点纷呈,中东欧16国中已有14个国家设立了32所孔子学院和课堂。

作为新时期的新兴市场国家,中国与中东欧国家双方发展面临共同机遇与挑战,加强合作、互利共赢的共识使中国与中东欧国家走到一起。

3. "16+1合作"意义重大,其影响远远超出双边范畴。"16+1合作"是推动中欧合作的重要创新,让占欧盟面积1/3、人口1/4的中东欧板块焕发出强劲活力。中东欧国家欣欣向荣不仅有利于缓解"多速欧洲"局面,打造欧盟单一市场升级版,而且为中国与西欧大国开展第三方市场合作开辟宽广空间。中东欧16国对华合作日益成为中欧合作新引擎和增长点,推动中欧关系全面均衡发展,有效促进中欧和平、增长、改革、文明四大伙伴关系建设。我们要本着面向未来、造福人民的精神,务实推进"16+1合作",为欧洲繁荣和中欧关系发展作出更大贡献。

4. "一带一路"倡议为中国和中东欧国家深化产能、交通、基建、金融等领域合作,也为"16+1合作"提供了重要机遇和崭新平台。中东欧国家位于"一带一路"倡议同欧洲投资计划的对接区,是亚欧交流与合作的纽带。匈塞铁路已成为中欧陆海快线的重要组成部分。为中欧双方实现经济战略深度融汇、在全球和区域经济治理中开展更多务实合作提供了有益尝试和重要实践。

总之,"16+1合作"是新形势下大国与中小国家合作关系发展的新典范。根据中国—中东欧国家关系现状及特点,发展双边经贸关系宜本着"立足长远,增信挖潜,提升合作,互利共赢,树立典范"的主旨,把通过挖掘潜力来提升合作水平作为优先方向。借助"一带一路"倡议和"16+1合作"机制打开的新空间,推动双方合作进入发展的快车道,

---

① 王俊岭:《中国中东欧合作好戏多》,《人民日报海外版》2016年11月7日。

迈上新台阶，双方共享合作及其外溢效应带来的积极成果，将使其成为"一带一路"倡议的重要区域性支点之一。

四 前景和几点建议

（一）前景

众所周知，"一带一路"倡议已受到中东欧国家的普遍认可，潜力正在释放。中东欧国家区位优势明显，资源禀赋突出，其不仅有着发展经济的需要，也与中国经济有着很强的互补性和共赢潜力。可以预见，今后在"一带一路"的建设中，中国与中东欧国家在未来的双边和多边合作中还会有很好的发展前景。同时也应该看到，在今后"一带一路"的建设和"16+1合作"中仍存在不确定的因素。

1. 欧盟的疑虑仍是中国与中东欧国家在发展"一带一路"的建设中最不确定的因素。一是欧盟总部对中国与中东欧国家发展关系的疑虑仍然存在，特别是看到中国为加强与中东欧国家的合作推出一系列积极和优惠举措之后，认为中国是在挖欧洲的后院和墙角，在拉拢中东欧国家和"分化欧盟"，虽然这些看法对中东欧国家中的欧盟成员国与非欧盟成员国的影响程度不一，但却或多或少会影响某些中东欧国家与中国合作的积极性；二是欧盟每年都向中东欧国家中的欧盟成员国提供数目可观的结构基金和农业补贴，所以这些国家在接受"一带一路"的建设时，都必须考虑欧盟的态度；三是东欧剧变后，西欧发达国家一直是中东欧市场的主导者，而且不少中国商品都是经西欧发达国家转入中东欧国家的，中东欧国家引进的外资也大都是来自西欧或美国。因此，西欧对当前中国与中东欧国家加强直接的经贸和投资合作心存芥蒂，甚至误解中国是在与它们"抢生意"。

2. 中东欧各国政局虽然基本稳定，但多数国家国内党争不断，虽说现今中东欧国家都已建立了议会共和制国家，且各国主要党派对华政策还比较一致，但它们之间仍有一定的差别，不得不引人关注。

3. 乌克兰危机及欧盟与俄罗斯关系的发展也是中国与中东欧国家推进"一带一路"建设的一个不稳定因素。

当然，任何新生事物的发展都会遇到挑战和风险。但从总体看，"一带一路"倡议顺应时代潮流，适应发展规律，符合各国人民利益，中国与中东欧国家合作的发展仍具有广阔前景。

（二）几点建议

综上所述，一方面，中东欧国家有些是欧盟成员国，有些不是，因此，中东欧作为一个整体与中国进行合作就需要处理好与中东欧地区的欧盟成员国、非欧盟国家及欧盟本身的关系，引导各方积极参与，特别是打消欧盟不必要的疑虑；另一方面，中东欧一些国家自身经济及政策不确定性还比较大，这就要求我们在具体项目评估时提高风险研判及应对能力。在互利共赢这个大格局之下，只要各方携起手来，就可以共同应对这些挑战。

1. 要充分认识到，中东欧国家是一个占欧盟面积1/3、人口1/4的板块，经济已开始焕发出强劲活力，但大多数中东欧国家的人均GDP还比较低。但是，它们有足够的领土、人口资源和各方面的潜力，也有进一步发展的期待。而2008年欧债危机之后，中东欧大多数国家都还能保持经济正增长，特别是"维谢格拉德集团"四国，同时，它们也是推动"一带一路"建设向前发展的主要动力。

2. 要清楚地看到，现今的中东欧国家，特别是"维谢格拉德集团"四国中的波兰：一方面雄心勃勃试图向欧洲经济和政治强国靠拢，另一方面又能清醒地制定各种策略加强与"一带一路"的对接。这既反映了大多数中东欧国家的心愿，也是它们对"一带一路"倡议的期待。

3. 在与中东欧国家共同推进"一带一路"建设时，中东欧一些国家自身经济及政策不确定性还比较大，这就要求我们在具体项目评估时提高风险研判及应对能力。同时，也必须考虑到中东欧国家与发展中国家的不同：它们拥有远比发展中国家强得多的经济实力、较为完整的基础设施和人才、技术实力。所以，我们与中东欧国家在推进"一带一路"建设时，一定要掌握好分才，千万不要以对待发展中国家的方式来处理问题。

4. 应该牢记的是，中东欧国家中的各个欧盟成员国都还拥有欧盟的结构基金和丰厚的农业补贴的支持。例如，波兰在2014—2022年将得到总金额达890亿欧元资金的支持。这些资金可以用于基础设施建设、农业生产、环保、地区性发展等。因此，中东欧国家在推进"一带一路"的建设时，特别是它们在准备接收国外投资时，总是要首先考虑欧盟的态度，才能决定接收与否。

5. 要重视中东欧国家在欧盟及欧洲的战略作用以及在"一带一路"中的枢纽作用，同时也要注意防止在中东欧国家中日渐滋长的民粹主义和实用主义，现已有中东欧国家被信奉这些主义的政党所掌握，如波兰和匈牙利，它们已奉行一切都以"本国利益"来衡量对外合作与否的标准。而且，在与其盟国打交道时它们也都是以此为标准的，其中包括与美国和欧盟。所以说，在中东欧地域推进"一带一路"建设时，我们也必须考虑此一因素。

6. 面对当前全球经济复苏一波三折的现实，要摆脱国际金融危机的深层次影响，各国就必须加强国际合作、反对贸易和投资保护主义。中国与中东欧国家要在现有合作的基础上，广泛探讨务实合作新举措，不断扩大利益汇合点。当前，为推动中国与中东欧国家之间全方位、宽领域、多层次互利合作，中国—中东欧国家应共同作出努力：一是加速协商制定和落实中国—中东欧经贸合作发展战略规划；二是把强化与"维谢格拉德"集团的合作作为推动中国—中东欧合作的重点；三是优化投资模式与进入路径，共同拓展第三国市场；四是启动一批合作建设的基础设施大项目，使中国和中东欧之间的投资规模迅速提升，从而带动贸易规模大幅度增长；五是积极扩大企业双向投资，并在市场准入、居留签证、劳务许可等方面向对方企业提供更多便利，为企业相互投资、开拓创新创造良好条件。

总之，我们深信，在"一带一路"倡议的推动下，只要双方本着平等相待、相互尊重、互利共赢、共同发展的原则，相向而行，共同努力，中国与中东欧国家之间互利共赢之路一定会越走越宽广，务实合作的成果一定会越来越丰硕，共同发展的前景一定会越来越美好。中国—中东欧合作的不断深化，不仅造福于中国人民，也将惠及中东欧乃至其他欧洲国家的人民。

"16+1合作"中的问题及认识[*]

"16+1合作"机制为提升中国—中东欧国家合作水平搭建了平台，拓展了空间，中东欧国家的产业结构和经济社会发展水平也有利于机制在"一带一路"建设中发挥示范效应。自20世纪90年代中东欧国家经济社会转轨以来，中东欧国家在中国对外关系中处于边缘化的不利地位，双方战略关联度弱，产业结构的差异性导致中国—中东欧经贸合作中长期存在不平衡的状况。在"16+1合作"机制下，中东欧国家把强化与中国的务实经贸合作作为优先方向，并通过扩大对华出口和吸引中国投资来平衡贸易关系和促进国内经济增长。中国—中东欧关系存在非对称性，巨大的经贸体量差异，决定了单个中东欧国家与中国的经贸关系发展中处于不利地位，但"16+1合作"机制和中欧对话平台给它们提供了通过协调政策立场来争取经贸利益最大化的可能性。中东欧16国中有11个国家是欧盟成员，欧盟经济政策与市场准入障碍对中国企业的进入构成挑战。同时在深受到西方国家舆论环境影响的中东欧国家中，一定范围内也存在对华经贸合作的政治化思维和对中国企业不利的舆论环境。

一 贸易增长面临瓶颈，贸易不平衡未显著改善

经贸合作进一步加强，但合作力度和空间有待进一步提升。"16+1合作"机制建立以来，中国—中东欧经贸合作水平进一步提升，进入发展新阶段。2014年中国—中东欧国家领导人贝尔格莱德会晤期间提出了

---

[*] 高晓川，华东师大国际关系与地区发展研究院副研究员。

中国—中东欧贸易额五年内翻一番达到 1000 亿美元的中期目标。近几年，中国—中东欧贸易呈现两个主要特点：一是增幅不大，二是集中度高。据中方统计，2012—2016 年，仅有 2014 年贸易额超过 600 亿美元，达到 602 亿美元。中国—中东欧贸易额整体增幅不够大，2012—2016 年年均增长 3%，增幅偏小，贸易集中度高，照此增速预估，实现 2020 年双边贸易额达到 1000 亿美元的目标有一定难度。

表1　　　　　　　　2012—2016 年中国中东欧国家贸易额

单位：万美元

时间	16+1 贸易额	V4+1 国家贸易额	V4 占比
2012 年	5206050	3725367	71.6%
2013 年	5511468	3921525	71.2%
2014 年	6022813	4340457	72.1%
2015 年	5623585	4119935	73.3%
2016 年	5851280	4278855	73.1%
2017 年 1—6 月	3106870	2241900	72.2%
2020 年	10000000？		

资料来源：中国商务部统计数字。

中东欧国家普遍关注的对华贸易逆差没有很大的改善。2012 年以来，中国与波兰、捷克、匈牙利和罗马尼亚等 9 个主要国家的逆差额从 259 亿美元增加到 2016 年的 271.6 亿美元，逆差仍呈现微幅增加。2012—2016 年，中国与匈牙利的逆差额出现较明显下降，但与波兰和捷克的逆差额仍在增加。虽然中国和中东欧国家产业结构的差异性是导致双方贸易不平衡的主要原因，但从促进经贸往来的协调可持续发展角度看，政府主管部门已考虑制定和实施进口战略，2017 年北京"一带一路"国际合作高峰论坛提出中国将举办进口博览会。"一带一路"倡议强调建设利益共同体、命运共同体和责任共同体的重要性，在"16+1 合作"中也应在强调自身经济发展的同时，重视共同发展和共同繁荣。中国政府开始摆脱单纯考虑经济利益的对外经贸合作惯常思维和模式，由经贸合作中的利益导向转向发展和共赢导向,采取积极措施缓解与中东欧国家的贸易逆差,以建立良性循环、可持续发展的对外经贸合作关系。

表2　2012—2016年中国与中东欧主要贸易逆差国的逆差统计

单位:亿美元

主要逆差国	2012年	2013年	2014年	2015年	2016年
波兰	104	103	113	116	126
捷克	39	42.2	50	54.5	51
匈牙利	34	29.8	25	23.3	19.6
罗马尼亚	18	16	17	18.7	20
斯洛文尼亚	13	15.3	16.6	18	18.3
立陶宛	15.4	15.6	15	10.7	11.3
拉脱维亚	12.4	12.7	11.7	8.8	9.3
克罗地亚	12.3	12.9	9.3	8.8	8.6
爱沙尼亚	11	9.1	9.2	7.2	7.5
总计	259.1	256.6	266.8	266	271.6

资料来源:中国商务部统计数字。

二　"16+1合作"非对称关系结构对中方企业造成的不利影响

中国—中东欧关系中具有双层平台的非对称特点,即一对多(中国对成员国)以及一对一(中国对欧盟)的结构关系,这有时会对中资企业走出去造成机制上的障碍。成员国是欧盟对外关系的支撑点,欧盟新老成员国在对外经贸关系中常有不同的利益优先点,欧盟的治理机制增加了其与非盟国家关系发展的复杂性。尽管成员国在对华经贸合作的重点会有所不同,但成员国价值观的一致性决定了它们常会在一些重大对外经贸合作议题上达成基本共识,其中V4集团在协调四国政策一致性方面最为突出。对中东欧国家而言,由于和中国之间存在经贸体量上的不对等,它们会借助欧盟磋商机制来保护自身利益。在一对多的层面上,欧盟成员国之间政策传导性的影响有时使中方企业处于不利地位。成员国间政策传导或相互影响易使其达成默契，其结果往往是中资企业承建项目不利带来的消极因素比项目顺利实施带来的积极因素更易在成员国间传导扩散。在"16+1合作"机制中，单个国家对中国的双边关系中处在被边缘化的地位，而作为一个区域集团则能增强中小国家对华对话的力度。在"16+1合作"的关系框架中，双边关系仍是"16+1合作"的基础，但16国中的一些国家如V4集团、巴尔干国家、东南欧国家对华经贸合作关系中的优先方向不一致，但在有些方面是一致的，因此其在对华经贸问题的处理上容易形成默契或相对一致的立场，这样增强了其对华对话的力度，在双边关系中的问题利用多边关系的平台进行处理时更容易获得实际的利益。

2009年中国海外工程公司竞标承建波兰高速公路项目，是中国企业在波兰参与的第一个基础设施建设项目，中方把其作为进军欧洲高端基建市场的跳板。由于市场前期调研、成本估算不足，2011年项目终止，中海外公司面临2.71亿美元的索赔和罚款。自中海外（公司）承建波兰高速公路项目失败后，又相继出现了多个中国企业竞标中东欧电力项目失败的案例。2010年，上海电气竞标波兰能源集团的大型电厂建设项目时，据称由于标书格式问题未能参加竞标，日本日立公司中标项目建设。2014年3月和10月，上海电气向波兰国家上诉委员会和罗兹地方法院的上诉均被驳回。中核工业集团在2015年和2016年竞购斯洛伐克国电公司股权和竞标斯洛伐克水电建设项目相继失利。多起中国电力和能源企业的股权竞购或项目竞标失败的案例，也从一个侧面反映了中国与中东欧合作的复杂性。当中企在一国的项目竞标不利时，就会对在其他国家的类似项目产生消极影响，进而形成一种不利于中国企业拓展欧盟市场的大环境。与此相反，中广核（公司）打入罗核电市场对其与捷核电合作产生的推动作用则相对有限。捷智库学者就"16+1合作"关系在相关政策上建议专门强调成员国加强立场协调的重要性，根据中企投资项目的类型采取不同的态度，在战略性领域可考虑采取收紧措施。虽然任何一个欧盟成员国，特别是中小国家单独承担对华发生经贸摩擦的风险较大，但成员国协调立场在欧盟层面上最大限度保护和实现成员国的利益、降低中国对单个国家实施不利措施的风险是欧盟及其成员国的共识。

中国企业竞标失败的原因有时超出了单纯的经济或市场范畴。中国核电集团竞标斯洛伐克国家电力公司股权受到了斯洛伐克国内媒体的不利影响，斯洛伐克政府最后最终取消了股权出售。公开报道称，上海电气竞标波兰电厂失败的直接原因在于标书格式出现问题，对于上海电气这样的国际化程度高的大型企业来讲，标书格式出现问题的理由难以成立。项目招标方到底出于何种考虑拒绝中资企业参与电厂建设项目竞标应有更深层的考虑。虽然中国中东欧合作强化了中国与中东欧国家间的合作关系，但上述事实也说明在电力能源这样的战略性行业的项目建设上，一些中东欧国家对中国企业的介入持谨慎态度，这种慎重有时来自于欧盟的压力，有时来自于国内的社会舆论压力。拓展中东欧市场的中国企业要明了，自20世纪90年代经济转型以来，中东欧市场就已逐步被西欧跨国企业垄断，其市场竞争性强、透明度高。中国企业是中东欧市场的后来者或晚到者，对其市场的拓展宜谨慎求稳，积累经验为上策，不宜操之过急，冒冲突进，也要认识到出于各种原因，一些中东欧国家对中国企业进入其战略性行业持有戒备心理。

三 欧盟政策与市场准入障碍

目前，欧盟与北美自贸区是世界上两个最大的封闭性市场。欧盟市场发达成熟，规范透明，同时门槛高，竞争激烈，进入欧盟市场对中资企业是新的挑战，与西欧企业相比，中资企业是中东欧市场的晚到者。市场准入障碍属于技术性障碍，这与欧盟产业、地区发展政策及提升自身竞争力等密切相关。近年来，中欧间贸易摩擦渐多，欧盟对包括中国在内的非欧盟国家企业实施关税与非关税壁垒，其反倾销、配额、环保、安全等标准的制定起到了促使非欧盟企业通过投资建厂或购并方式才能进入欧盟市场的实际效果。

中东欧国家在市场发育程度上也有较大差异。中欧的V4国家、波罗的海国家以及斯洛文尼亚、克罗地亚等国市场发育相对更成熟，在欧盟一体化市场中，这些国家的企业已经形成对西欧市场的高度依赖。西巴尔干未入盟国家属于欧洲经济最落后的国家之列，且市场发育程度仍较低，和上述中东欧国家相比，这里的市场竞争相对较弱，目前中资企业已经在基建、能源、环保等领域初步形成了市场拓展的规模优势。在"一带一路"倡议下，中企把拓展中东欧地区基础设施建设作为重头之一，欧盟区域发展政策中结构基金的运用对非盟企业的进入设置了较高门槛。准入障碍是欧盟市场的结构性特点，今后在与非盟国家的竞争中，欧盟仍将把此作为有效的政策利器之一。因此，目前中企在中东欧地区参与的基础设施建设主要集中在以塞尔维亚为主的未入盟国家，对其他中东欧国家市场的拓展既有赖于中企做出努力，也有赖于入盟中东欧国家在PPP法规制定上取得突破。

由于涉及欧盟的经济和政治利益，大型跨境基础设施建设项目也会成为欧盟关注的重点。作为"一带一路"建设和"16+1合作"旗舰项目的匈塞铁路目前进展不利，2017年年初欧盟启动了对该项目的招标程序调查，各方对调查进展情况非常关注。欧盟的调查背后具有深刻的多层用意。首先，欧盟国家基础设施建设市场具有机制上的保护性和封闭性特征。中东欧基础设施建设市场是一块大蛋糕，长期以来其大多数市场份额由西欧跨国公司占据。欧盟对项目进行调查表面上看是显示存在感，但其背后隐含的仍是经济和政治利益。主要由中国提供贷款的匈塞铁路是中国在欧洲的第一个铁路建设项目，对于欧盟来说，中国资本、技术的输出和中国公司承建项目实际上就是分割其市场蛋糕，因此欧盟拿市场透明和公平竞争的政策利器对项目进行调查，调查会涉及项目的招标程序、财务可行性以及环保要求等。欧盟政策标准要求匈塞铁路的匈牙利段建设从一开始就应按照欧盟的招标法规进行项目操作。欧盟调查导致的项目开工推迟无疑将增加项目成本（原计划2017年完工）。在欧盟范围内实施的项目建设涉及欧盟的政治和经济利益，并要遵从欧盟高门槛市场的诸多标准，即在别人的地盘上按别人的规则办事。在中欧高层对话层面上，中方可积极向欧盟做增信释疑的沟通工作，强调中欧互联互通建设对提升中欧务实合作的重要意义，特别是中欧陆海快线的竞争优势，明确中方企业在其中东欧成员国承建大型基础设施建设同样遵循欧盟的技术、环保方面的标准和要求。其次，在从未来发展的角度看，匈塞铁路案例对中国在中东欧承建基础设施的启示是重要的，即宜对项目进行充分和深入的可行性论证，如就运量测算、环评等征询多方意见；同时，项目推进也要履行欧盟的招标和环评程序。①大型跨境合作项目需在多方利益体间积极进行政策沟通与协调，尤应谨慎评估，充分论证，稳扎稳打，提高项目在执行或实施上的可预见性。在项目建设上宜探索更加符合多方利益和关切、富有弹性的合作方式，如推行更加市场化的融资方式，从促进合作大局的角度出发，协商弥合中欧间政策机制错位的措施。

四　经贸合作项目的政治化倾向与媒体舆论的负面软环境影响

从地缘位置看，中东欧国家位于"一带一路"的西端，同时又都是转型国家，与"一带一路"沿线其他地区相比，中东欧国家受到西方政治文化影响的程度更深。欧盟大国中普遍存在对中企不利的舆论环境，以保守派的公共媒体为主。其对中资项目另眼看待，一是从政治体制的差异性角度关注中企在当地的竞标或工程建设，二是对中业控股当地战略性企业表达负面意见或担心。中东欧国家民众接触中国主流媒体渠道少，普遍借助西方舆论的新闻报道了解中国。西欧国家舆论易使中东欧当地民意以消极视角看待中企的战略性标底项目投资，进而对所在国相关部门和企业造成压力。中东欧国家多实行多党制，自剧变后其政治生态的突出特点之一是小党林立，政党竞争激烈。近年来多数国家都出现了左翼政党萎靡，右翼政党势头强劲的局面。这种政治生态有时对中国与中东欧国家关系积极健康发展造成不利影响。冷战时期，不少中东欧国家的主权受到了苏联的侵蚀。由于和中国之间的战略关联性弱，较西欧国家而言，目前中东欧国家一些右翼政党的极端有时更强。多年来这些右翼政党常在西藏、台湾等中方核心利益问题上触及中方底线，如2016年10月斯洛伐克新当选总统以及捷克文化部长等政要会见达赖，这对双边关系发展的政治基础造成一定的伤害。

此外，长期以来一些中东欧国家国内公共媒体进行片面性的对华宣

---

① 中国中铁下属的中国海外工程公司承建波兰A2高速公路项目工程拖延，原因之一就是未重视涉及冬眠青蛙的环保问题。

传，这使得部分当地舆情另眼看待对华合作。在中国中东欧投资合作基金提供融资的中波新能源合作项目中，有当地媒体借题发挥称该项目所采购设备来自中国，项目实施是在实现中方的去产能目标，投资合作基金不是为产生利润而是为完成政治任务。值得注意的是，近几年一些中东欧国家，如捷克、斯洛伐克、波兰等公共媒体也时常把国内涉及俄罗斯的民族主义情绪与中俄关系相联系。2015 年，在中核工业集团竞购斯洛伐克国电公司股权的过程中，当地媒体把中俄企业的竞标相提并论，使中方公司处于相对不利的舆论风口。2016 年，中核工业集团竞标斯洛伐克水电建设项目遭到当地非政府组织的舆论渲染，最终对斯政府做出不为项目提供国家担保的决定产生了一定影响。

近几年，随着中波经贸合作关系的加强，当地民众对中国的认知有了提高，当地媒体已不像过去那样集中关注中国的人权、西藏等问题。积极宣传合作成果也会对双边关系的改善起到潜移默化的推动作用。但也应看到，捷克公共媒体不时从意识形态视角看待对华经贸合作，其对涉华经贸合作的政治化倾向未有显著改善。在捷克通过股权收购进行大手笔投资的华信能源公司（私营企业）总裁受邀任泽曼总统顾问一事，在当地引出了华信能源具有某种政府背景的猜测。这种经贸合作中的政治化倾向对中企走出去造成不利的环境。

五 中东欧域外大国的影响

从地缘经济角度看，以德法为代表的欧盟和俄罗斯等外部因素也会在一定程度上对中国中东欧合作形成牵制。由于历史和现实的原因，自中东欧国家转型初开始，欧盟就一直通过产业转移和资本输出强化对中东欧的渗透与融合，在逐步将其打造为欧洲新的制造业基地的同时，也成为中东欧国家最主要的经贸合作伙伴。相比而言，作为中东欧新兴市场的后来者，中国加强与中东欧的合作一定程度上与西欧企业构成了新的竞争。由于冷战后地缘政治的变化，虽然俄罗斯在中东欧地区的影响力大幅减弱，但俄罗斯凭借其传统能源输出的结构优势，自 2000 年以来在不断加大对中东欧国家外交力度、改善双方政治关系的同时，与其经贸合作水平不断恢复和提升，特别是在俄罗斯仍有较大影响力的东南欧地区的投资增长显著，旨在在中东欧地区获得更大的现实或预期利益。目前，与东南欧国家的合作也是中国中东欧合作的重点方向之一，双方在基础设施、电力能源和农业等领域的合作对俄罗斯企业形成客观挑战。所以，外部竞争因素的制约将是中国中东欧合作发展中不可避免的问题之一，这也要求中方需从多方面权衡不同利益，以避免出现可能影响中欧、中俄关系的潜在问题与矛盾。

在政策层面，"16+1合作"机制提供了加强中国中东欧合作的平台，但中东欧地域特征决定了双方经贸合作会受到中德、中俄关系的影响，甚至受到一定程度上的制约。因此对"16+1合作"机制既要有整体观，更要着力加强国别合作，既要看机制内国家关系的互动，也不能忽略机制外大国（德俄）因素的影响。中东欧地区的地缘意义决定了当前新形势下中国中东欧关系发展与中德、中俄大国关系的互动性将趋强。

2008年欧债危机后，出现了中资企业走出去开拓欧洲市场的战略机遇期，中企以股权购并、绿地投资等方式大举进入欧洲市场。2012年"16+1合作"机制建立后，尽管中方强调"16+1合作"机制对中欧关系发展的平衡与促进作用，但被德国首先视为对其主导的中欧经济圈的染指。2013年，"一带一路"倡议出台后，中企走出去的势头日益强劲，投资与合作的范围不断拓宽，在欧洲掀起了中国投资潮。但逐步走出危机的西欧大国出现了对中资企业大手笔收购采取收紧措施的苗头，如德国以"经济安全""国家安全"为由对中资企业并购进行干预。2016年7月和10月，中国民营企业希望集团收购德国机器人制造商库卡公司股权，以及福建宏芯基金并购德国爱思强公司股权曾引起德国政府和企业界一定的担心。2017年8月，德国外长甚至抛出了希望中国不要分裂欧洲的公开言论，矛头指向中国中东欧合作，这再次验证了西欧大国对此合作机制的忧虑和不安。

中东欧国家的文化传统和市场环境与周边大国更接近。自20世纪90年代初以来，在经济转型的过程中，中东欧国家重被纳入以德国为主的欧洲经济圈，德国凭借资本、技术优势控制了多数中东欧国家的装备制造和新兴产业。凭借在巴尔干地区的传统影响，多年来俄罗斯在该地区的基建、电力、能源建设中发挥着重要作用。相对于它们而言，中国企业是中东欧市场的晚到者，与已扎根中东欧和东南欧市场的德、俄企业相比，作为新的竞争者的中资企业在市场拓展中面临的市场竞争压力不小。

德国对"16+1合作"的疑虑分析[*]

一 引言

五年来,"16+1合作"成果丰硕,秉持"共商共建共享"原则,推动"一带一路"同中东欧国家发展战略对接,中东欧国家对此积极响应。然而,自中国大力推进与中东欧16国的合作以来,中国与中东欧国家在各领域的合作越来越多地引起欧盟成员国的关注,而欧盟大国对于"16+1合作"表现出较多疑虑,尤其是将中东欧视为其传统经济"后院"与欧盟地缘政治"缓冲带"的德国,在中国与中东欧合作过程中一直以"焦虑的观察者"身份出现。

值得注意的是,欧盟大国的疑虑更容易上升至欧盟层面,成为中国与中东欧合作的一种无形阻力。目前,欧盟对中国与中东欧国家合作的经济与战略布局评价也较为质疑。欧盟机制是制约"16+1合作"发展的杠杆之一,德国等欧盟大国在中东欧拥有广泛利益,影响着欧盟对于中国与中东欧合作的态度。因此,中国应采取适当措施应对来自德国对于"16+1合作"的疑虑。

冷战后,重新统一的德国逐渐成为欧盟领导力量,并且是欧盟东扩的主要支持者之一。在德国政治、经济与外交布局中均将中东欧国家视为其战略重要地带,增强对中东欧国家的出口贸易、扩建相互交织的工业与服务产业链以及推动中东欧国家民主进程是德国重要的外交目标。欧盟也通过结构性资金支持中东欧国家的基础设施建设。本篇将以德国为重点观察对象,首先将剖析德国政界对于"16+1合作"倡议的矛盾心

---

[*] 黄萌萌,中国社会科学院欧洲研究所助理研究员。

理，分析德国不同层级与不同领域的政治机构与部门对于"16+1合作"的态度，以及随着时间的推移德国对于中国倡议态度的变化。其次，基于政治、经济、地缘政治、欧盟规则和标准等因素，具体分析德国与欧盟政界、媒体以及学界对于中国"16+1合作"机制产生疑虑背后的原因。最后，提出相应的建议，缓解德国等欧盟大国对于"16+1合作"机制的疑虑，避免中欧贸易与投资合作中的摩擦进一步升级。

二 德国政界对于"16+1合作"的矛盾心理

横向来看，一方面，需要剖析德国从联邦到联邦州与乡镇不同政治层级对于中国"16+1合作"与"一带一路"倡议的态度；另一方面应观察具有不同政治职能的部门对于中国倡议的态度。自中国提出"一带一路"倡议以及"16+1合作"机制建立以来，德国总理默克尔曾表示欧盟具有参与中国倡议的意愿，但也明确要求在参与过程中发挥欧盟的影响力。自2014年起，德国政府各机构与职能部门对中国的经济倡议与战略密切关注，跟踪并且评估它们对于欧盟政治团结、经济发展、地缘政治以及欧盟规则制度的潜在影响力。其中，德国外交部着重于分析中国"一带一路"倡议以及"16+1合作"机制对于欧亚地区的地缘影响力；德国经济合作与发展部召集不同政府部门与官员对中国的倡议进行讨论与评估；德国经济事务与能源部及工商界人士对于中国倡议对于欧盟的经济影响较为谨慎，并持有怀疑态度；而德国投资与贸易促进署则看到中国倡议带来的机遇，呼吁德国工商界抓住中国"一带一路"倡议以及"16+1合作"机制提供的商机；此外，德国联邦州与市乡镇官员希望借助中国倡议促进地区经济发展。[①] 可以说，德国政界内部对于中国倡议的态度也并未完全统一，积极乐观、中立观望、消极谨慎以及怀疑批评均有涵盖。

---

① Jan Gaspers, "Germany and the Belt and Road Initiative: Trackling Geopolitical Implications through Multilateral Frameworks", in Frans-Paul van der Putten, Mikko Huotari, John Seaman, Alice Ekman, Miguel Otero-Iglesias eds., *Europe and China's New Silk Roads*, ETNC Report, December 2016, p. 27.

从纵向剖析，中国在2013年公布了"一带一路"倡议，该倡议在欧洲的重点便是中国与中东欧国家合作的"16+1"机制。分析德国联邦政府的立场可以分为两个不同阶段。第一阶段是从2013年到2015年上半年，即使中方做出较多努力，但德国社会对"一带一路"倡议以及"16+1合作"机制的反应仍较为谨慎，在2015年之前，德国只是出现了少量有关中国倡议的专业出版物与报道，比如高婷婷（Nadine Godehardt）和鲁道夫（Moritz Rudolf）的著作。[①] 为此在该时间段内，德国社会角色对于德国政府态度的影响较小。德国联邦政府一开始对于"一带一路"倡议与"16+1合作"机制在整体上持有积极态度，同时也保持观望。联邦政府在初期阶段的表态要比学术文章与媒体意见更为积极。在联邦政府表态中可以看到，德国希望进一步参与"一带一路"倡议的具体项目。但是，这一阶段德国政府的积极评估更多的是取决于"一带一路"倡议的历史发展潜力以及促进沿线国家经济发展与促进政治稳定的机会。因为"一带一路"第一阶段的行动纲要仍然模糊不清，为此，德国政府还可以相对独立行动，强调该倡议的发展潜力。但是，德国政府的这种行动余地在第二个阶段明显缩小。

第二阶段则呈现了较为不同的场景，主要是因为中国在中东欧国家的投资触及欧盟在中东欧国家的基础设施建设等经济倡议以及欧盟规则与标准，德国对于中国在中东欧国家政治与经济影响力的扩大忧心忡忡。为此，在德国的号召下，中欧"互联互通"平台机制得以建立，旨在避免矛盾并且实现中欧倡议对接。德国总理默克尔在2015年10月的一次讲话中进一步阐述了德国立场。她一方面赞扬了中国领导层促进"一带一路"倡议发展的长期战略思想；另一方面，默克尔特别提到了建立欧盟与中国之间的"互联互通"平台，以确保将欧盟纳入到"一带一路"以

[①] Godehardt, Nadine 2016. No End of History, A Chinese Alternative Concept of International Order? Berlin: SWP, https://www.swp-berlin.org/fileadmin/contents/products/research_papers/2016RP02_gdh.pdf. Godehardt, Nadine 2014. Chinas》neue《Seidenstraßeninitiative Regionale Nachbarschaft als Kern der chinesischen Außenpolitik unter XiJinping, Berlin: SWP, https://www.swp-berlin.org/fileadmin/contents/products/studien/2014_S09_gdh.pdf［30.11.2017］Rudolf, Moritz 2015. Häfen, Bahnen, Pipelines, Internationale Politik, 63: 3, pp. 102 – 107.

及中国与中东欧国家合作的倡议中来。①

我们看到，中国会在欧盟内部构建团体，并与之形成特殊的合作形式，比如在中东欧国家、南欧国家以及部分尚未入盟的欧盟候选国。我想说，中国也可以和整个欧盟进行谈判。但是我也相信，中国有兴趣听到欧洲人的不同声音与意愿。当然，如果欧洲不能发出同一种声音，我们对此也负有责任。②

但也应看到，德国政界并不想错失中国"一带一路"倡议带来的经济机会，这主要是取决于德国作为"贸易国家"经济发展依靠大量高端工业产品的出口贸易。因此即使美国反对，德国联邦政府还是参与了中国在"一带一路"倡议框架下发起的亚洲基础设施投资银行（AIIB），这表明德国对中国"一带一路"倡议发展目标的支持。可以说，2015年至今，德国政界形成了一种合作与冲突元素并存的政治模式。一方面，德国政府支持在中欧"互联互通"平台上开展全欧交通网络项目与"一带一路"倡议对接，德国积极参与"一带一路"倡议在阿富汗和安哥拉的第三国合作项目；但另一方面，当"一带一路"倡议扩展至欧洲，默克尔领导下的德国政府便对中国与中东欧国家展开的各种双边与多边合作疑虑重重，特别是"16+1合作"机制。德国认为这将对欧盟规则构成挑战，对欧盟政治产生直接影响。

三 德国对"16+1合作"的疑虑

（一）基于政治、经济与地缘因素的分析

从政治角度来看，冷战后德国与捷克达成历史和解，解决"二战"后被驱逐的德意志人问题，与波兰就奥德-尼斯河的边界问题达成一致，

---

① Merkel, Angela 2015. Rede von Bundeskanzlerin Merkel beim Bergedorfer Gesprächskreis am 29, Oktober 2015, 29.10.2015, https://www.bundesregierung.de/Content/DE/Rede/2015/10/2015-10-29-rede-merkel-bergedorfer-gespraechskreis.html, ［30.11.2017］.

② Ibid.

德国努力通过欧盟机构提升与中东欧国家的双边或多边关系，积极支持中东欧国家加入北约和欧盟，这对于德国与中东欧国家来说都是有利的。首先，北约东扩后，德国从欧洲东部边界区域再次变为欧洲的中心，德国的地缘安全得以加强。其次，中东欧国家脱离华约后，基于寻求新的安全保障以及经济保障，北约和欧盟便是中东欧国家新安全与经济的依托。德国支持中东欧国家入欧盟和北约，提升自身正面形象的同时，也增加了对中东欧国家施加影响的可能性，欧盟东扩后，加大了德国对于欧盟层面的决策影响力。最后，欧盟东扩后，无论是德国还是欧盟均认为中东欧是欧洲战略安全的缓冲区，是防止俄罗斯西进的关键屏障，其地缘安全战略对于德国与欧盟的意义重大。长期以来，德国作为欧盟领导力量对于中东欧国家投入了巨大的发展援助资金，以促进其进行民主政治转型与市场经济改革。可以说，中东欧国家"回归欧洲"是欧洲一体化发展的目标与要求，同时也是德国统一后欧洲政策的关切点，德国希望保持在中东欧国家的政治影响力，也要与巴尔干国家拉近关系。德国担忧中东欧国家为了得到中国的投资而罔顾其政治与经济改革进程，接受与欧盟规则和制度不符的一套机制，对于德国在中东欧的影响力形成制约。

  从经济角度来看，统一后的德国对于中东欧国家的进出口贸易保持了稳步增长态势。欧盟东扩后，德国凭借其强大的商品竞争力与欧元汇率优势，很快成为中东欧国家经济开放的最大受益者，是中东欧国家最重要的贸易伙伴和主要的外国直接投资来源国。首先，从贸易数据上来看，中东欧国家对德国商品与服务的进口依赖度较强。2016年，波兰、匈牙利、捷克与斯洛伐克四国从德国的进口额占其国家进口总额的20%—30%，向德国的出口额也均位于榜首，居于23%—27%。尤其是对维谢格拉德四国（波兰、匈牙利、捷克和斯洛伐克，V4国家），德国在其进出口贸易中均居于首位。V4国家是德国在中东欧地区最主要的贸易伙伴与投资对象国。其中，波兰、匈牙利、捷克在德国的投资对象国中分别排在第12、13、17位。其次，德国的投资带动了中东欧当地的制造业与实体经济发展，许多德国企业将其制造业的早期生产以及技术转移至V4国家，形成制造业基地与产业集群，提高V4国家知识密集型产业发展，促进经济增长与就业。更为重要的是，很多中东欧国家企业成为德国企业生产链上的成熟供应商。德国资本流入与德国车企业务外包发展步伐高度一致。比如德国大众将欧洲最大的商用卡车工厂设在波兰，其产品的95%用于出口，并在匈牙利建立工厂，为奥迪系列汽车生产发动机，很多中东欧企业被纳入到德国的市场体系和市场标准。[1]

为此，德国对中国在中东欧国家的商品与服务竞争自然是顾虑重重，一方面是担忧市场竞争加剧，尤其是对来自中国国有资本支持的企业在中东欧国家的投资持谨慎态度。比如在运输行业，中国多年来在希腊比雷埃夫斯港进行投资，在"16+1合作"以及"一带一路"倡议支持下，希腊比港获得了更多的中国资金支持，来自东亚与全球的海运贸易在南欧发展迅猛，这与德国的外港汉堡港以及内港杜伊斯堡形成激烈竞争。因此，无论是汉堡还是杜伊斯堡市都较德国其他城市展现出对于中国"一带一路"倡议更加强烈的合作意愿。[2] 另一方面，冷战后德国通过在中东欧建立产业链与技术转移促进当地企业逐渐适应德国经济模式，并接受欧盟规则与标准。欧盟东扩与欧洲一体化给德国经济带来了巨大经济红利，如果中东欧国家转向中国投资带来的巨大经济收益，抛弃以往的德国规则与经济标准，欧洲标准与分工体系一旦瓦解，那么居于生产价值链顶端的德国经济将面临巨大挑战，德国在中东欧的经济布局将被触动。[3]

从地缘战略角度来看，德国的疑虑是基于对于中国国际话语权不断上升以及欧盟国际影响力逐渐下降的担忧。尤其是在全球化倒退与民粹主义兴起的背景下，"二战"后由美欧主导的国际秩序正经受一系列内部与外部的挑战。欧债危机的阴霾未完全消退，欧盟在2016年又历经了英国脱欧、民粹主义政治势力兴起、中东欧国家拒绝承担难民配额。特朗

---

[1] 朱晓中：《冷战后德国与中东欧国家的关系》，载李凤林主编：《欧亚发展研究》，中国发展出版社2016年版，第215—229页。

[2] Jan Gaspers, "Germany and the Belt and Road Initiative: Trackling Geopolitical Implications through Multilateral Frameworks", in Frans-Paul van der Putten, Mikko Huotari, John Seaman, Alice Ekman, Miguel Otero-Iglesias eds., *Europe and China's New Silk Roads*, ETNC Report, December 2016. S. 25.

[3] 崔洪建：《"分裂欧洲"的锅，轮不到中国背》，环球网，http://opinion.huanqiu.com/hqpl/2017-09/11201985.html。

普当选美国总统后成为西方自由秩序的叛逆者,所倡导的"贸易保护"与"北约过时论"等外交理念加大了传统跨大西洋盟友的裂痕。为此,德国日益担心西方国际话语权与影响力下降,而被中国等新兴国家超越。2013年至今,德国政界与学界起初将"一带一路"倡议与"16+1合作"机制定义为基础设施建设与投资战略,目前则认定该倡议已经超越经济与投资战略范畴,是中国扩大国际话语权和影响力的重要外交策略。[①] 中国通过"16+1合作"机制加强属于德国"后院"的中东欧地区的投资,这引起作为欧盟领导力量——德国的疑虑,担忧中国借助投资在中东欧国家的地缘政治影响力扩大,制衡欧盟对于中东欧国家的束缚力,以至于在外交与经济事务上欧洲内部的不一致声音加强。

德国将欧盟内部离心力的加剧的部分责任推卸给中国倡议的影响。实际上,欧盟的内部分歧与中东欧国家与德法等欧盟大国对于经济发展、财政紧缩政策的不同态度、就业状况以及对俄政策的差异密切相关。近年来,欧盟在债务危机、乌克兰危机以及难民危机中始终较难形成一致声音,欧盟内部分歧致使欧洲一体化出现倒退趋势,特别是波兰、匈牙利等国由于执政理念、历史、宗教文化与经济等原因对于欧盟价值观以及德法等欧盟大国的主张时常提出反对。德国联邦政府在2017年5月底发表《关于2020后"欧盟凝聚政策"的立场声明》表示,未来七年内用于缩小欧盟富裕国家与贫困国家之间差距的财政预算因为英国脱欧将面临每年多达130亿欧元的资金缺口。德国联邦政府以英国脱欧造成欧盟资金短缺为契机,提出欧盟的援助应该以资金接收国是否严格遵守欧盟基本价值观与欧盟原则作为衡量标准。德国政府的声明显然是对东欧国家,特别是波兰与匈牙利提出了警告,因为波兰与匈牙利是欧盟结构性资金的主要接收者,却在欧洲难民危机、法治国家进程中多次违背欧盟决议与价值观。其中波兰民族保守主义政党"法律和正义党(PiS)"更是引发了德国政界的焦虑,欧盟也开启了对于波兰是否遵守欧盟法治国家原

---

① Nadine Godehardt, Paul J. Kohlenberg, "Die Neue Seidenstraße: Wie China internationale-Diskursmacht erlangt", SWP, Siehe nach, https://www.swp-berlin.org/kurz-gesagt/die-neue-seidenstrasse-wie-china-internationale-diskursmacht-erlangt/, Zugriff am 19.05.2017.

则的调查。①

总体而言,德国将中国与中东欧合作的"16+1合作"机制视为"一带一路"倡议框架的一部分,德国官方对中国"一带一路"倡议展现出兴趣,并在国际政界高层会议中表示欢迎,作为意向创始国率先加入了亚洲基础设施投资银行,德国政界也看到"一带一路"与"16+1合作"倡议与欧洲投资计划对接的契机。尽管如此,德国坚持"16+1合作"机制应隶属中欧合作大框架,对于中东欧成员国各自与华签署双边协议或者另立标准保持高度警惕。冷战后德国与中东欧国家在政治、经济和外交事务中的联系不断加深,影响力不断扩大,对于中东欧国家的投资与援助实施多年,并且逐步渗透至巴尔干国家,其用意也不仅是为了制衡俄罗斯对这一地区的影响力,保持欧盟以及德国在欧陆的话语权,同时也是希望东扩后的欧盟能够在经济、外交与安全等事务上形成一致声音。当中国通过"16+1合作"机制扩大在中东欧国家的经济影响力,为经济发展落后于德国、法国等"老欧洲"国家的中东欧所欢迎,但中长期内,它们仍需遵循欧盟法律制度、顾及欧盟价值规范,并且考虑德国等欧盟领导力量的经济与政治影响。当容克于2017年在《欧盟未来发展白皮书》中提出欧盟一体化未来发展的五种可能性时,中东欧国家普遍反对"多速欧洲"的概念模式。即使目前中东欧国家在难民与移民、对待中国投资等事务上均与德国等欧盟大国主张出现分歧,但是与欧盟经济发展保持同步、提升欧盟内的话语权、跟随欧洲一体化潮流仍是中东欧国家的关切焦点。为此,中国与中东欧国家构建政治、经济与文化网路,不得不顾及德国等欧盟大国的疑虑,并且提出有效解决方案。

(二) 基于欧盟规则与标准的顾虑

在全球化与数字化时代,大国对于贸易投资的规则与标准之争愈发激烈。德国担忧中国借助与欧盟新成员国的经贸往来促使欧洲内部形成两套不同的规则与标准。鉴于此,德国政界高层对于"16+1合作"机制

---

① Markus Bechker, "Missachtung von EU-Prinzipien: Bundesregierung will Osteuropäern Gelder entziehen, Spiegel Online, Siehe nach: http://www.spiegel.de/politik/ausland/eu-haushalt-bundesregierung-droht-polen-und-ungarn-a-1149942.html, Zugriff am02.09.2017.

的疑虑逐渐演变成为负面评价。德国施罗德政府时期的内政部长奥托·席利2017年6月来华时曾说道："中国与中东欧国家的合作中，欧盟并不欢迎产生另外一套有别于欧盟现有规则的机制和标准，这会导致欧盟成员国各自行事。如果需要另立标准，那么应当明确欧盟才是中国的对话伙伴，而非中东欧成员国。"2017年8月底，德国外长加布里尔在法国巴黎召开的驻外使节会议上发言警告："如果我们不能成功地针对中国制定一个欧盟战略，那么中国就将成功地分裂欧洲。"

一方面，德国政界，尤其是德国联邦经济与能源部对于"16+1合作"的表态颇为负面，认为中国倡议不仅输出技术、产能与资本，同时还向中东欧输出中国标准与规则，担忧在中东欧形成平行机制，这将挑战美欧主导的国际秩序与欧盟标准。德国认为欧盟的规则与标准的本质在于：一是市场经济规则；二是公开、透明的政府采购招标；三是应符合欧盟社会、法律与环境标准的外国投资。对于德国而言，是否德国在中东欧的产业链与市场被所谓的来自中国的"不公平竞争"所挤压成为其忧虑之源，因此提出"规则透明"和"公开招标"的要求。然而不难发现，欧盟领导层在与美国进行跨大西洋贸易与投资谈判（TTIP）时在"规则透明"方面也常被诟病，导致欧洲民众抗议不断，而在"环境标准"等方面又难以说服欧洲非政府组织，以致TTIP谈判最终搁浅。欧盟对于"16+1合作"持固有姿态，对于欧盟标准与规则毫不让步，最终可能造成"损失"局面。

另一方面，德国的疑虑亦是基于欧洲企业对于中国市场进一步开放的诉求。德国经济界人士通过欧盟商会、德国商会以及德国联邦外贸与投资署等中介平台向德国政界表达对于中国合资制度以及市场准入条件的不满。商界意见可以很顺畅地反映至德国政界，其作用不亚于美国的利益集团。德国将中国是否对德国与欧洲企业进一步开放市场，并在欧盟标准与规则框架内进行"公平贸易"作为是否支持"16+1合作"的谈判筹码。中长期内，欧盟与中国将在"标准与规则"以及与之相关的"市场开放"等问题上形成博弈。[1]

---

[1] "Seidenstraßen-Gipfel, EU riskiert Eklat in China", Frankfurter Allgemeine Wirtschaft, Siehe nach, http://www.faz.net/aktuell/wirtschaft/wirtschaftspolitik/seidenstrassen-gipfel-eu-riskiert-eklat-in-china-15014832.html, Zugriff am 18.06.2017.

德国对于中国与中东欧国家合作的疑虑已经上升到欧盟层面。欧盟希望各成员国在经贸领域保持意见一致，这是欧盟一体化的核心领域。欧盟委员会贸易委员马尔姆斯特伦认为，中国在增加对欧投资的同时，也应向欧洲企业对等开放更多的投资领域，比如船舶、航空、通讯、媒体、渔业以及保险等领域。① 欧盟代表团对于 2017 年 5 月 "一带一路" 高峰论坛的官方表态是：欧盟支持 "一带一路" 倡议，但这种支持是建立在中国满足其所宣称的 "开放性" 目标基础之上，即遵守市场经济规则、符合欧盟与国际标准，并且与欧盟政策与项目相协调。②

为此，德国极为重视构建与完善中欧互联互通平台。比如，大力支持欧盟投资银行（EIB）向亚洲基础设施投资银行（AIIB）及其负责项目提供技术支持，促进欧洲战略投资基金（EFSI）与中国 "一带一路" 倡议和 "16 + 1 合作" 机制对接，德国希望借助此类平台促使中国在欧洲的基础设施建设投资符合欧盟规则与标准，期待以中国投资填补并配合完成欧盟在环境、技术、政府采购、基础设施建设等领域因其较高标准和规则而面临的资金缺口。

总而言之，一方面，德国希望借助中国资金促进中东欧国家区域发展与基础设施建设，同时也担心中国在中东欧的投资违背欧盟规则与标准，另起炉灶，久而久之与欧盟规则形成竞争。特别是在数字化时代，有关网络宽带基础设施建设以及 4G 和 5G 等信息技术方面，欧盟与德、法等西欧大国由于漫长的社会争论显然处于原地踏步状态，而中国在信息与通信技术领域（ICT）的突飞猛进将会引领网络技术规则与标准的制定。如果中国通过 "16 + 1 合作" 机制不仅在道路交通，在 ICT 领域也加强对于中东欧国家的影响，便会引起西欧大国的戒备，甚至是耿耿于怀，德国与欧盟将以网络安全与国家安全为由，阻碍中国在欧洲投资与并购。这在德

---

① Daniel Satra, "Vor G20 – Gipfel Rücken Deutschland und China zusammen?" Tageschau. de, Siehe nach, http: // www. tagesschau. de/inland/g20 – china – 103. html, Zugriff am 18. 06. 2017.

② "Belt andRoad Forum-EU commonmessages"，德意志联邦共和国驻中华人民共和国使领馆，Siehe nach, http: // www. china. diplo. de/Vertretung/china/zh/04 – pol/Erklaerung-kondolenz-seiten/170512 – obor-s. html, Zugriff am 10. 06. 2017。

国政府阻止中国企业并购德国半导体企业爱思强的案例中已有体现。①

值得注意的是，中东欧国家对于欧盟市场、欧盟结构性基金以及欧洲区域发展资金援助依赖性较强（见图1），而德国又是欧盟资金的最大贡献者。中东欧国家对于自身在欧盟中的弱势地位抱怨诸多，期待来自欧盟外的投资，但它们因为依赖欧盟资金以及受到入盟协议的制约，不得不遵守欧盟规则。英国脱欧后德国在欧盟的领导力进一步增强，德国希望以欧盟为依托在世界格局中占有一席之地，而中东欧在欧盟中发挥重要的地缘战略作用，是欧盟不可摒弃的重要地带，也是欧债危机后欧盟经济增长的新兴之地。中东欧国家接受欧盟规则标准、真正形成欧洲认同并且在外交安全事务上与欧盟保持一致是德国的核心利益。

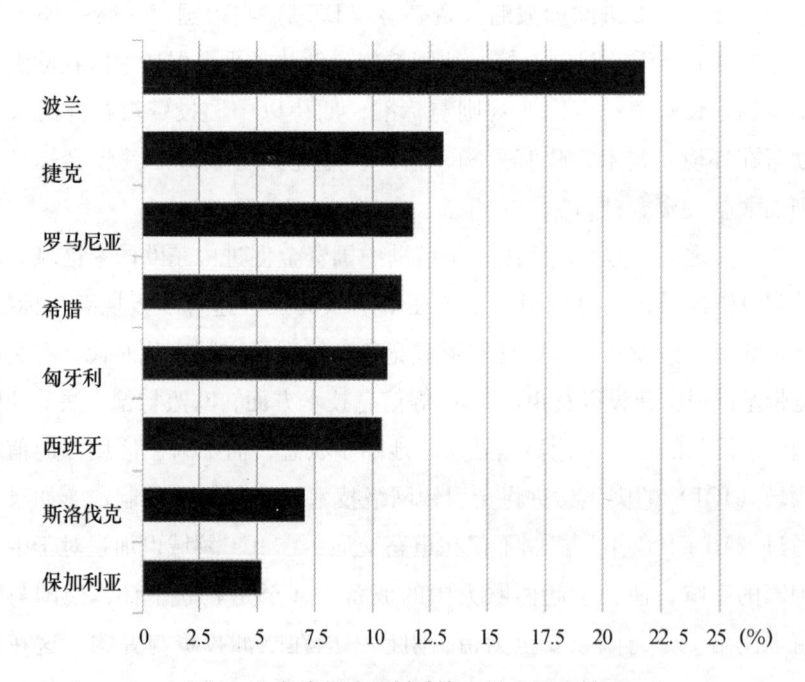

图1　八个接收欧盟援助资金最多的成员国

图片来源：Europäische Kommission：EU-Haushalt 2015 – Finanzbericht；Eurostat：Online-Datenbank。

---

① 《以国家安全为由：奥巴马阻止中资收购德企爱思强》，华尔街见闻，https：//wallstreetcn.com/articles/277330。

四 展望与建议

五年来，中国与中东欧国家合作成果颇丰。在 2017 年 11 月举行的第六次中国—中东欧国家领导人布达佩斯会晤中，国务院总理李克强宣布中国将对该地区投资 30 亿欧元，引起西方媒体的广泛关注。德国和欧盟机构对此的疑虑主要存在于以下几个方面：第一，中国在中东欧的投资与冷战后德国在中东欧国家的政治、经济与地缘利益形成竞争；第二，德国认为"16+1 合作"机制不仅输出技术、产能与资本，同时还向中东欧输出中国模式的标准与规则，构建欧盟以外的另一套机制，削弱欧盟对于"新成员国"的约束力；第三，中国可能通过在中东欧的投资为中国企业进入欧洲共同市场打开渠道，为在欧盟大国如德国和法国展开企业并购提供便利；第四，中东欧国家对于中国的依赖可能会由经济领域扩展至政治领域，比如在人权与南海问题上希腊、匈牙利两国曾与欧盟机构立场相异，欧盟机构内出现了中国投资分裂欧洲的言论。德国政界甚至提出"一个欧盟的原则"，并将其与"一个中国原则"相比较。

目前，欧盟投资政策逐渐收紧，针对中国在欧投资与并购限制之意明显。欧盟大国——德国和法国大力推动加强欧盟对外投资审查，提高对于欧洲外来投资的监管力度。中短期内欧盟机构极有可能针对中国在欧投资，包括在中东欧地区的投资出台一系列限制条款。目前欧盟成员国已有近一半设立了针对外国直接投资的审查机制，包括丹麦、芬兰、德国、法国、奥地利、意大利、拉脱维亚、立陶宛、波兰、葡萄牙、西班牙和英国。未来，中国与中东欧国家将在"16+1 合作"机制下扩大合作领域，而德国等欧盟大国在中东欧拥有广泛的政治与经济利益，由于欧盟中德国籍官员占据大量重要职位，在很大程度上影响着欧盟对中国在中东欧国家贸易与投资的态度，欧盟制度是制约"16+1 合作"发展空间的硬性杠杆。因此，中国采取适当措施与手段应对并缓解来自德国等欧盟大国对于"16+1 合作"机制的疑虑至关重要。主要包括：

1. 推动中德"工业 4.0"领域创新合作在中东欧进行实践。德国担忧"16+1 合作"将降低德国在其经济"后院"红利。然而，作为"贸易国家"的德国寻求国际伙伴对于自由贸易的支持，是亚洲基础设施投资银行中最早的欧盟参与者，希望借助"一带一路"倡议获取经济利益。实际上，中德具有共同推进"16+1合作"的可能性。中德在"工业4.0"领域的科技创新合作（如：物联网与5G等新领域）与双元职业教育联合培养可在中东欧及巴尔干国家进行实践，满足数字化时代中东欧与巴尔干国家对于网络基础设施建设与工业创新的需求，形成中欧技术型人才的知识对接，有助于构建中欧网络规范与共识。可考虑成立中欧跨境项目协调委员会，推进重点创新示范项目，通过公开招标遴选"工业4.0"项目的德方与其他欧盟国家中小企业参与者。一方面，德国等欧盟大国有机会参与到中国在中东欧国家的投资项目中来，展现中国尊重欧盟市场原则以及欧盟制度的意愿，缓解德国对于"16+1合作"机制挑战欧盟规则的担忧；另一方面，借此可以调动中东欧国家的项目积极性，满足数字化时代的中东欧国家的创新要求，保证中国资金的投入与产出效益。

2. 雇用中欧国际化人才与律师，开展中国在欧洲投资的咨询服务与游说活动。对中东欧和巴尔干国家的投资中，雇用中国籍与欧盟国籍的法律人才，在充分了解欧盟法律与商业投资模式的前提下，推动中国在欧投资。同时，积极发挥类似于德国中国商会等在欧咨询服务平台的作用，与当地政府、管理机构、经济组织、工会以及媒体和公众展开交流。一方面，尊重欧洲市场规则与标准，积极开放地与欧洲媒体和智库打交道；另一方面，利用国际化人才进行对德国与欧盟政府展开游说，建立信任关系，化解可能出现的舆论偏见和政策性阻力，促进中国投资项目获得欧盟认可与信任。

3. 切实发挥中欧"互联互通平台"作用，在"16+1合作"的部分领域邀请欧盟机构作为参与者。目前，欧盟成员国之间对于欧盟加强外资投资审查的态度不一，不仅中东欧与南欧国家较为抵制，甚至是芬兰等北欧国家也不看好德法所主张的在欧盟层面加强外资审查的提议。即使欧盟对"16+1合作"忧虑重重，但尚缺乏有效手段阻止成员国与华签订双边协议。然而，中东欧国家依赖欧盟援助资金，而且需要遵守入盟条约。在中国与中东欧国家双边合作过程中应避免中国与欧盟贸易与投资摩擦升级。在2015年"中欧经贸高层对话"中，双方已同意建立中欧"互联互通平台"，应切实发挥该平台作用，进行中欧政策信息、规则与标准的实时沟通、协调与反馈。

4. 推进中欧投资协定谈判，避免美欧联手设置对华投资障碍。美欧商界联系密切，商界诉求通过商会、利益集团及智库建议可以上升为政治意愿。全球经济增长乏力的背景下，美欧的贸易保护趋势加强，自由贸易价值观在西方内部遭遇挑战。美国与欧洲大国收紧外资投资监管，中国企业对外投资的不确定性加大。美国常以"国家安全"为由，告诫欧洲大国谨慎对待中国在欧投资，认为中国在中东欧的基础设施投资与贸易将会扩展至对欧盟大国的战略性资源兼并，导致欧洲高科技流失，影响欧盟战略利益和地缘安全。2017年8月，美国总统特朗普签署备忘录，授权美国贸易代表审查所谓的"中国不公平贸易行为"。9月，欧盟委员会主席容克提出的欧盟投资审查机制倡议便是参照美国的做法。美欧以"国家安全"与"公共秩序"为由审查中企收购已由个案发展成为一种趋势，并在"市场准入"事宜上联手对中国施压。然而目前欧盟相较于美国市场仍较为开放，若某个欧盟国家限制中企进入，则可通过其他成员国进入欧盟市场。而在美国，尽管中方可与美国某州建立合作关系，但美国联邦政策对各州企业具有约束力，许多中国投资受到美国外国投资委员会审查，尤其在高科技领域。

根据《里斯本条约》，对欧盟直接投资属于欧盟专属管辖范围。因此，欧盟对中国在欧投资的态度和政策，成为影响中国与中东欧国家贸易不可忽视的因素。中欧经贸关系处于"不进则退"的路口。特朗普上台后，欧盟对于美国在自由贸易领域的倒退多有批评。为此，在美欧共识缺位之际，应扩大中欧合作空间，推动中欧投资协定谈判，有助于双方建立平等、透明的投资保护机制，降低投资企业在东道国面临的法律风险，减少投资壁垒，从制度上确保双方企业的海外权益。

首脑外交视域下的新时期中国
与中东欧国家关系[*]

英国学者巴斯顿（R. P. Barston）在探讨20世纪60年代以来外交行为主体的变化时，开门见山地指出"现代外交的一个显著特征是国家或政府首脑个人外交的作用得到强化"。[①] 的确，从历史维度来看，首脑外交尽管源远流长，但直到20世纪中叶，现代意义上的首脑外交形态才真正得以确立，"并日益成为当代外交实践中的一个具有强大生命力的外交样式"。[②] 最近几十年来，科技进步与传媒业的发达为首脑外交的繁荣进一步创造了有利条件。如今，首脑外交已成为各国外交实践的常态与主流，并吸引着国内外舆论的眼球。"政治领导人发现首脑外交不仅仅是国与国之间最高级对话的外交舞台，也是开展重要的国际和国内宣传的绝佳机会。"[③]

随着中国经济社会生活日益融入全球化，国际地位与影响力蒸蒸日上，以及在地区和全球事务中利害关系的增加，中国外交也在积极适应首脑外交的发展趋势。[④] 以中国国家主席习近平为例，党的十八大以来"完成28次出访，飞行里程约57万公里，累计时长193天，足迹遍及

---

[*] 胡勇，上海对外经贸大学中东欧研究中心讲师。

[①] R. P. Barston, *Modern Diplomacy* (2nd Edition), New York: Addison Wesley Longman Inc., 1997, pp. 4–5.

[②] 赵可金：《非传统外交导论》，北京大学出版社2015年版，第32页。

[③] Jan Melissen, "Summit Diplomacy Coming of Age", *Discussion Papers in Diplomacy*, No. 82, 2003, pp. 10–13.

[④] 胡勇：《中国元首外交的法理地位与实践空间》，载潘忠岐主编《国际责任与大国战略》（《复旦国际关系评论》第八辑），上海人民出版社2008年版，第228页。

五大洲、56个国家以及主要国际和区域组织"①。不仅如此,"这些年,习主席成为国际舞台最受欢迎的领导人之一。争相与习主席发展'私人情谊'已成为国际外交舞台的新时尚"。② 近年来,首脑外交对促进中国对外关系发展的作用日益显现,不仅媒体热衷报道,学界也在跟进研究。③

2012年4月,时任中国国务院总理温家宝出访中东欧地区,并在波兰华沙出席了史上首次中国—中东欧国家领导人会晤(以下简称16+1领导人会晤),标志着中国与中东欧国家关系步入了"开启机制化合作的新时期"。④ 五年多来,中国与中东欧16国的合作(以下简称"16+1合作")成果显著,特点鲜明,其中就包括定期举行总理层面的16+1领导人会晤、中国最高领导人积极推动中国与中东欧国家关系的巩固与提升等。⑤ 不过,虽然近年来"16+1合作"渐成学术热点,但从首脑外交视角出发论述中国与中东欧国家关系的专文似不多见。⑥ 本篇首先界定首脑与首脑外交,然后梳理2012年以来中国与中东欧国家首脑外交的进展和特点,再分析首脑外交在新时期中国与中东欧国家关系中的作用,最后对首脑外交中出现的一些问题或隐患作一初步探讨。

---

① 中共中央宣传部、新华社、中央电视台联合制作:《〈大国外交〉第一集:大道之行》(解说词),2017年8月29日,央视网,http://news.cctv.com/2017/08/28/ARTIlON6heJ8YjGy9ZjSiFcY170828.shtml。

② 国平:《"习式外交"开启中国外交新时代》,2015年12月8日,新华网,http://news.xinhuanet.com/politics/2015-12/08/c_128510997.htm。

③ 参见张颖《中国对非首脑外交及其启示》,《现代国际关系》2016年第2期;张颖、颜露《首脑外交视域下的中拉全面合作伙伴关系》,《国际论坛》2016年第2期;张颖、徐阳华《首脑外交视角下的中国东盟经贸关系》,《国际经济合作》2016年第2期。

④ 龙静:《中国与中东欧国家关系:发展、挑战及对策》,《国际问题研究》2014年第5期,第41页。

⑤ 朱晓中:《中国—中东欧合作:特点与改进方向》,《国际问题研究》2017年第3期,第45—46页。

⑥ 徐刚在论文中整理了2012—2014年中国与中东欧国家首脑外交一览表,但没有展开论述。参见徐刚《中国与中东欧国家关系:新阶段、新挑战与新思路》,《现代国际关系》2015年第2期,第41页。陈新和杨成玉在构建中国—中东欧国家双边合作评价体系之政治合作模块时,尽管注意到了高层访问与外交访问的区别,但对高层访问的界定略显宽泛。参见陈新、杨成玉《中国—中东欧经贸合作进展报告(2016)》,中国社会科学出版社2016年版,第6—7页。

一　首脑与首脑外交

所谓"首脑外交"（summit diplomacy），有时又被译为"峰会外交"。根据2016年版《赛奇外交学手册》（The Sage Handbook of Diplomacy）的定义，就是"最高层政治领导人的会晤"。① 然而，首脑外交的内涵与外延并没有顾名思义的那么简单。

先看首脑外交的主体。美国学者普利施科（ElmerPlischke）认为，"当外交超出部长级而达到最高一级时，就被认为是首脑外交（diplomacy at the summit）了"，"就高层级别而言，'首脑'（summit）② 这个词一般指行政首长（chief executive），包括国家元首（chief of state）与政府首脑（head of government），但在某些特定情况下也可以包括某些级别高于部长的其他官员"。③ 中国学者鲁毅、黄金祺等提出，"首脑外交是指国家元首或政府首脑或国家对外政策最高决策者直接参与的，主要是双边的（也包括一些多边的）会商与谈判"。④ 荷兰学者扬·梅里森（Jan Melissen）还在首脑行列中加入了国际组织的领导人，"从严格意义上讲，首脑外交只适用于现任国家元首、政府首脑或者政治领导人以及国际组织的最高代表之间的会议"。⑤

由此可见，就主权国家之间的首脑外交而言，除了拥有法定职权的国家元首或政府首脑外，实际掌握外交大权的政治领导人也是首脑外交的主体。对于中国和前东欧国家来说，执政党的核心领导人即使没有担

---

① David Hastings Dunn and Richard Lock-Pullan, "Diplomatic Summitry", in Costas M. Constantinou, Pauline Kerr and Paul Sharp eds., *The Sage Handbook of Diplomacy*, London: Sage Publications, 2016, p. 231.

② summit 的英文原意是顶点，尤指山顶。1950年丘吉尔首次用 summit 来指称东西方首脑会议。参见 Alan Dobson, "Churchill's Cold War: The Search for a Summit Meeting", *Diplomat History*, Vol. 29, No. 1, 2005, p. 203。相比丘吉尔侧重首脑外交的形态，普利施科对 summit 的理解更强调的是首脑外交的主体。

③ Elmer Plischke, *Diplomat in Chief: The President at the Summit*, New York: Praeger, 1986, pp. 11–14.

④ 鲁毅、黄金祺等：《外交学概论》，世界知识出版社1997年版，第147页。

⑤ Jan Melissen, "Summit Diplomacy Coming of Age", *Discussion Papers in Diplomacy*, No. 82, 2003, p. 4.

任国家或政府的最高职务,也是当仁不让的"首脑"。比如,中共十一届三中全会后邓小平以副总理身份出访美国,"但美国政府和人民,以及国际上都非常清楚,邓小平是中国改革开放的总设计师,是中国'拿大主意'的人。因此美国政府并没有把他当作一般的副总理,而是把他当作中国的最高决策者"。[1] 在礼宾上,卡特总统给予了邓副总理政府首脑的破格待遇。[2] 在中国与东欧国家关系史上亦复如是,1987年10月和1988年5月,匈牙利和捷克斯洛伐克执政党的总书记先后访华,标志着中国与这两个国家的党际关系乃至国家间关系完全恢复正常。[3]

1989年东欧剧变后,中东欧国家开始在政治上向民主制度转轨。[4] 如果不是民主选举产生的国家元首或者政府首脑,即使是执政党的领导人一般也不再被视为首脑外交的主体。中国顶住了东欧剧变和苏联解体的冲击,但党和国家的领导体制和形式在冷战后也发生了变化,逐渐形成了执政党总书记、国家主席和军委主席的"三位一体"。[5] 这意味着中国国家主席不再只是名义上的最高领导人,而是重新成为名副其实的"国家元首"。[6] 除了作为最高外交决策首脑的国家主席外,中国学者赵可金认为,20世纪90年代以来的中国首脑外交还应当包括国务院总理,其他党和国家领导人"在外交事务上都服从和服务于两位首脑,发挥辅助性作用"。[7] 因此,本篇所称的首脑外交的主体主要是中国与中东欧国家的国家元首或者政府首脑,特殊情况下也包括国家元首或者政府首脑的代表。

再看首脑外交的目的、形式与内容。英国学者大卫·邓恩(David H. Dunn)将首脑外交(summitry,此处译为"峰会"似更适合)界定为"政治领导人出于官方目的举行的会议",因此不包括领导人纯粹私人性

---

[1] 陶文钊:《中美关系史(1972—2000)》(下卷),上海人民出版社2004年版,第80页。
[2] 胡勇:《邓小平访美的礼宾问题》,《国际政治研究》2010年第1期,第175页。
[3] 谢益显:《中国外交史:中华人民共和国时期(1979—1994)》,河南人民出版社1995年版,第206页。
[4] 马细谱、李少捷主编:《中东欧转轨25年:观察与思考》,中央编译出版社2014年版,第19页。
[5] 《江泽民文选》(第三卷),人民出版社2006年版,第603页。
[6] 胡勇:《中国元首外交的兴起——一种国内政治的考察》,《外交评论》2009年第4期,第52页。
[7] 赵可金:《当代中国外交制度的转型与定位》,时事出版社2012年版,第390页。

质的活动。① 同样来自英国的杰夫·贝里奇（G. R. Berridge）和阿兰·詹姆斯（Alan James）对首脑外交的理解是"国家元首或政府首脑出于外交或宣传目的举行的会议"，他们还按照频率将这样的会议划分为特别首脑会议（Ad Hoc summits）和系列首脑会议（Serial Summits）。② 扬·梅里森更是主张首脑外交应该与政治领导人之间的其他形式的直接的个人外交，如通信、通电话或者视频对话等区分开来。③

然而，在当代首脑外交的实践中，既有行礼如仪的官方活动，也有不拘一格的私人交流，既有直击要害的外交谈判，也有浓妆艳抹的政治表演，到底它们更多出于官方目的还是半官方意图，更多聚焦外交本身还是宣传动机，往往虚虚实实，难解难分。此外，在一些国内学者看来，首脑访问与会晤固然是首脑外交最主要的渠道，但首脑通信与通话、特使外交、首脑宣言或声明等也是首脑外交的重要形式。④ 因此，除了纯粹的礼节性寒暄与电函外，本篇论述的中国与中东欧国家的首脑外交在形式与内容上也不仅仅拘泥于首脑访问与会晤。

二　新时期中国与中东欧国家首脑外交的进展与特点

2012 年 4 月的 16+1 领导人华沙会晤不仅标志着中国与中东欧国家的关系进入了一个新时期，也开启了中国与中东欧国家首脑外交的新篇章。2012 年以来，中国与中东欧国家建立了 16+1 年度总理会晤机制，同时中国与中东欧 16 国的双边首脑外交也相当活跃。总体来看，五年多来中国与中东欧国家的首脑外交既推动了"16+1 合作"，也促进了中国与中东欧 16 国的双边关系，可谓进展显著，特点鲜明。

---

① David H. Dunn, "What is Summitry", in David H. Dunn eds., *Diplomacy at the Highest Level: the Evolution of International Summitry*, Houndmills, Basingstoke, Hampshire: Palgrave Macmillan, 1996, p. 20.

② G. R. Berridge and Alan James, *A Dictionary of Diplomacy*, New York: Palgrave Macmillan, 2003, pp. 255 – 256.

③ Jan Melissen, "Summit Diplomacy Coming of Age", *Discussion Papers in Diplomacy*, No. 82, 2003, p. 5.

④ 赵可金：《外交学原理》，上海教育出版社 2011 年版，第 257—262 页。

表1　2012—2017年（截至9月初）中国与中东欧国家首脑外交一览

	2012年	2013年	2014年	2015年	2016年	2017年（截至9月初）
中国—中东欧国家领导人会晤（16+1领导人会晤）	4月，华沙会晤	11月，布加勒斯特会晤	12月，贝尔格莱德会晤	11月，苏州会晤（包括习近平在京集体会见16国领导人）	11月，里加会晤	匈牙利将承办第六次16+1领导人会晤
阿尔巴尼亚	温家宝在华沙会见阿副总理	李克强在布加勒斯特会见阿总理	9月，阿总理来华出席夏季达沃斯年会；李克强在贝尔格莱德会见阿总理	李克强在京会见阿总理	李克强在里加会见阿总理	
波黑	温家宝在华沙会见波黑部长会议主席	李克强在布加勒斯特会见波黑部长会议主席	李克强在贝尔格莱德会见波黑部长会议主席	9月，波黑主席团轮值主席来华出席抗日战争胜利纪念活动；李克强在京会见波黑部长会议主席	李克强在里加会见波黑部长会议主席	
保加利亚	温家宝在华沙会见保副总理；11月，温家宝在亚欧会议期间会见保总统	9月，保总理来华出席夏季达沃斯年会；李克强在布加勒斯特会见保总统	1月，保总统访华	李克强在京会见保总理	李克强在出席亚欧会议期间会见保总统；李克强在里加会见保总理	

续表

	2012 年	2013 年	2014 年	2015 年	2016 年	2017 年（截至 9 月初）
克罗地亚	温家宝在华沙会见克总理	李克强在布加勒斯特会见克总理	李克强在贝尔格莱德会见克副总理	10 月，克总统访华；李克强在京会见克议长	李克强在里加会见克总理	
捷克	温家宝在华沙会见捷总理	李克强在布加勒斯特会见捷总理	2 月，习近平在出席索契冬奥会开幕式期间会见捷克总统；10 月，捷克总统访华；李克强在贝尔格莱德会见捷克总理	9 月，捷克总统来华出席抗日战争胜利纪念活动；11 月，捷克总理访华并出席 16＋1 领导人会晤	3 月，习近平访问捷克；6 月，捷克总理来华出席中国—中东欧地方领导人会议等活动；李克强在里加会见捷克总理	5 月，捷克总统来华出席"一带一路"峰会
爱沙尼亚	温家宝在华沙会见爱总理	李克强在布加勒斯特会见爱总理	李克强在贝尔格莱德会见爱总理	李克强在苏州会见爱总理	李克强在里加会见爱总理	
匈牙利	温家宝在华沙会见匈总理	李克强在布加勒斯特会见匈总理	2 月，匈总理访华；4 月，李克强与匈总理通话；李克强在贝尔格莱德会见匈总理	李克强在苏州会见匈总理	李克强在里加会见匈总理	5 月，匈总理访华并出席"一带一路"峰会

续表

	2012 年	2013 年	2014 年	2015 年	2016 年	2017 年（截至 9 月初）
拉脱维亚	温家宝在华沙会见拉总理；9 月，拉总理来华出席夏季达沃斯论坛	李克强在布加勒斯特会见拉总理代表	10 月，李克强在出席亚欧会议期间会见拉总统；李克强在贝尔格莱德会见拉总理	李克强在京会见拉总理	7 月，李克强在出席亚欧会议期间会见拉总统；11 月，李克强访问拉脱维亚并出席 16 + 1 领导人会晤	
立陶宛	温家宝在华沙会见立总理；9 月，拉总理来华出席夏季达沃斯论坛	李克强在布加勒斯特会见立总理	李克强在贝尔格莱德会见立总理	李克强在苏州会见立总理	3 月，立总理来华出席博鳌论坛年会；李克强在里加与立总理交谈	
马其顿	温家宝在华沙会见马总理；5 月，温家宝在京会见马总理	7 月，马总理来华出席中国—中东欧地方领导人会议；10 月，马总统来华出席中国西部国际博览会；李克强在布加勒斯特会见马总理	7 月，马总理来华进行商务推介；李克强在贝尔格莱德会见马总理	李克强在京会见马总理	李克强在里加会见马总理	

续表

	2012 年	2013 年	2014 年	2015 年	2016 年	2017 年（截至 9 月初）
黑山	温家宝在华沙会见黑山总理；8 月，黑山总理来华出席活动	李克强在布加勒斯特会见黑山总理	8 月，黑山总统来华出席青奥会；李克强在贝尔格莱德会见黑山总理	李克强在京会见黑山总理	黑山副总理兼电信部长出席里加峰会，但没有中黑领导人会晤的报道	
波兰	4 月，温家宝访问波兰	李克强在布加勒斯特会见波兰总理	3 月，李克强与波兰总理通电话	11 月，波兰总统访华并出席 16 + 1 领导人会晤	6 月，习近平访问波兰；李克强在里加会见波兰总理	5 月，波兰总理来华出席"一带一路"峰会
罗马尼亚	温家宝在华沙会见罗总理	7 月，罗总理来华出席中国—中东欧地方领导人会议；11 月，李克强访罗并出席 16 + 1 领导人会晤	9 月，罗总理访华；李克强在贝尔格莱德会见罗总理	9 月，习近平在出席联合国活动期间会见罗总统；李克强在苏州会见罗副总理	7 月，李克强在出席亚欧会议期间会见罗总理；李克强在里加会见罗总理	
斯洛伐克	温家宝在华沙会见斯总理	李克强在布加勒斯特会见斯总理	李克强在贝尔格莱德会见斯总理	李克强在苏州会见斯副总理	李克强在里加与斯总理交谈	
斯洛文尼亚	温家宝在华沙会见斯总理	李克强在布加勒斯特会见斯总理	李克强在贝尔格莱德会见斯总理	李克强在苏州会见斯总理	李克强在里加会见斯总理	

续表

	2012 年	2013 年	2014 年	2015 年	2016 年	2017 年（截至 9 月初）
塞尔维亚	温家宝在华沙会见塞总理	8月，塞总统访华；李克强在布加勒斯特会见塞总理	9月，塞总理来华出席夏季达沃斯年会；12月，李克强访塞并出席16+1领导人会晤	1月，李克强在瑞士达沃斯会见塞总理；9月，塞总统来华出席抗日战争胜利纪念活动；11月，塞总理访华并出席16+1领导人会晤	6月，习近平访问塞尔维亚；李克强在里加会见塞总理	3月，塞总统访华；5月，塞总理、当选总统来华出席"一带一路"峰会

资料来源：笔者综合《中国外交》年鉴和中国外交部网站信息整理。

首先，总理层面的 16+1 领导人会晤机制化。2012 年 4 月，时任中国国务院总理温家宝在华沙举行的第二届中国—中东欧国家经贸论坛上致辞，明确提出"我们要健全合作机制。双方有必要继续举办经贸论坛，召开领导人会议"。[①] 第二年举行的 16+1 领导人会晤通过了《中国—中东欧国家合作布加勒斯特纲要》，正式决定"每年举行中国—中东欧国家领导人会晤，梳理合作成果，规划合作方向"。[②] 从 2014 年开始，每一次 16+1 领导人会晤通过的合作纲要中，都以书面形式确认下一次 16+1 领导人会晤的承办方。2012 年至今，已连续五年在中东欧国家和中国轮流举行 16+1 领导人会晤，2017 年的会晤将由匈牙利承办。目前，出席

[①]《温家宝在第二届中国—中东欧国家经贸论坛上的致辞》，2012 年 4 月 26 日，波兰华沙，"中国—中东欧国家合作"网站，http://www.china-ceec.org/chn/ldrhw/2012hs/hdxw/t1409869.htm。

[②]《中国—中东欧国家合作布加勒斯特纲要》，2013 年 11 月 26 日，罗马尼亚布加勒斯特，"中国—中东欧国家合作"网站，http://www.china-ceec.org/chn/ldrhw/2013bjlst/hdxw/t1409845.htm。

16+1领导人会晤的领导人基本上是各国的政府首脑（总理或部长会议主席），偶尔出现国家元首（2015年11月波兰总统杜达对华进行国事访问并出席16+1领导人会晤）或议长、副总理、外交部部长等首脑代表。

其次，16+1领导人会晤成果务实化。中国与中东欧国家政府体制各不相同，之所以将16+1领导人会晤定位于总理层面，很大程度上是因为"16+1合作"聚焦经贸等领域的务实合作，较少涉及政治安全领域的议题。[①] 这从中国—中东欧国家经贸论坛比16+1领导人会晤早一年启动，此后两者同期举办这一现象中可见一斑。2015年11月，中国首次承办16+1领导人会晤。李克强总理在苏州同期举办的经贸论坛上致辞，开门见山地指出，"会晤前我们共同参加第五届中国—中东欧国家经贸论坛，这本身表明16+1领导人会晤高度重视务实合作，各国都有强烈的政治意愿推动经贸合作取得更大发展，助力各国经济发展和民生改善"。[②] 从2013年第二次16+1领导人会晤发布合作纲要开始，贸易投资、互联互通、金融、人文、地方等各领域务实合作占据了文件的主要篇幅。根据2015年11月在苏州通过的《中国—中东欧国家合作中期规划》，未来五年内"16+1合作"将覆盖以下九大领域：经济合作；互联互通合作；产能和装备制造合作；金融合作；农林与质检合作；科技、研究、创新与环保合作；文化、教育、青年与旅游合作；卫生合作；地方合作。其中，每个领域的合作又包括若干具体方面。[③] 不仅如此，为了便于监督合作的进程，评估合作的实际效果，从2014年16+1领导人会晤开始，合作纲要的最后都会附上上一年纲要相关措施执行情况的清单。

再次，双边首脑外交形式多样化。除了机制化的16+1领导人多边会晤外，2012年以来中国与中东欧国家的双边首脑外交也相当活跃，形式

[①] 有学者早就注意到，中国领导人在开展多边首脑外交方面是有一定分工的，事务性和专业性较强的多边首脑会议一般由国务院总理出席。参见雷兴长《论90年代中国多边首脑外交》，《甘肃社会科学》1999年第3期。此外，还有学者观察到中国领导人在参加多边首脑会议上的区域分工，中国—东盟峰会、亚欧峰会、中国—欧盟峰会等一般由国务院总理出席。参见胡勇《中国元首外交的法理地位与实践空间》，第230页。

[②]《李克强在第五届中国—中东欧国家经贸论坛上的致辞》，2015年11月24日，新华网，http://news.xinhuanet.com/world/2015-11/25/c_128464484.htm。

[③]《中国—中东欧国家合作中期规划》，2015年11月24日，"中国—中东欧国家合作"网站，http://www.china-ceec.org/chn/ldrhw/2015sz/hdxw/t1411474.htm。

更是丰富多样。第一,中国与中东欧国家领导人在 16 + 1 领导人会晤期间举行双边会晤。除了极少数情况外,每一次 16 + 1 领导人会晤期间中国国务院总理都会尽量安排跟与会的每一个中东欧国家的领导人(包括首脑代表)举行双边会面。事实上,这种多边首脑外交场合的双边首脑外交活动也趋近机制化。第二,中国国家主席或国务院总理利用其他多边外交的场合与部分中东欧国家领导人开展双边首脑外交。比如,2012 年以来,中国国务院总理在出席三次亚欧会议期间先后会见过保加利亚、拉脱维亚、罗马尼亚等中东欧国家的首脑。习近平主席在 2015 年和 2017 年先后在北京会见过来华出席中国人民抗日战争暨世界反法西斯战争胜利 70 周年纪念活动以及"一带一路"国际合作高峰论坛的波黑、捷克、塞尔维亚、波兰、匈牙利等中东欧国家的首脑。第三,中国与中东欧国家积极开展各种形式的首脑访问。2012 年以来,中国与捷克、塞尔维亚、波兰、罗马尼亚等中东欧国家实现了正式的首脑互访。除了来华出席第四次 16 + 1 领导人会晤外,阿尔巴尼亚、保加利亚、拉脱维亚、立陶宛、马其顿、黑山等中东欧国家的首脑多次非正式访华,出席过夏季达沃斯年会、中国—中东欧国家地方领导人会议、青奥会等各项活动。第四,除了首脑访问和会晤外,中国与中东欧国家首脑外交的渠道还包括首脑通话等。2014 年 3 月和 4 月,李克强总理曾先后与时任波兰总理图斯克和匈牙利总理欧尔班通电话。通话内容既有礼节性成分(如图斯克就马航客机失联向中方表示慰问,李克强祝贺欧尔班蝉联执政),也有乌克兰局势、中匈合作等实质性议题。

最后,中国与中东欧国家首脑外交运行立体化。所谓"立体化",指的是在外交实践中,首脑外交往往与经济外交、公共外交、主场外交甚至第一夫人外交等不同维度的外交形态穿插进行,从而产生兼容互补,相得益彰的效果。比如,2015 年的 16 + 1 领导人会晤首次来到中国主场,李克强总理适时亮出高铁这一中国装备制造业的"黄金名片"——不仅以"高速列车"妙喻"16 + 1 合作",而且邀请中东欧 16 国领导人亲身体验中国高铁的舒适度与安全性。"从苏州北站到上海虹桥站,91 公里的高铁线路,见证了总理这场别开生面的'高铁外交'。"[1]

---

[1] 《91 公里线路见证总理"高铁外交"》,《解放日报》2015 年 11 月 26 日。

三 首脑外交在新时期中国与中东欧国家关系中的作用

陈志敏等国内学者认为，首脑外交承担着培养首脑的外交素质、突破外交谈判僵局、塑造首脑形象和开展国际公关，以及沟通两国社会与民众之间的友好等功能。[①] 杰夫·贝里奇则指出，首脑外交可能有效地提升双边外交的五大功能——促进友好关系、澄清意图、搜集情报、领事工作（主要是促进出口和代表遭到扣押的国民说情）以及谈判。[②] 总之，首脑外交因其主体级别高、政治传播力强、直接效果显著等特点而区别于其他外交形态，在国家间关系中具有重要和特殊的作用。就新时期中国与中东欧国家关系发展而言，首脑外交扮演了不可替代的角色。

第一，首脑外交把握了"16+1合作"的大方向与基本原则，发挥了高层政治引领的作用。在2012年首次16+1领导人会晤后发布的新闻公报中，与会领导人强调"高层交往对国与国关系发展的引领和推动作用，愿今后继续开展此类形式的合作"。[③] 李克强总理在出席2013年16+1领导人会晤时不仅指出"中国—中东欧领导人会晤这一平台，为彼此合作创造了良好条件"，而且提出了包括三大原则和六大领域在内的中国—中东欧国家战略合作框架。与会的中东欧国家领导人"热烈欢迎李克强提出的双方合作战略框架，认为这进一步明确了双方合作发展的大方向"。[④] 也就是从2013年开始，16+1领导人会晤正式得以机制化，其功能被定位为"梳理合作成果，规划合作方向"。在2015年16+1领导人会晤上，李克强总理提出了包含一个目标和六大重点的"1+6"合作框架。在这一年通过的《中国—中东欧国家合作中期规划》中，领导人们评价"年度领导人会晤对合作发挥引领和指导作用，将制定年度纲要，锁定重点

[①] 陈志敏、肖佳灵、赵可金：《当代外交学》，北京大学出版社2008年版，第199—201页。
[②] ［英］杰夫·贝里奇：《外交理论与实践》，庞中英译，北京大学出版社2005年版，第184页。
[③] 《中国与中东欧国家领导人会晤新闻公报》，2012年4月27日，中国驻波兰大使馆网站，http://www.fmprc.gov.cn/ce/cepl/chn/zbgx/t927052.htm。
[④] 《李克强总理出席中国—中东欧国家领导人会晤》，2013年11月27日，中国中央人民政府网站，http://www.gov.cn/ldhd/2013-11/27/content_2535672.htm。

成果，及时解决合作进程中遇到的突出问题"。① 从 2012 年中方关于促进与中东欧国家合作的十二项举措，到 2016 年中国与拉脱维亚总理共同为中国—中东欧金融控股有限公司揭牌，"16+1 合作"迄今为止的重点成果几乎都是借助 16+1 领导人会晤机制正式宣布的。

除了 16+1 领导人年度会晤机制外，中国与中东欧国家之间在其他场合的多边或双边首脑外交有时也能起到引领和指导"16+1 合作"的作用。比如，2015 年 11 月习近平主席在北京集体会见来华出席 16+1 领导人会晤的中东欧 16 国领导人时，提出下一步"16+1 合作"应实现三大对接——同"一带一路"建设充分对接、同中欧全面战略伙伴关系全面对接、同各自发展战略有效对接。② 2017 年 5 月，习主席在会见来华出席"一带一路"国际合作高峰论坛的波兰总理希德沃时，除了鼓励双方要深挖"一带一路"倡议同波兰国家发展战略的契合点外，还进一步主张将"16+1 合作"打造成"一带一路"倡议融入欧洲经济圈的重要"接口"、中欧四大伙伴关系落地的优先区域和中欧合作新增长极，希望波方继续推动"16+1 合作"做大做强，促进"一带一路"建设、中欧合作在中东欧地区得到更大发展。③

第二，首脑外交对于中国与中东欧国家双边关系的发展同样具有重要的引领作用。习近平主席 2016 年 6 月访问波兰前曾在波兰《共和国报》撰文，认为"'16+1 合作'和中欧关系发展离不开中国同地区国家双边关系发展"。④ 李克强总理在出席 2016 年 16+1 领导人会晤时指出，"中国同 16 国高层互访频繁，政治互信得到巩固，各领域合作扎实推进"。⑤ 其中，国家元首或政府首脑的访问最具有象征意义，堪称国家间

---

① 《中国—中东欧国家合作中期规划》，2015 年 11 月 24 日，"中国—中东欧国家合作"网站，http://www.china-ceec.org/chn/ldrhw/2015ss/hdxw/t1411474.htm。

② 《推动合作取得更多实质成果：习近平主席关于中国—中东欧国家关系的重要论述》，《人民日报》2016 年 6 月 15 日。

③ 《习近平会见波兰总理希德沃》，2017 年 5 月 12 日，人民网，http://cpc.people.com.cn/n1/2017/0512/c64094-29271761.html。

④ 《习近平在波兰媒体发表署名文章》，2016 年 6 月 17 日，中国外交部网站，http://www.fmprc.gov.cn/web/ziliao_674904/zt_674979/ywzt_675099/2016nzt/xddcfyslsh_686824/zxxx_686826/t1373209.shtml。

⑤ 《李克强在第五次中国—中东欧国家领导人会晤时的讲话》，2016 年 11 月 5 日，"中国—中东欧国家合作"网站，http://www.china-ceec.org/chn/ldrhw/2016lj/hdxw/t144657.htm。

关系的晴雨表。2016年3月，习近平主席对捷克的国事访问是两国建交67年来中国国家元首首次访问捷克，也是习主席对中东欧国家的首访。6月，习主席对塞尔维亚和波兰进行国事访问，这是中国国家元首32年来首次访问塞尔维亚和时隔12年再次访问波兰。11月，国务院总理李克强对拉脱维亚进行正式访问并出席第五次16+1领导人会晤，这是中拉建交25年来中国国务院总理首次访问拉脱维亚。① 这些具有历史性意义的最高层访问夯实了中国与上述中东欧国家的传统友谊，开启了双边关系的新篇章。

来而不往非礼也。2012年以来，已有塞尔维亚总统、保加利亚总统、匈牙利总理、罗马尼亚总理、捷克总统、克罗地亚总统、波兰总统、捷克总理、塞尔维亚总理等中东欧国家首脑对中国进行过国事访问或正式访问。其中，塞尔维亚、捷克、波兰、匈牙利等国首脑曾多次正式或非正式访华，充分显示出中国与这些国家的双边关系在中国与中东欧16国的关系中处于领跑位置。尤其值得一提的是，2015年8月底9月初，捷克总统泽曼、塞尔维亚总统尼科利奇、波黑主席团轮值主席乔维奇等部分中东欧国家首脑应邀来华出席中国人民抗日战争暨世界反法西斯战争胜利70周年纪念活动。其中，"泽曼是唯一一位以国家元首身份出席纪念活动的欧盟成员国领导人，表明了捷克对中国抗日战争胜利纪念活动的巨大支持"。②

除了以上政治或外交上的象征性意义外，首脑外交对于提升中国与中东欧国家的双边关系也有实质性作用。2013年8月，塞尔维亚总统尼科利奇访华，两国元首签署《中塞关于深化战略伙伴关系的联合声明》。2014年1月，保加利亚总统普列夫内利埃夫访华，两国元首决定建立中保全面友好合作伙伴关系。2016年3月，习近平主席访问捷克，两国元首一致同意，将中捷关系提升为战略伙伴关系。2016年6月，习主席先后访问塞尔维亚和波兰，中塞和中波元首一致决定，将双边关系由战略伙伴关系提升为全面战略伙伴关系。2017年5月，匈牙利总理欧尔班访

---

① 赵纪周：《中欧关系：扩大合作和共同发展》，载黄平、周弘、程卫东主编《欧洲发展报告（2016—2017）》，社会科学文献出版社2017年版，第188页。

② 陈新：《习主席访捷开启中欧关系新十年》，2016年3月28日，央视网，http://news.cctv.com/2016/03/28/ARTIrcSu65Opf8BltSvgV36S160328.shtml。

华，在与习主席会见后两国宣布建立全面战略伙伴关系。在外交实践中，国家间关系的定位不能只是看作一种政治修辞或者官样文章，它"不仅体现了双边关系的总体性质，而且为这种关系塑造了一个框架，规定了它的主要内容和发展方向"。① 以 2016 年 3 月习主席首次出访中东欧为例，中国和捷克建立战略伙伴关系不仅推动中捷关系迈上新的台阶，而且推动了中捷战略新对接、拓展了经贸合作新领域、培育了人文交流新成果，"必将为两国关系未来发展奠定坚实基础、开辟广阔空间，进而对推进'一带一路'建设，带动中国同中东欧及整个欧洲地区互利合作产生积极和深远影响"。②

第三，由于首脑外交是"最受关注的外交"③，因此首脑外交的形象塑造、公关沟通等功能会被媒体成倍放大，从而起到增加中国与中东欧国家之间相互了解的作用。客观来讲，尽管近年来"16+1 合作"如火如荼，但"中国对于社会全面转型后的中东欧国家缺乏全面和深刻了解。同时，中东欧国家对中国的了解也大多流于表面"。④ 在此背景下，精心设计的首脑外交可以成为沟通中国与中东欧国家社会和民众的桥梁。

以 2016 年习近平主席出访捷克、塞尔维亚和波兰为例。首先，访问前夕，习主席会在对象国主流媒体发表署名文章。除了提出有针对性的合作建议外，习主席还以讲故事的方式深情回顾中国与这些国家在历史上的传统友谊，从而一下子拉近了两国人民的心理距离。比如，习主席在《奏响中捷关系的时代强音》一文中讲述了 20 世纪 50 年代捷克著名画家斯克莱纳尔访华的故事，成功引起了捷克舆论界的注意。⑤ 其次，除

---

① 胡勇：《冷战后中美关系定位演变与新型大国关系构建》，《国际展望》2015 年第 2 期，第 36 页。
② 《积极拓展互利共赢合作，坚定推进全球安全治理——外交部长王毅谈习近平主席访问捷克并出席第四届核安全峰会》，2016 年 4 月 3 日，中国外交部网站，http://www.fmprc.gov.cn/web/ziliao_674904/zt_674979/ywzt_675099/2016nzt/xjpcxhaq_686048/zxxx_686050/t1352825.shtml。
③ 陈志敏、肖佳灵、赵可金：《当代外交学》，北京大学出版社 2008 年版，第 210 页。
④ 朱晓中：《中国—中东欧合作：特点与改进方向》，《国际问题研究》2017 年第 3 期，第 47 页。
⑤ 《奏响时代强音，开创美好明天——捷克民众热议习近平主席在捷媒发表署名文章》，2016 年 3 月 26 日，新华网，http://news.xinhuanet.com/world/2016-03/26/c_1118452359.htm。

了与对象国高层举行会见或会谈,习主席还会尽量安排时间接触对象国各界人士。比如,在布拉格,习主席和捷克总统一起会见了中捷足球和冰球少年运动员。在贝尔格莱德,习主席和塞尔维亚总统、总理一起参加了河北钢铁集团收购斯梅代雷沃钢厂项目揭牌仪式,并在塞方领导人陪同下来到员工食堂与工人交流互动。在华沙,习主席夫妇与波兰总统夫妇共同欣赏波兰马佐夫舍歌舞团的演出,并与曾经6次访华的该歌舞团成员亲切交流,感谢这朵波兰人民的"宝石之花"为促进中波人民友谊和文化交流做出的宝贵贡献。最后,作为首脑外交的补充,中国也适时发挥了"第一夫人外交"的优势。访问塞尔维亚和波兰期间,习主席夫人彭丽媛走访了两国的有关特殊教育学校、参观肖邦博物馆、到访孔子学院,"推动了中国同两国之间的人文交流,巩固了人民之间的世代友好"。[1] 总之,首脑外交不仅增进了中国与中东欧国家高层的政治互信,也加深了双方人民之间的了解与友谊。用塞尔维亚记者协会主席、《政治报》总编辑莉莉亚娜·斯马伊洛维奇的话来说,"习近平主席此访让塞尔维亚人民重新发现了中国,为塞中两国人民心灵相通打开了新渠道"。[2]

四　余论

在充分肯定新时期中国与中东欧国家首脑外交取得长足进展,首脑外交在中国与中东欧国家关系中发挥积极作用的同时,也应当看到当前的首脑外交在量和质两个方面都存在一定的不足或不确定性。就量而言,中国与中东欧国家的双边首脑外交发展很不平衡。与中国首脑外交最频繁的是塞尔维亚,2013年至今塞总统和总理分别三次正式访华或来华出席活动,中国国务院总理和国家主席也先后到访过塞尔维亚,两国关系更是率先升级为全面战略伙伴关系。相比之下,中国与爱沙尼亚、斯洛

---

[1] 《外交部长王毅谈习近平主席访问塞尔维亚、波兰、乌兹别克斯坦并出席上海合作组织成员国元首理事会第十六次会议》,2016年6月25日,中国外交部网站,http://www.fmprc.gov.cn/web/ziliao_674904/zt_674979/dnzt_674981/xzxzt/xddcfyslsh_686824/zxxx_686826/t1375253.shtml。

[2] 《塞尔维亚各界积极评价习近平主席访问》,2016年6月23日,人民网,http://politics.people.com.cn/n1/2016/0623/c404978-28472602.html。

伐克、斯洛文尼亚等国家的首脑外交大概只能算"点头之交"。① 这一落差既反映了中东欧国家多样化的对华合作诉求,也警醒中国应做好国别与区域的平衡,"不要因重点发展同某些国家关系而引起整个区域的不良反应,也不能过度关注区域整体性而失去政策特色与重点"。②

就质而言,首脑外交固然对国与国关系的发展起到了引领和推动作用,但如何评估首脑外交的成效也存在不确定性。以首脑访问和会谈确定的双边关系的升级为例,有学者就直言不讳地指出,"如果不能将'战略伙伴关系'落到实处,没有清晰规划双边关系中的'战略'领域,而只是中国领导人给欧洲一些国家的'荣誉称号',则只能反映出中国外交政策发展双边关系的'务虚'成分,不利于切实推进中国同包括中东欧国家在内的欧洲国家关系的发展"。③ 在实践中,中东欧国家更多也是从获取现实利益的角度理解"战略伙伴关系",跟中国对这一概念的认知并不完全一致。④

事实上,学术界早就注意到了个人化外交的局限性、首脑判断失误的严重性、首脑更迭后的政策反复性等首脑外交的风险或隐患。⑤ 有些问题在中国与中东欧国家的首脑外交中已经露出端倪。曾有中国领导人在首脑外交场合评价"'16+1合作'搭建了具有南北合作特点的南南合作新平台"。虽然这一评价可以在学术上得到一定的论证⑥,但现实却是中东欧国家不希望自己被看作"发展中国家"。⑦ 这说明首脑外交的准备工

---

① 有学者对2016年中国与中东欧国家的政治合作作了量化分析(首脑外交只是其中的一部分),结果也发现分数相差很悬殊。排名前三的波兰、匈牙利、塞尔维亚都在9分以上(最高10分),排名垫底的黑山、斯洛文尼亚和拉脱维亚得分都在1分以下。参见陈新、杨成玉《中国—中东欧经贸合作进展报告(2016)》,第97页。

② 刘作奎:《中国与中东欧合作:问题与对策》,《国际问题研究》2013年第5期,第79—81页。

③ 朱晓中主编:《中东欧转型20年》,社会科学文献出版社2013年版,第259—260页。

④ 鞠维伟、马骏驰:《中国—中东欧国家合作:进展与挑战》,载黄平、周弘、程卫东主编《欧洲发展报告(2016—2017)》,社会科学文献出版社2017年版,第237—239页。

⑤ 胡勇:《西方首脑外交的发展及其对中国的启示》,载袁南生主编《中国外交理论与实践(2015)》,世界知识出版社2016年版。

⑥ 胡勇:《南南合作视野下的中国—中东欧国家合作》,《社会科学》2017年第10期。

⑦ 鞠维伟、马骏驰:《中国—中东欧国家合作:进展与挑战》,载黄平、周弘、程卫东主编《欧洲发展报告(2016—2017)》,社会科学文献出版社2017年版,第244页。

作可能还不够细致充分。再比如，这几年中国与捷克的首脑外交急剧升温，这在很大程度上得益于在捷克执政联盟内占主导地位的社会民主党，以及曾任该党主席的泽曼总统的大力支持。一旦捷克政局发生较大变动，两国战略伙伴关系的前景就可能出现变数，首脑交往也必然受到影响。[①]总之，为了使中国与中东欧国家关系行稳致远，我们既要看到首脑外交的成绩，也要认识到目前首脑外交存在的不足和可能的隐患，及时总结经验，防范风险。

[①] 姜琍：《在"一带一路"助推下加速发展的中捷关系》，李永全主编《"一带一路"建设发展报告（2017）》，社会科学文献出版社2017年版。

第二部分

"16+1合作"框架下的
地方合作

中东欧国家进入上海市场的意义与路径[*]

引 言

中东欧国家地处"一带一路"沿线的重要区域，在65个沿线国家中，中东欧国家的数量占了四分之一，是全球新兴市场的重要组成部分。中国人口众多，市场巨大，工业尤其是装备产业体系完备，资金充足，双方完全可以实现优势互补，共同打造合作的新亮点。

过去中国与中东欧国家关系的发展侧重于双边以及欧盟，但是"一带一路"倡议提出后，中国在这个大背景下重新考虑与中东欧关系，使中东欧国家成为"一带一路"国际合作的重要推动力。

一 "16+1合作"机制建立及其发展

在"一带一路"倡议布局中，中东欧国家占有重要战略地位，因为它们具有较高的发展水平，本身就是欧洲市场的新兴力量，具有强大的市场动力和市场潜力。中国通过建立"16+1合作"机制，与欧洲市场的新兴力量建立了全面长期的经济联系，进而促进与中东欧国家的经贸合作，使之成为"一带一路"经济发展的有生力量。习近平总书记和李克强总理不辞辛劳地多次访问中东欧国家，以推动中国与中东欧国家的经贸合作，成效显著。虽然"16+1合作"机制在2012年才建立起来，但其发展已日趋成熟，充满活力。

---

[*] 陆钢，华东师范大学国际问题研究所所长；张钰洋，北京外国语大学国际关系学院。

2012年4月，首次中国—中东欧国家领导人会晤在波兰华沙成功举办，"16+1合作"机制就此建立。

次年11月，在第二次会晤上，与会各方共同发表《中国—中东欧国家合作布加勒斯特纲要》，确定未来每年均举行中国—中东欧国家领导人会晤，以"合作共赢，共同发展"为主题，在经贸投资、金融合作、互联互通、科创环保、人文交流等方面做出多项承诺保证，将2014年定为"中国—中东欧国家合作投资经贸促进年"，并鼓励、支持地方合作，提出每两年举行一次中国—中东欧国家地方领导人会议。

2014年12月在贝尔格莱德举行的第三次16+1领导人会晤上，与会方提出"新动力、新平台、新引擎"的主题，发表了《中国—中东欧国家合作贝尔格莱德纲要》，将《中欧合作2020战略规划》视为中欧关系指导性文件，确定以后每两年召开一次中国—中东欧国家经贸促进部长级会议。

2015年11月在中国苏州举办了第四次16+1领导人会晤，会上各方共同制定并发表了《中国—中东欧国家合作中期规划》（以下简称《规划》）及《中国—中东欧国家合作苏州纲要》（以下简称《纲要》）。《纲要》鼓励各方建立中国—中东欧国家合作秘书处及其成员单位与中东欧国家驻华使馆季度例会机制，在互联互通领域提及中国与匈牙利政府签署了"一带一路"合作文件，表明中国与其他中东欧国家有同样合作意愿，体现了"16+1合作"机制对中国"一带一路"倡议的重要作用，且《纲要》将中国—中东欧合作扩大到了农林、卫生等领域。《规划》则明确了中欧2015—2020年合作方向，指明"16+1合作"机制与现有双边合作机制或平台为互补而非替代关系，有助于促进中欧四大伙伴关系。

在2016年11月里加举行的第五次中国—中东欧国家领导人会晤上，李克强总理表示，"'16+1合作'日趋成熟、渐入佳境"，"应坚持经济全球化大方向"，提出"深化基础设施和互联互通合作""开拓绿色经济合作新空间"等建议。与会各方回顾了机制建立以来取得的各项成果，认识到"16+1合作"机制对促进17国间合作关系的重要作用，以"互联、创新、相融、共济"为主题，共同发表了《中国—中东欧国家合作里加纲要》，谋求更深更广的合作，其中各方"认识到有必要并愿共同努力对接'一带一路'倡议和泛欧交通网络等欧盟有关倡议"。

在2017年的布达佩斯16+1领导人会晤上，李克强总理表示五年来多方共同努力建立的多个机制化交流平台为"16+1合作"打牢了基础，要以加强"16+1合作"来应对复杂国际形势带来的挑战，并提出"做大经贸规模""做强创新合作"等建议。各国共同发表了《中国—中东欧国家合作布达佩斯纲要》，认识到"'16+1合作'是中欧整体合作的重要组成部分"，鼓励各国"结合本国国情、通过各种方式积极参与'一带一路'建设"，并确定2018年为16+1地方合作年。

二 中国与中东欧国家经贸合作中的问题

与中国高层的期盼相比，目前中国与中东欧国家的经贸合作并不令人满意。中国所提供的100亿美元信贷尚未全部落实。在中东欧国家，没有重大的标志性工程项目建设成功。

中国与中东欧国家经贸关系存在不少负面因素：第一，中国"一带一路"倡议在中东欧地区推进速度不尽如人意；双方合作成功的大型工程项目较少；中国提供给中东欧国家的信贷难以完成。中东欧国家的普通阶层对"一带一路"缺乏热情。

第二，中国与中东欧国家的贸易存在严重的不平衡，即使波兰等比较发达的国家也与中国存在巨额贸易逆差（见表1）。这些贸易不平衡导致中东欧国家对"一带一路"和中国经贸合作犹豫不定，如履薄冰。

表1　　　　　　　　2015年中国与部分中东欧国家贸易情况

单位：万美元

国家	进出口额	出口额	进口额	贸易顺差
斯洛文尼亚	238108	209154	28954	1802000
拉脱维亚	116781	102322	14459	87863
波兰	1708988	1434575	274413	1160162
捷克	1100772	822621	278151	544470
匈牙利	806937	519803	287134	232669

表2　　2016年中国与部分中东欧国家贸易情况

单位：万美元

国家	进出口额	出口额	进口额	贸易顺差
斯洛文尼亚	270554	226900	43654	183246
拉脱维亚	119448	106232	13216	93016
波兰	1762567	1509171	253396	1255775
捷克	1100693	805865	294828	511037
匈牙利	888481	542256	346225	196031

资料来源：中国商务部统计数字。

第三，中东欧国家缺乏进入中国市场的合适路径，产品难以打入中国市场，客观上造成双方贸易的不平衡，导致对中国贸易的巨大逆差。造成这个局面的原因是，双方经济体量和结构存在不对称性。中东欧国家经济力量主体是中小企业，农副产品是重要的出口产品。中国市场上长期形成的重商主义思维，容易排斥中东欧国家的产品，而中东欧国家在全球价值链中处于中低端位置，与中国经济结构具有同构性。另外，中东欧国家缺乏进入中国市场的合适路径，无法把大量产品在中国市场上销售，导致对中国贸易的巨大逆差。

当前中国对中东欧关系比较薄弱的环节是民营企业、地方政府、非政府组织以及其他民间力量对一地区的影响。中东欧国家以前的政治结构与中国相同：大政府和小社会。经过二十多年的制度变迁，中东欧国家的政治结构转向小政府和大社会。这就意味着尽管中国与中东欧国家的政府关系相当良好，却是不稳定的，很多政府及领导人很有可能在定期的选举中下台。政权更替是中东欧国家的政治常态，而我们过分依赖与现任领导人的关系，很多经济项目极有可能被新上任的政府推翻。因此，我们需要调整思路，在维护现有政府关系的同时，也要努力经营与中东欧国家的社会关系，因为能够承担这一重任的不是中央政府机构，而是其他力量，包括民营企业、地方政府、非政府组织及民间人士。

从实际情况看，在中东欧国家，中国政府层面与非政府层面的工作都在开展，但相互之间缺乏有机联系，形成"两张皮"的格局。中东欧国家大部分是中小国家，其实经济实力相当于中国的地方省市。如果做好协调分工，授权地方政府和民企出面与中东欧国家开展经济合作，其一能避免国内恶性竞争；二能分散风险成本。

这样，以地方政府和实力强大的民企为主要抓手，搭建各类平台，吸纳更多的社会力量参与中东欧国家的社会经济与文化合作，提高中国在中东欧国家民众中的吸引力。可以预料，只要中国在中东欧国家民众中拥有良好的口碑，那么无论政府如何更替，都不会影响中国在中东欧的经济利益。

三　中东欧国家经济产品进入上海市场的意义

20多年来，尽管国际形势变化多端，但是中国与中东欧的经济合作和政治互信却一直在扎实开展。中国的企业在中东欧国家已经打下根基。国企主要帮助中东欧国家进行基础设施建设；民企主要为中东欧国家市场提供丰富的小商品供应。政治上虽然双方存在社会制度和意识形态的差异，但双方由于共同的社会主义建设经历，熟悉彼此的国情和思维方式，相互之间容易沟通和建立政治互信，而这种政治互信反过来又为经济合作提供一定的保障。

当前，中国希望成为平衡世界经济体系的重要一极。若要实现这个目标，就必须拥有自己主导建立的国际市场，即"一带一路"国际市场。"一带一路"国际市场的主体在中国，而核心区域是国际化程度最高的以上海为代表的长三角板块。在中国市场体系中，上海市场比较规范，国际化程度高，消费商品吸收能力强大，对消费服务要求比较严格。从市场文化角度看，上海人对海外消费文化包容度较高，对来自中东欧国家产品几为喜欢。

然而，在"一带一路"布局中，长三角经济带的作用并未得到充分发挥。在国家发改委初期的"一带一路"规划中，江苏省甚至没有被提及。而上海和浙江在"一带一路"中的地位也不及新疆和福建。

从长远来看，长三角处于世界经济发展最活跃的亚太地区中心地带，不仅自身经济实力雄厚，GDP总和超过俄罗斯，而且辐射范围广，可包括长江流域和华东地区九省二市，其GDP总和会远超日本。另外，长三角已经形成国际化的都市圈，经济发展水平比及发达国家。因此，这本身就是一个世界级的大市场。中东欧国家的学者和官员高度重视长三角经济带的战略价值，多次明确表示要让中东欧国家的产品进入长三角市场，实现两大经济板块的对接。

这个形势为上海的新一轮发展提供了战略机遇。过去由于行政区域的分割，江浙两省对于上海在长三角中的协调作用并不认同。现在，它们急于要进入"一带一路"的战略梯队，但没有合适的切入点。此次16+1总理会议和部长会议先后在苏州和宁波召开，两地领导高度重视，希望以此借船出海。但是缺乏上海这个核心协调者，江浙与中东欧的合作潜力是有限的。而中东欧国家非常希望进入上海市场。因此，合理的选择是，上海要在"一带一路"框架下，成为实现中东欧与长三角经济的对接的核心协调者，具体理由如下。

1. 中东欧16国是欧洲新近形成的地缘政治经济板块，尽管正在努力融入欧盟，但由于16国发展的不平衡，所以它们之间以及它们与老欧洲国家之间存在差异。这正是将其纳入"一带一路"轨道的重要缘由。

2. 中东欧国家发展水平超出中国大部分地区，其现代化和城市化的程度也远远领先于中国。作为独立的地缘经济板块，中国只有长三角地区才与中东欧16国相匹配。长三角地区在人口和GDP总量方面超出中东欧16国。在人均收入和都市化程度上与中东欧国家也相差无几。因此，中国只有设法让经济发展水平和经济体量都相近的长三角地区与中东欧地区实现整体对接，才会在"一带一路"的西部地区出现战略性突破。

3. 中东欧与长三角经济的对接不仅仅是在物质层面，更多是制度层面。通过这种对接，中东欧与长三角在经济领域实现无障碍、无壁垒的合作。中东欧国家曾经是社会主义国家，与中国发达地区有很大的相似性。虽然中东欧实现了制度转轨，但其体制惯性依然在起作用。目前中东欧四五十岁的人大部分熟悉传统社会主义的运作模式，与实行社会主义市场经济的中国打交道不陌生。双方在经济制度层面的对接可能性很大。

4. 上海应该是中东欧与长三角经济对接当之无愧的核心协调者。主要原因有，一是上海与长三角地区有着长期密切的协作关系，而长三角其他地区与上海经济发展也存在较大的依赖关系。二是上海在中东欧地区享有很高的国际知名度。中波轮船公司在上海已有几十年的历史。中东欧国家渴望与上海建立密切经贸关系，把打入上海市场作为中国合作的首选目标。三是上海企业在中东欧地区经营多年，享有很高的商业信誉。

四 进入上海市场的制度安排

"一带一路"沿线国家中，中东欧作为整体是国际化程度和发展程度最高的。中东欧板块与长三角板块发展水平相当，各自处于欧盟经济圈和亚太经济圈之内。两大经济板块如能对接成功对于"一带一路"建设具有重大战略意义，而对接的关键就是要研究中东欧国家进入中国市场的路径问题。

具体而言，一是对中东欧国家实行全面开放的自由贸易政策，彻底消除中东欧国家进入中国市场的制度性障碍。二是选择经济规模和结构与中东欧国家板块相仿的长三角板块进行整体性对接，促使中东欧国家经济全面或部分融入长三角市场。三是以上海为核心协调长三角经济板块与中东欧国家经济板块的对接。以上海为切入点，大力吸引中东欧国家产品进入中国市场，从而解决市场路径缺失的问题。

从政治上讲，上海虽然是地方政府，但也应积极主动为国家分担责任，在"一带一路"倡议中发挥重要作用。可是，上海苦于找不到抓手。由于上海缺乏地缘的亲近性，除了港口码头之外，很难在"丝绸之路"经济带方向发挥领头羊的作用。现在，机会来了。这就是上海要把战略重点放在参与中东欧的"一带一路"建设上，在实现长三角与中东欧经济的对接中发挥核心协调者的作用。具体建议如下：

1. 运用上海地缘经济优势，充分调动商会、民企和第三方机构等市场主体力量的积极性，通过这些力量来协调长三角经济。上海与江浙相比，其优势是政府协调能力强，国企管理能力强，而民营企业相对较弱。而江浙的优势在于民企实力较强，擅长市场经济的运作，因此以民企为主体的江浙商会也具有较强的市场秩序塑造能力。事实上，江浙商会以上海为重要市场平台，把上海作为捕捉市场机会、交换市场信息的中枢，其总部领导长期居住上海，穿梭于长三角之间，以此协调相关的经济联系。因此上海以此为基础，充分放权，让商会、行会、企业和第三方机构在协调长三角经济中扮演主体角色。

2. 发起成立上海共同市场基金，前期用于参与"一带一路"建设的长三角成员，后面发展到全国以及"一带一路"沿线国家的成员。基金将会大大提高上海共同市场对成员的吸引力和凝聚力。欧洲共同市场对新成员的直接吸引力就是来自于欧洲共同市场基金，新成员可以申请基金用于本国发展。同样，"一带一路"也有丝路基金和亚投行的配套。但目前参与"一带一路"建设的上海企业难以争取到国家层面的基金。所以可以结合"一带一路"市场或上海共同市场的战略，筹办相关基金，资助参与"一带一路"建设的上海企业，以后扩大到整个长三角地区或更大的区域。基金来源可以多元化，部分来自上海国资，主要部分可来自于江浙的民营资本，但基金由上海政府委托第三方统筹管理。

3. 根据上海市政府国资机构在"一带一路"的经营状况，可成立专门服务于"一带一路"的政策性经营管理公司，其职能是：在"一带一路"接洽业务；管理产业园区的项目；管理工程承包项目；进行企业成本核算；为沿线国家项目进行融资；代理长三角的民企在"一带一路"的经营项目，成为"一带一路"沿线国家企业进入上海市场的窗户平台。市政府可授权委托该公司管理共同市场基金项目。该公司则利用熟悉上海情况的优势，巧妙地把自贸区实验、共同市场基金及其他政策性杠杆结合起来，提出具有可操作性的市场运行规则和细则，使之成为上海共同市场乃至"一带一路"大市场的基本游戏规则。

4. 在上海自贸区内建立中东欧区。上海进行的自贸区试验正好为中东欧与长三角经济对接提供了机会，提供了平台。为了方便双方的经济对接，可以考虑在自贸区内设立中东欧经济科技园区。园区主要为中东欧企业及其商会进入上海及长三角市场提供一切制度便利，从而免去中东欧国家因为路途遥远、不熟悉中国情况而造成的各种贸易投资行为障碍。同时可以配合"互联网+"技术，为中东欧有国家搭建一个虚拟的上海市场平台，以此吸引中东欧国家的投资与贸易。

5. 就国际化人才性价比而言，中东欧国家的优势非常突出。一是得益于悠久的历史人文。无论是音乐、文学还是科学哲学，中东欧众多的世界大师。二是与老欧洲的地理亲近，使得中东欧国家直接吸收国际先进的科学技术和商业管理经验。三是中东欧地区处于东西方文明的结合部，其文化受到斯拉夫文明、阿拉伯文明和西方基督文明的哺乳，根基雄厚，潜力无限。然而，与老欧洲相比，中东欧国家的人才待遇显然不尽如人意，因此上海可以猛打经济牌，以"一带一路"为平台，有选择地在众多领域吸收中东欧人才参与科创、人文教育以及商业经营等建设活动。

"一带一路"背景下河北省国际产能合作的现状及对策研究[*]

国际产能合作是化解过剩产能、进行供给侧结构性改革的重要手段和途径，也是企业优化生产要素配置、进一步降低成本、提升利润的新途径。为推动"一带一路"产能合作，中国铁路、核电、钢铁、有色和建材等优质产能正源源不断地"走出去"，境外投资、工程承包开展得如火如荼。随着2015年5月16日国务院《关于推进国际产能和装备制造合作的指导意见》的印发，带动了国内一大批装备、技术、服务、标准和品牌进一步"走出去"。2016年11月拉脱维亚中东欧领导人峰会，又为交通和物流贸易交流提供了新的契机。

一 河北省国际产能合作的现状

近年来，河北省企业"走出去"步伐加快、发展势头良好，企业境外投资规模逐渐扩大。2016年，河北省全省新增备案的境外投资企业132家，投资总额36.3亿美元，增长18.5%，其中中方投资额33.5亿美元，同比增长42.6%。截至目前，全省累计核准和备案的境外投资企业超过880家，投资总额超过150亿美元，中方投资额达到123亿美元。合作区域已经遍布6大洲近80个国家和地区，投资领域涉及钢铁、水泥、玻璃、装备制造、新能源、纺织服装等20多个行业。特别是，河北省结合自身优势产能特点，引导和鼓励重点企业通过投资入股、兼并重组、股权交

---

[*] 刘海云，河北经贸大学中东欧国际商务研修学院副院长，教授；张金哲，河北经贸大学国际教育学院讲师。

易等方式，在境外投资设厂、建立营销网络、开发资源、参与基础设施建设、发展工业园区等，向生产基地和工业园区方向发展，呈现出较好的发展势头。

（一）钢铁工业

河北省钢铁工业在中国乃至世界占有重要地位，钢铁产量连续16年居全国第一位，2016年全省钢材产量达到1.93亿吨，约占全国钢材产量的1/4，世界钢产量的1/9。近年来，河钢集团与塞尔维亚唯一一家国有钢铁厂斯梅代雷沃签署收购协议，全盘接收钢铁厂以及该厂5050名员工。收购斯梅代雷沃钢铁厂是河钢集团"走出去"的发展战略的一部分，另外河钢集团还收购了南非PMC公司、控股德高公司，另外德龙钢铁泰国60万吨热轧窄带钢等项目建成投产，都是河北省钢铁企业进行国际产能合作的重要尝试。

（二）建材工业

河北省是中国第一桶水泥诞生地和玻璃工业摇篮，建材工业发展基础雄厚。2016年河北省水泥产量接近1亿吨，年产平板玻璃1亿重量箱，占全国近1/7。近几年，为充分利用全球市场和资源，建材企业大力发展海外产能合作项目，在东南亚、中东欧、中南部非洲、南美等国家投资建厂、兼并收购，比较大的投资项目有冀东发展集团在南非100万水泥项目建成投产，河北苹乐集团在埃塞俄比亚投资建设首都水泥厂，其生产的"首都"牌水泥，已成为埃塞俄比亚水泥市场的知名品牌。

（三）光伏产业

河北光伏产业生产规模和技术水平在中国和世界占有重要地位，光伏组件产能达到7.2吉瓦，占全国产能约1/3，占全球产能约1/10。当前，新奥光伏能源有限公司与美国托莱多大学合作，开发出太阳能电池用新型透明导电薄膜材料——掺铝氧化锌，各项性能参数均达到国际领先水平。英利集团在美国、德国、意大利、西班牙、日本等20多个国家设立了分支机构，在泰国罗勇工业园建设年产600MW晶硅光伏电池和300MW光伏组件基地项目。晶龙集团在马来西亚投资400MW多晶电池厂、在南非投资建设的 150MW 组件厂顺利投产。

（四）装备制造

河北省装备制造业产品门类齐全，国民经济行业分类中涉及装备制造业的 8 个大类、61 个中类、213 个小类产品在河北均有生产，共计 3000 多个品种，形成了具备一定规模和实力的产业体系。目前，装备制造业已经成为河北省的第一支柱产业。近年来，河北省对外投资建设生产基地、收购兼并当地企业和研发机构、在境外开展贸易合作等方式，加快"走出去"步伐。长城企业在俄罗斯图拉州投资建设的汽车生产厂项目顺利推进；中信戴卡并购德国 KSM 铸造集团并在美国建立了 KSM 铸件工厂；秦皇岛天业通联重工投资入股意大利艾登技术设计公司；北方凌云工业集团收购德国凯毅德公司，实现了企业研发中心与凯毅德美国研发中心直接对接。

（五）石化工业

石化工业是河北省主要支柱产业之一。近年来，河北石化企业积极在境外投资建厂，兼并收购当地企业、研发机构和营销网络，努力拓展国际市场。其中比较有名的河北华通线缆集团通过与美国通用公司合作，联合研发出耐 232℃ 高分子线缆绝缘材料，并设计了带有药剂管线缆、带信号线潜油泵线缆、带地线复合型潜油泵电缆等三大类产品，推动石油开采和潜油泵领域实现了跨越式发展。

（六）医药产业

近年来，河北省医药企业积极拓展国际市场。河北德路通生物科技收购德国 GILUPI 公司股份，并与 GILUPI 公司合作建设"中德医疗器械联合开发实验室"，开展癌症筛查技术研发。以岭药业投资收购以色列 Health Watch 公司股权，研发生产可穿戴式心电监护系统及系列产品。

（七）纺织服装

河北纺织服装行业利用自身优势，加快"走出去"步伐，积极参与海外纺织工业园区建设。河北泛美服装在柬埔寨设立柬埔寨曼欧服装有限公司，设计年产60万套西服和100万件休闲服，新大东纺织越南纱线及牛仔布生产项目年生产能力达到8万纱锭。

(八) 农业及农产品加工

河北省先后与南非姆普马兰加省、美国印第安纳州签署了农业合作备忘录，建立了合作交流机制；与德国、保加利亚、罗马尼亚、美国、加拿大等国家推动实施了蔬菜和玫瑰种植、肉类养殖和加工等一批农业合作项目。河北研发的杂交谷子高产、抗旱、耐瘠，每公顷产量12150公斤，是联合国粮农组织"南南"合作协议的核心项目，已在非洲埃塞俄比亚等国推广种植1400公顷，解决了当地23万贫困人口的吃饭问题。唐山北粮农业与美国艾奥瓦州海兰公司在唐山芦台建设了亚洲最大的蛋鸡养殖综合基地项目；邯郸晨光生物在印度投资的辣椒深加工项目产销量世界第一。

(九) 对外承包工程和劳务合作

截至2016年年底，河北省对外承包工程累计实现合同额428.4亿美元，完成营业额312.2亿美元，业务遍及46个国家和地区。主要分布在亚洲周边的印度尼西亚、马来西亚、泰国、孟加拉国、哈萨克斯坦等；中东的阿曼、阿联酋等；非洲的阿尔及利亚、尼日利亚、安哥拉、喀麦隆、莫桑比克等；拉美的墨西哥、秘鲁、古巴、委内瑞拉；以及澳大利亚、俄罗斯等国家（地区）。截至2016年年底，全省对外劳务合作累计实现合同额5.9亿美元，完成营业额5亿美元，派出各类劳务人员近15万人。

二 河北省国际产能合作中存在的问题

(一) 境外投资额显著增长但与发达地区仍有差距

2016年，中国对"一带一路"沿线的53个国家直接投资145.3亿美元，占同期总额的8.5%。中国企业对相关的61个国家新签合同额达1260.3亿美元，占同期中国对外承包工程新签合同额的51.6%；完成营业额759.7亿美元，占同期总额的47.7%。巴基斯坦喀喇昆仑公路二期、卡拉奇高速公路、中老铁路已开工建设，土耳其东西高铁、匈塞铁路等项目正在顺利推进，为改善沿线国家基础设施条件、带动当地经济社会发展发挥了积极作用。

近年来河北省加强国际产能合作步伐，统计数据显示，河北省境外投资领域涉及钢铁、水泥、玻璃、装备制造、新能源、纺织服装等20多个行业。虽然河北省这几年对外投资额显著增长，但是跟全国发达地区相比仍有差距。来自东莞市商务局的信息显示，截至2015年10月，东莞全市已有约420家企业在境外开展境外投资项目316宗，落脚点几乎包括除了南极大陆的其他五大洲，特别是在东南亚、非洲、南美等地区都掀起莞企掘金热。与之相呼应的是，2015年前八个月，东莞市对"一带一路"沿线国家出口130.3亿美元，增长42%，"一带一路"沿线国家成为东莞第三大出口市场。单纯东莞一个市8个月的境外投资额就超过了河北省2015年度全年的境外投资额。

（二）投资方式较为单一

从全国情况来看，目前中国与"一带一路"国家合作方式多种多样。如电力行业从最初的设备供货，到目前的EP（设计—采购）、EPC（设计—采购—建设）、IPP（独立电站）、BOT（建设—运营—移交）、BOO（建设—拥有—运营）、PPP（公私合营）、并购和融资租赁等多种形式。在对外承包工程方面，中国企业在继续发挥传统承包优势的同时，充分发挥资金、技术优势，积极探索开展"工程承包+融资""工程承包+融资+运营"等方式的合作，有条件的项目更多采用了BOT、PPP等方式。境外经贸合作区已经成为产能合作的重要载体。境外经贸合作区是推进国际产能与装备制造合作的有效平台，已成为促进中国和东道国经贸合作双赢的重要载体。截至2015年年底，中国企业正在推进的合作区共计75个，其中一半以上是与产能合作密切相关的加工制造类园区。

目前河北省境外投资方式仍旧以境外投资直接办厂为主，投资方式较为单一，境外融资能力不足，管理风险较大。这种直接对外投资方式由于不熟悉国外商业习惯、法律环境，缺乏国际项目经验等，往往发生项目落地困难和企业被罚等事件。目前中国过去在缅甸、越南、斯里兰卡和泰国等都遭遇到类似的事件，一些重大投资项目因受到抵制而被迫停止。因为不熟悉国外经济形势导致产能合作技术标准不对接。如部分中东国家,虽然自身技术能力较弱,但是推崇欧美的工业技术和标准,中资企业进入面临巨大压力。

(三) 国际产能合作仍以传统行业为主

通过多年的发展,目前中国在"一带一路"沿线开展国际产能合作的产业,既包括以轻工、家电和纺织服装为主的传统劳动密集型优势产业,以钢铁、电解铝、水泥和平板玻璃为主的富余产能优势产业,又有以电力设备、工程机械、通信设备、高铁和轨道交通为主的装备制造优势产业。实现了以传统产业为主,发展成为传统行业和新兴行业并存的新局面。

河北省目前产能合作主要集中在钢铁、水泥、玻璃、纺织等传统产业上。不论是已投产还是正在筹建的项目,有钢铁产能895万吨、水泥产能438万吨、玻璃产能85万重量箱,这些都属于传统行业。河北省比较大的境外投资项目如2015年河北霸州新亚金属制品有限公司收购印度尼西亚爪哇太平洋有限公司30%股权,扩建镀锌带钢及家具钢管项目。2017年廊坊吉振红生物科技有限公司在吉尔吉斯斯坦投资1.5亿美元生产销售水泥、石灰、岩棉,唐山鑫海钢铁有限公司在阿尔及利亚投资2亿美元生产经营黑色金属、耐火材料,定州东方铸造有限公司在墨西哥投资2000万美元生产销售灰铁、球墨铸铁、铸钢和有色合金件……这些项目将带动河北省装备制造业"走出去",投资项目仍旧以传统产业为主。

(四) 河北省对外合作区域发展不均衡

河北省对外合作比较集中的区域集中在石家庄市和唐山市。如近年来,唐山市大力实施"走出去"战略,截至2015年年底,累计核准境外投资项目101个,投资总额20.08亿美元,中方投资额12.55亿美元。累计设立对外承包工程企业15家,外派劳务企业3家,累计完成对外承包工程项目75个,对外援助项目12个,实现对外承包工程和劳务合作营业额33.2亿美元。"走出去"业务已遍及世界六大洲63个国家和地区。对发达国家和新兴市场国家的投资比例逐步增长,70%的项目投资区域落在市场前景好的美国、德国、意大利、俄罗斯、南非等地。据石家庄市商务局的统计数据显示，截至2014年年底，全市新备案境外投资企业33家，同比增长43.48%；投资总额4.5亿美元，同比增长89.96%；中方投资额3.9亿美元，同比增长84.42%。投资企业个数和投资总额均在全省居首位。截至2015年，全市累计备案境外投资企业161家，中方投资总额9.4亿美元，分布于世界30多个国家和地区。除了石家庄和唐山市外，河北省其他地区国际产能合作能力不足，对外投资金额较小，体现出区域不均衡的特点。

三 促进河北省国际产能合作的对策建议

（一）扩大宣传与交流，树立国际产能合作的新理念

经济发展，舆论先行。首先，应当加强对"一带一路"倡议的宣传与引导。"一带一路"建设既是中国扩大和深化对外开放的重大举措，也是中国开放式发展理念在具体实践上的升华，通过开放思想，增强开放自信，提升开放能力，最终使"一带一路"成为一条共同发展之路、共同繁荣之路、共同合作之路。其次，应当树立国际产能合作的新理念。通过国际产能合作，把中国的优质产能和优势装备，同发达国家的关键技术和先进装备结合起来，通过国际产能合作，同广大新兴经济体和发展中国家的城市化、工业化需求对接起来，既可以为全球经济持续复苏和健康增长注入新动力，又可以为中国经济稳中求进开辟新空间，还可以为各国企业合作共赢创造新机遇。同时，国际产能合作也是化解过剩产能、进行供给侧结构性改革的重要手段和途径，也是企业优化生产要素配置、进一步降低成本、提升利润的新途径。最后，举办各种层次的研讨会，为"一带一路"提供决策参考。

（二）以政府出资设立境外风险投资基金，为河北省国际产能合作提供资金支持

境外风险投资基金的来源可以多种多样，可以来源于政策性银行，也可以来源于社保基金。国外社会保障基金经过多年的运作与发展，在各国各自的资本市场已经占据主动地位。在国外，养老保险基金基本占

到整个资本市场的25%—45%。在纽约、伦敦的证券交易所中占的比例更大,基本超过了30%。国外的养老保险基金在运作中,起到了双重效应,不仅实现了社保基金的保值增值,而且在稳定本国资本市场方面发挥了积极的作用。随着中国养老保险制度的不断健全和资本市场的不断完善,社会保障基金的进入资本市场运营已经得到政府部门的认可和重视。国外市场与国内投资市场相比发展时间较早,市场比较成熟,又有成功的经验可以借鉴。可以通过境外风险投资的运作,为河北省国际产能合作提供资金支持。

(三) 积极探索对外投资的新路径,加大境外工业园区的建设

境外经贸合作区已经成为国际产能合作的重要聚集式发展平台。数据显示,截至2015年年底,中国企业在境外34个国家投资建设了75个各类型的经贸产业园区,累计完成投资近200亿美元,实现产值400亿美元,在东道主国上缴税费14.1亿美元,为当地创造就业岗位15.4万个。境外工业园区通过在海外投资目的国建立产能合作平台机制,提供信息共享、投资推介等一揽子投资促进服务,在推动中国的先进制造业、新型服务业、优势加工行业等在海外的投资落地方面发挥了重要作用。同时境外工业园区还可以利用自身的城市综合服务开发能力,提供高标准的基础设施以及商务、教育、医疗等一体化生活服务配套,为企业投资海外提供综合解决方案。

(四) 扶持中介机构的建设,服务国营企业和民营企业、传统行业和新兴行业抱团境外投资

从国际经验来看,会计师事务所、律师事务所、投资银行、证券公司以及征信、评级机构等中介机构在跨国产能合作中起着十分重要的作用。河北省要加大支持力度,培育相关中介机构,并推动中资会计师事务所、律师事务所、投资银行、证券公司以及征信、评级机构等中介机构"走出去",为中国企业"走出去"提供相关服务。另外,山东省、湖北省、东莞市都有利用中介机构提供信息企业抱团境外投资的相关经验,鼓励国营企业和民营企业、传统行业和新兴行业抱团境外投资,通过抱团投资,增强市场竞争力,增强抵御风险能力。

（五）加强河北省新型智库建设，为河北省境外投资提供咨询服务

"一带一路"各国历史、文化、政治、经济等方面的巨大差异，为境外投资合作带来了巨大风险。科学评估相关国家投资风险，谨慎选择合作东道国，应作为"一带一路"产能合作的前置条件。当前中国正在加强智库建设，各种新型智库对实施"一带一路"倡议发挥了重要作用。河北省应当增加投资，建立符合河北经济需求的新型智库。通过动员智库力量，加强对沿线国家政治、经济、文化、产业和环境等方面的分析研究，为河北省企业"走出去"实施产能合作科学决策服务。

中国与中东欧国家教育合作机遇与对策研究[*]

从"16+1合作",到"一带一路"倡议,再到党的十九大,中国正逐步走向世界舞台的中央,中国将打开国门,快速推进国际化步伐,更加深入参与全球治理,在刚刚结束的第六次中国—中东欧国家领导人会晤活动及其成果《布达佩斯纲要》,提出"各方支持在宁波等中国城市设立16+1经贸合作示范区",这为中国与中东欧国家教育交流与合作更进一步发展带来新机遇,开启新征程。

一 中国与中东欧国家教育合作机遇

(一)"一带一路"建设深入推进和党的十九大开启的新时代、新征程,为教育合作赋予了新使命

"一带一路"行动与倡议是中国主动参与全球化新格局的重大战略,为推动区域教育大开放、大交流、大融合提供了大契机,也提出了新任务、新要求。党的十九大报告提出了中国在新时代的国际角色定位,坚持对外开放的基本国策,开放的中国将使得"一带一路"倡议更具有吸引力,将大力促进中国与中东欧国家的全方位合作。中国与中东欧国家没有任何地缘与利益冲突,随着"一带一路"建设的发展,中国与中东欧各国合作空间广泛,发展潜力巨大,双方合作开展跨境教育,合力培养一批精通相关外语、熟悉国际规则、具有国际视野、善于在全球化竞争中把握机遇和争取主动的国际化人才,成为当前重要的需求。中国—

---

[*] 闫国庆,浙江宁波万里学院副校长。

中东欧国家人文交流和高等教育合作将会出现一个新的高峰。

（二）宁波等城市建立 16+1 经贸合作示范区，使教育合作搭上了"直通车"

国务院总理李克强在中国—中东欧国家第七届经贸论坛上宣布："中方鼓励在宁波等中国城市建立 16+1 经贸合作示范区，为扩大贸易和投资合作搭建平台，特别是为中东欧商品对华出口提供绿色通道。"中国与中东欧国家优质人力资源和物质资源日益频繁地跨国、跨地区流动，以及贸易的繁荣和经济合作的深入，将催生国际化人才的巨大市场，为中国与中东欧国家教育合作创造良好的经济环境。

（三）一系列机制与平台的建立与完善，为教育合作提供了广阔的发展空间

"16+1 合作"机制建立，使中国—中东欧国家教育合作驶上了"快车道"。在"中国—中东欧国家合作"框架下，建立了中国—欧盟国家教育部长会议、中国—中东欧教育政策对话等合作平台，以及在宁波每年举办的宁波—中东欧国家教育合作交流活动，对中国与中东欧国家教育领域的热点和重点展开交流与合作。同时，中国—中东欧国家高校联合会（2014.9，天津）、丝绸之路大学联盟（2015.11，西安）、丝绸之路商学院联盟（2016.6，宁波）、"一带一路"产教协联盟（2016.6，宁波）、"一带一路"中波大学联盟（2017.3，北京）、中国—中东欧国家音乐院校联盟（2017.9，杭州）等合作平台的成立，将会深化中国与中东欧各国教育交流与合作。

（四）国家一系列深化教育改革发展部署，为教育合作发展提供了有利的发展环境

2010 年 7 月，《国家中长期教育改革和发展规划纲要》提出了"培养大批具有国际视野、通晓国际规则，能够参与国际事务和国际竞争的国际化人才"的目标。2015 年年底，国家颁布《统筹推进世界一流大学和一流学科建设总体方案》，明确将"推进国际交流合作，加强与世界一流大学和学术机构的实质性合作，加强国际协同创新，切实提高中国高等教育的国际竞争力和话语权"作为五项改革任务之一。2016 年 4 月中共中央办公厅、国务院办公厅印发《关于做好新时期教育对外开放工作的若干意见》提出要开创更有质量更高水平的教育对外开放新局面。2017年6月教育部《推进共建"一带一路"教育行动》提出"推动中国教育治理体系完善、相关法律法规修订和教育综合改革,提升中国开展'一带一路'教育行动的质量和水平。未来3年,中国每年面向沿线国家公派留学生2500人;未来5年,建成10个海外科教基地,每年资助1万名沿线国家新生来华学习或研修。同时,各省市也陆续制订了"一带一路"教育行动计划,有序推进教育互联互通。

(五)中东欧国家教育转型发展,为教育合作提供新契机

1. 各国教育转向"欧洲化"。20世纪80年代以前,受苏联影响,中东欧国家高等教育的国际化程度较低,主要局限于这些国家之间的交流和合作。随着20世纪90年代中东欧国家政经转向"欧洲化",中东欧国家相继对WTO教育服务贸易做出了承诺,中东欧国家纷纷签署了"博洛尼亚宣言",参与到了"欧洲高等教育区"的建设之中,投身于欧盟高等教育一体化的进程,极大地增强了中东欧在国际教育竞争中的地位。

2. 各国教育各具特色。波兰教育系统也深受法国的欧洲大陆教育模式影响,强调大学前教育和基础职业技能培训,职业中学几乎占整个中等教育的65%,远高于欧盟平均水平。近年来,波兰高等教育的增量主要体现为两种形式:私立高等教育机构的飞速发展,公立高等教育机构中非全日制形式学生的剧增(见表1)。目前,波兰高等教育机构主要分为以下14种类型(见表2)。

表1　　　　波兰高等教育机构及招生人数(2001　2004年)

单位:个,万人

	2001年		2002年		2003年		2004年	
	机构数	招生数	机构数	招生数	机构数	招生数	机构数	招生数
私立	195	47.14	221	52.88	252	54.43	274	52.46
公立	106	110.68	123	127.17	125	130.62	126	132.08
总数	301	157.82	344	180.05	377	185.05	400	184.54

资料来源:波兰HRST。

表2 2003/2004学年波兰高等教育机构类型分布（共400所）

单位：所

机构类型	综合性大学	技术大学	农业院校	经济院校	教师教育机构	艺术院校	神学院	高等职业机构	医学院	商业航海院校	体育院校	国防部附属院校	内务和行政部附属院校	其他机构
公立	16	18	8	5	6	18	1	26	10	2	6	8	2	0
私立	1	4	1	88	11	4	13	125	0	0	0	0	0	27

资料来源：波兰HRST。

　　捷克教育具有优良的传统，从小学到大学全部免费教育（在捷克的大学，凡攻读第一学位，均可享受免费待遇），全民受教育面100%。在匈牙利，以年龄为界，18岁之前的教育均为义务教育（读完高中，只要能考上大学，第一个学位也是免费）。捷克和匈牙利教育经费支出占GDP的比重保持在5.0%以上。捷匈两国转型前基本上是单一的国立教育，直到现在公办学校在校生还是占到了85%以上。目前基础教育由国立学校、宗教学校和私立学校这三种类型组成。捷匈两国的公办学校按国家的统一教学计划、教学大纲设置课程，安排教学，但有很大的自主性，校本课程的开发和使用也有很大空间。每所学校，尤其是中学，都有自己的专长课程，这些专长课程也成为学校自己的特色。

　　拉脱维亚已建立起全国教育网，实行5年免费学前教育和12年免费初级和中级教育，教育系统发展完善，入学率为90.2%，在教育和科研方面保持着开放的态度和可持续发展的核心理念。拉脱维亚允许私人办学。除公立大中小学之外，也有私立中小学和大学，拉脱维亚有50多所高等院校，其中30多所公立高等院校和10多所私立高等院校，自2004年期，其入学考试由国家统一进行的普通中等教育考试，按照学生成就择优录取。拉脱维亚是波罗的海地区最早开始汉语教学的国家，也是其规模最大的汉语教育中心。拉脱维亚大学于1991年就开设了汉语专业，1993年招本科生，1997年招硕士生，是拉脱维亚汉语教学的摇篮，是目前拉脱维亚唯一开设汉语专业的大学，每年招生本硕学生13—20人。2005年斯特拉金什大学孔子中心成立，2011年拉脱维亚大学孔子学院成立。

3. 中东欧国家大学历史悠久、实力雄厚。中东欧国家有一批历史悠久、世界著名的综合性大学，产生了世界影响力的名人名家。具有"东欧顶尖高等学府"之称的华沙大学，是世界著名研究型大学，也是波兰规模最大的国立大学，2016年英国泰晤士大学排名将华沙大学列为"欧洲最好的100所大学"中，并将其列为第61位。克拉科夫雅盖隆大学世界闻名，是波兰最古老、欧洲前六所的大学，它的声誉吸引着众多的国际留学生、政府和国际组织成员。坐落在捷克首都布拉格的查理大学，创建于1348年，它是中欧最古老的大学之一。匈牙利罗兰大学，创建于1635年，是匈牙利历史悠久、规模最大的名牌学府，至今培养出了5名诺贝尔获得者以及众多世界著名科学家。罗马尼亚巴比什—波雅依大学是罗马尼亚乃至欧洲最大最古老的大学，至今已经有四百多年历史，是目前罗马尼亚乃至欧洲规模最大的大学，拥有45000名学生和1700名教职员工，具备本硕博各层次的课程。

4. 音乐艺术类院校特色突出、久负盛名。中东欧国家还是世界级艺术家、音乐家产生的地方，现在有一批特色的艺术及音乐类高校，独具特色，久负盛名。波兰有肖邦音乐学院、克拉科夫音乐学院、罗兹音乐学院等；匈牙利有李斯特音乐学院；捷克有布拉格音乐学院、克利夫兰音乐学院、布拉格大学等。此外，中东欧国家在篮球、足球等体育类院校也世界有名。

二 中国与中东欧国家教育合作的挑战

（一）中东欧国家差异性大

中东欧16个国家，无论在地理分布跨度上，还是国土面积和人口规模上，以及"欧洲化"政经转型进程上都呈现出差异性、多样性。有11个为欧盟成员、5个加入欧元区、8个为申根国家、12个为北约成员，匈牙利、波兰、捷克、斯洛伐克等四国组建了维谢格拉德集团，波兰等12个国家组建中欧自由贸易区等。目前，尚未入盟的国家有塞尔维亚、黑山、马其顿、波黑和阿尔巴尼亚，但这些国家均以加入欧盟为对外政策的优先目标（见表3）。

表3　　中东欧国家加入区域性国际组织有关情况一览

	国家	是否加入欧盟	是否加入欧元区	是否为申根国家	担任过欧盟轮值主席国	是否加入经合组织	是否加入北约
1	波兰	√		√	√	√	√
2	捷克	√		√	√	√	√
3	斯洛伐克	√	√	√	*	√	√
4	匈牙利	√		√	√	√	√
5	斯洛文尼亚	√	√	√	√	√	√
6	克罗地亚	√					√
7	罗马尼亚	√					√
8	保加利亚	√					√
9	塞尔维亚	*					
10	黑山	*					√
11	马其顿	*					*
12	波黑						
13	阿尔巴尼亚	*					√
14	爱沙尼亚	√	√	√	*	√	√
15	立陶宛	√	√	√	√		√
16	拉脱维亚	√		√			√

资料来源：课题组整理；*表明即将加入或担任。

（二）中东欧国家语言复杂

欧盟现拥有28个成员国，正式官方语言达24种，大部分属于印欧语系，三个主要分支为日耳曼语族、罗曼语族和斯拉夫语族。罗马尼亚语属于罗曼语族语。保加利亚语、捷克语、波兰语、斯洛伐克语和斯洛文尼亚语属于斯拉夫语族，拉脱维亚语和立陶宛语属于波罗的语族；爱沙尼亚语、匈牙利语属于乌拉尔语系芬兰—乌戈尔语族。保加利亚语使用西里尔字母，其他语言皆使用拉丁字母。

（三）传统人才培养模式难以适应

"一带一路"沿线国家政治、法律、社会和文化差异甚大，中东欧国家更具这样的特点,要实现"五通",必须培养出通晓国际规则,具有跨文化视野,了解国际政治、经济、宗教和文化,同时还具备某个领域较为专业的技能,这对传统的人才培养模式无疑是一个巨大的挑战。近年来,宁波对外交流学生规模不断扩大,但由于语言能力有限与学分对换难等现实问题,优秀学生去往中东欧国家留学、游学的比例反而不高。

(四) 与中东欧教育合作经验不足

中东欧 16 国都拥有其独特的民族文化传统,其道德观念和价值观念有很大差异,教育理念和教学方法也存在差别。目前,中国与中东欧国家开展教育合作尚处在起步阶段,还没有深入地对中东欧各国文化及教育状况做研究,容易导致教育合作过程重点的文化冲突和矛盾的产生。此外,与中东欧国家教育合作的体制机制以及支撑保障体系尚在构建中,管理人才队伍建设才刚刚起步。

(五) 与中东欧教育合作资源投入有限

在行政管理层面,缺乏具有开阔中东欧视野、了解中东欧规则、熟悉中东欧教育的管理团队;在教学科研层面,拥有中东欧国家影响力的学科和学者有限,中东欧小语种人才培养师资队伍匮乏;此外,由于中东欧国家经济条件相对较差,校际合作协议数量虽在增加,但因经费可持续投入不足导致难以取得实质进展,如合作平台建设、留学生奖学金、教师交流支撑以及合作办学等较缺乏经费支持。

三 中国与中东欧国家教育合作的对策

中国与中东欧国家开展教育合作的基础扎实和优势明显,对接合作的主要内容有境内外联合办学、共建平台、人才培养、教师交流、合作研究等。

(一) 开展教育国别研究,建立教育合作信息交流长效机制

针对 16 个中东欧国家启动教育国别研究,了解和掌握 16 个国家的文化、教育等相关情况,研究并遴选出适合不同城市教育对接合作的内容

和对象。同时,进一步利用好中国—欧盟国家教育部长会议、中国—中东欧教育政策对话、中国(宁波)—中东欧国家教育合作交流会等大平台,建立教育信息交流合作的长效机制。

(二)"请进来"与"走出去"相结合,推动双向联合办学

中东欧国家拥有历史悠久、世界知名的综合性大学和音乐艺术体育类特色学校,可"请进来"在宁波等地区合作共建分校或独立校区;同时推进各类优质院校资源走进中东欧办学,挺进欧洲,提升水平。

(三)加快中东欧小语种等人才培养高地,支撑与中东欧国家合作

随着与中东欧国家交流与合作的日益密切,各类人才需求缺口日益增大,可优先在高校、外事学校布局建中东欧语言文化中心、语言教学基地等,开设中东欧小语种特色班,培养小语种应用型人才,抢占国内中东欧语言人才培养的战略高地;同时面对企业"走进"中东欧的需要,推动面向政府和企业开展中东欧专题人才培训项目。

(四)推进国际性联盟组织建设,打造多边交流合作机制

创新体制机制建设,推动与中东欧国家建立有影响力的国际性教育联盟组织,比如丝绸之路商学院联盟、"一带一路"产教协同联盟、16+1产教联盟等国际性组织,打造中国高校与中东欧各国高校之间深度合作的多边交流合作机制。利用国际性组织的建设,推动职业教育走出去,为中东欧国家培养本土高技能商贸人才、企业人才和管理人才服务。同时,汇集国内优质的教育资源和丰富的企业资源,培养"一带一路"建设急需的中东欧本土化的国际化高端商务人才,支持中国企业走出去,支持沿线各国在各领域的合作与互动。

(五)推进师生双向交流,促进中国与中东欧国家互学互鉴

设立教师交流专项基金,开展高层次国际化人才交流计划,每年派选一批优秀教师赴中东欧各国高校研修或访学,并聘请中东欧国家的外籍教师来中国教学联合培养学生或参加学术交流等活动;加大中国中东欧国家留学生专项奖学金及中国学生赴中东欧国家交流学习资助计划,

开设交换生、留学生、夏令营活动等各类项目，吸收中东欧国家学生来中国留学。

（六）举办高端论坛和高端培训，打造面向中东欧国家政商人士汇聚地

打造高端智库，建立具有国际影响力的高等教育合作论坛，吸引中东欧各国高校领导、专家学者来华参会，推进教育外交。与中东欧政府及工商企业届的往来，加强信息服务等方面的合作，将帮助中东欧国家进一步了解宁波，更好地与中国开展教育合作，共同培养国家化人才。

（七）支持共建孔子学院，搭建教育对外宣传推介新窗口

推动高校与中东欧国家的相关教育机构合作建立孔子学院或特色汉语志愿者项目，支持高校积极参与在中东欧国家举办的国际教育展，开拓中东欧国家的教育留学市场，提升中国的国际影响力和知名度，打造在中东欧国家具有重要影响的教育交流合作知名品牌。同时，积极利用各种人文交流平台，为教育走出去创造条件，比如组织学术讲座、研讨会、汉学家交流等活动，展示中国城市形象，有效推动中国教育进入中东欧国家。

（八）发挥海外华商华侨桥梁作用，促进与中东欧国家友好关系

中国华侨华人在中东欧地区有着较大的影响力，采取多种形式，向中东欧各国大力传播中国的教育形式、教育氛围、教学理念等，积极建立广泛的教育合作交流。

（九）建立"16+1"教育合作数据库，提供教育合作信息支持服务

搜集中国与中东欧国家的相关教育制度、法律法规、政策以及学校建设等信息，建立中国与中东欧国家教育信息资料库，使得中国与中东欧国家的政府部门、学校、企业、教师、学生可以及时了解中国与中东欧国家教育合作信息。同时，数据库用户可以发布中国以及中东欧国家教育合作需求，实现数据库平台的数据撮合功能。

第三部分

中国对中东欧的投资和经贸合作研究

中东欧十六国环境规制对中国 OFDI 的影响研究[*]

摘要：实施"走出去"发展战略是实现我国资源优化配置与经济转型的必然选择，也有助于"一带一路"战略的落地。环境规制对于 OFDI 有较大的影响，本文使用引力模型，采用 2003—2015 年我国对中东欧十六国的直接投资面板数据，从总体，和强度差异分样本两个方面进行数据回归，研究发现：总体上，中东欧国家环境规制措施对我国 OFDI 具有显著抑制了作用。分样本，中东欧国家强环境规制同样显著抑制了来自我国的 OFDI，弱环境规制有助于我国的 OFDI。但随着经济的发展，环境规制较低的国家开始出现对 OFDI 的挤出效应。此外，我国对中东欧国家的投资动机主要是国际贸易，而不是为了获取自然资源。

关键词：环境规制，OFDI，中东欧国家

---

[*] 上海对外经贸大学中东欧研究所项目"中东欧国家环境规制对我国国际产能合作影响的研究"（项目编号：Y201701-8）资助，上海对外经贸大学国际贸易高等研究院项目"上海自由贸易港功能定位与城市配套改革研究"和上海对外经贸大学自由贸易港战略研究院项目"自由贸易港产业发展模式、依据及效应研究"资助。
作者简介：邱强，上海对外经贸大学国际经贸学院教授，研究方向：环境经济学和国际贸易学；张统勋，上海对外经贸大学硕士研究生，研究方向：国际贸易学；王赛，上海对外经贸大学硕士研究生，研究方向：国际贸易学。

一 引言

2013年，为解决国内发展问题，加强与东盟及太平洋地区、中亚及西欧地区以及印度洋海域国家的贸易沟通和外交关系，我国正式提出了"一带一路"的国家发展战略。同时，世界经济正经受着前所未有的经济危机的考验，一体化、全球化使得发达国家，特别是欧美等我国传统的外部市场萧条。加之我国内需不足，国内出现了产能过剩。我国于2015年提出了供给侧改革，并明确指出"一带一路"要本着绿色理念，在国外开辟新的消费市场，将国内过剩产能转移出去，实现经济复苏。中东欧国家作为"一带一路"重要的区域，如果能够实施国际产能合作，将我国过剩产能转移出去，这对于我国开辟新的消费市场，实现经济复苏，实现"一带一路"政策落地具有非常重要的作用和意义。

中东欧国家普遍不富裕，国内基础建设也较差，对于钢铁、水泥等相关产能的需求较高，这就与我国的经济有很强的互补性。但需要注意的是，我国过剩的产业具有高耗能、高污染的特征。如果双方产能合作必然受到对方环境规制的制约。

中东欧国家大部分加入了欧盟，因此环境规制受到欧盟环境规制的影响，其环境规制水平正在不断提高，与此同时，这些国家由于自身的经济发展水平的差异，社会制度的不同，环境规制水平彼此也存在较大的差异，因此在与这些国家进行投资和国际产能合作时，将面临不同程度的环境规制的影响。因此，中东欧国家和地区的环境规制问题对中国OFDI的影响，将具有较强的理论意义和政策意义。

二 文献综述

关于中东欧十六国环境规制对于我国OFDI影响的研究文献较少，一方面中东欧国家在历史上从未作为一个独立的经济体存在过；另一方面是中东欧国家经济水平较低，与我国的经济交往较少，我国对其的OFDI较低。随着"一带一路"战略提出和实施，中东欧因为是联系我国和欧盟最重要的通道，其战略地位越来越高，我国对其OFDI也越来越多，对其研究自然增多。围绕中东欧十六国环境规制对于我国 OFDI 影响的已有的文献经过梳理主要包括：《中东欧环境规制发展现状》、《中东欧国家环境规制对 FDI 和 OFDI 的影响》，《影响 FDI 和 OFDI 的因素等》。

（一）中东欧环境规制含义、指标和发展差异

学术界对于环境规制含义的认识经历了一个过程。起初，人们认为环境规制是政府以非市场途径对环境资源利用的直接干预，内容包括禁令、非市场转让性的许可证制等。之后人们发现环境税、补贴、押金退款、经济刺激手段的运用也具备环境规制的功能。于是，人们对环境规制含义修正为政府对环境资源利用直接和间接的干预，外延上除行政法规外，还包括经济手段和利用市场机制政策等。到了 90 年代，环境规制的含义最终再次被修正，外延上除命令控制型环境规制、以市场为基础的激励性环境规制外，又增加了资源性环境规制。赵玉明（2009）认为环境规制是以环境保护为目的、个体或组织为对象、有形制度或无形意识为存在形式的一种约束性力量。

环境规制的指标体系，环境规制的大小必须用统一的指标来衡量，作为一种市场的约束力就是环境污染的成本，可以从两个方面来衡量其成本，一是阻止污染排放的成本，二是污染排放所带来的成本，即治理污染损害所造成的成本。这样充当环境规制的指标主要有两类。前者基于污染治理投入指标，如 Levinson（1996）和 Cole（2008）分别使用每个企业的环境机构平均人数和针对环境保护的行政处罚案件数来作为替代环境规制强度的指标。张成等（2011）使用不同地区单位产值的污染减排支出来作为衡量地区的环境规制强度的指标。后者基于污染物排放所带来成本的指标用污染排放强度表示，如 Xing 和 Kolstad（2002）认为污染排放强度越大，则环境规制强度越低。张中元和赵国庆（2012）使用工业废水排放的达标率和工业二氧化硫去除率的高低来表示环境规制强度。但考虑到污染的影响形成原因具有复杂性和污染治理效果测度困难，用单一的指标可能不够准确，比如用第一种指标排污投入，企业设备投入有好坏，效率也存在差异。投入和污染减排不一定正相关。如果用第二类指标，污染所造成的损失是多元的，有人的和动植物，况且人和动植物正常代谢所造成的损失也很难和污染造成的损失区分开来。正

是考虑到上述的缺陷,很多学者使用两者结合的综合指标,如 Caspar (2014) 认为环境规制是一种投入产出的过程,对环境规制的衡量应该包含投入、过程和结果三个维度。陈德敏和张瑞(2012)构建的环境规制指标包括环境规制法律、环境规制监督、环境规制方法和环境规制支撑等四个体系。如中国社科院使用的二氧化碳排放量和森林覆盖率这两个指标,中国科学院所使用的资源环境综合绩效指数(REPI)以及耶鲁大学所使用的环境绩效指数(EPI)。

现有的文献没有专门对中东欧国家的环境规制有专门的研究,只是在更大的范围内去研究环境规制时把中东欧国家环境规制囊括在内去研究,如中国社科院从"一带一路"沿线国家环境规制范围内研究了中东欧国家的环境规制,又如耶鲁大学环境法律与政策中心、哥伦比亚大学国际地球科学信息网络中心从世界的范围来研究环境规制,自然也包括中东欧国家的环境规制。耶鲁大学在 2002—2005 年连续 4 年编制的"环境可持续指数"基础上编制 EPI 指标体系,EPI 关注于环境可持续性和每个国家的当前环境表现,通过一系列的政策制定和专家认定的表现核心污染和自然资源管理挑战的指标来收集数据。

从已有的关于环境规制指标的数据中笔者发现,中东欧国家环境规制标准水平差异较大,笔者将中东欧国家环境规制标准分为三个不同的层次,最高层次的国际级的环境规制标准,中间层次为欧盟的环境规制标准,最低层次为中东欧国家环境规制标准。由于中东欧国家经济发展水平的差异,以及不同的历史观念等原因,各个国家政策制定者对于环境的态度也有一定的差别,因此各个国家相应制定的环境规制的严格程度是不同的,甚至差异很大。

(二) 中东欧国家环境规制与 FDI 的关系

中东欧国家经济地位较低,经济独立性差,很少把中东欧国家作为单独的经济主体来研究,由于中东欧加入了欧盟,又是"一带一路"上的国家,所以关于中东欧国家环境规制研究主要是从欧盟的角度来分析和"一带一路"的角度来研究。刘再起和王阳(2014)采用 2003—2012 年我国对欧盟 27 个国家直接投资的面板数据进行实证分析,发现资源禀赋程度和技术水平是影响现阶段中国对欧盟直接投资的重要因素。姜宝、邢晓丹和李剑（2015）是从贸易对投资的影响的角度来分析中国对欧盟OFDI的动机，认为从发展贸易的角度中国对欧盟逆向投资动机分为出口引致型、关税规避型和技术寻求型三类，实证发现中欧逆向投资主要表现为技术寻求型。苏红岩、李京梅（2017）通过分析"一带一路"沿线国FDI空间布局与我国主要工业污染物分布转移的关系并研究了影响沿线FDI布局转移的因素，发现东道国环境规制成本、污染密集型行业的集聚度都会显著影响沿线FDI的区位选择。陈旋和武戈（2010）、李国平（2013）、任力和黄崇杰（2015）等研究都表明，环境规制会对吸引外资产生负面影响，并且具有显著的行业异质性和国别特征。

此外，制度、基础设施、贸易和环境规制一样会影响到FDI的规模。Oxley（1999）认为制度质量的高低是影响FDI的重要因素，跨国公司的投资必须适应投资东道国的制度，才能取得相应的投资回报。James P等（2010）认为如果国家或地区的制度质量较低，可能意味着政府腐败、政局不稳定以及政府工作效率较低，这将增加交易成本减少企业的利润。

基础设施的完善程度对于外商投资区位的选择也很重要。基础设施完善程度越高，越能形成经济集聚效应，对于吸引外商投资具有有力作用。Kumar（2001）通过交通、电力、能源消耗、通讯占GDP的比重来表示基础设施的完善度，得出了以下结论，基础设施与FDI区位选择存在显著正相关关系，FDI倾向于流入基础设施水平较高的地区。Juan Blyde和Danielken Molina（2014）将港口及机场质量和信息通讯设施质量纳入实证框架，分析物流基础设施如何影响跨国公司区位选择，发现FDI区位选择与基础设施显著正相关。

蔡锐和刘泉（2004）使用岭回归方法研究了我国FDI和OFDI与贸易的关系，发现发达国家对我国的投资和我国对发展中国家的投资都表明了贸易和投资之间的互补关系。

（三）中东欧国家环境规制对于我国OFDI的影响

Bartik（1988）分析了世界500强企业1972—1978在美国所投资工厂的选址与环境规制强度之间的关系，发现企业的投资选址与环境规制强度之间不存在显著的相关性。之后，Bartik（1989）又考察了小型制造企业1976—1982年在美国的建厂率，发现工厂对投资地址的选择与环境规制强度之间存在微弱的负相关性。刘再起、王阳（2016）运用引力模型，研究我国对欧盟 OFDI 的区位选择时发现，欧盟的商业自由度及贸易自由度、我国贸易紧密度以及欧盟的基础设施对我国对欧盟 OFDI 的区位选择具有积极作用，市场规模及政府规制品质则具有显著的抑制作用。宋维佳、徐宏伟（2012）利用 2005—2009 年中国与 51 个中国的 OFDI 东道国的面板数据为样本，考察了中国 OFDI 区位选择的决定因素。研究结果表明东道国的资源禀赋、技术水平、基础设施、对外开放程度、贸易联系对中国的 OFDI 具有显著影响；而市场规模、工资水平、汇率水平、地理距离的影响不显著。

评述：中东欧国家环境规制对于我国 OFDI 影响的文献几乎是空白的，原因在于，首先中东欧国家在历史上从来就没有作为独立的国家集团存在过，总是作为其它国际组织和区域集团的一部分存在，在东欧剧变之前，主要是作为经互会组织成员存在，剧变后大部分加入了欧盟，现在主要是作为欧盟成员存在。所以大部分研究都是基于欧盟的研究。其次，中东欧国家的经济体量较小，接受外来投资较小，接受我国的 OFDI 也比较小。最后，中东欧国家彼此之间差异较大，同质性较小，异质性较大，环境规制受到欧盟的影响，复杂多样。而本篇在一定程度上填补了现有文献关于中东欧国家环境规制与 OFDI 关系的空白，对此后的研究以及"一带一路"政策的落地有一定的参考意义。

本文拟建立在引力模型的基础上，以中东欧国家的环境规制作为核心变量，探讨环境规制对于我国 OFDI 的影响，为了全面探讨环境规制对于 OFDI 的影响，笔者分两个层面来探讨，一是从整体上探讨环境规制对我国 OFDI 的影响，二是根据环境规制强度的差异来探讨环境规制水平差异对于我国 OFDI 的不同影响。由于制度之间存在相互影响，笔者在研究中加入政治、法律等制度因素作为控制变量来进一步探讨环境规制对于我国 OFDI 的影响。

本文选择耶鲁大学和哥伦比亚大学联合制定的环境绩效指数（EPI）作为中东欧国家环境规制的代理变量，是考虑到笔者研究的是中东欧国家层面环境规制的问题，因为各国关于环境规制的政策标准是不同的，如果利用污染治理投入、排污量、排污标准等度量指标就很难在统一标准下比较各国环境规制的严格程度，而环境绩效指数（EPI）就比较符合本要求。

三 理论假设

影响我国 OFDI 的因素主要包括东道国的环境规制、东道国的法律制度、我国与东道国双边的贸易紧密度、东道国的自然资源禀赋等。这些因素对于我国 OFDI 的影响关系，基于文献研究成果笔者做了以下几个方面的理论假设。

（一）东道国环境规制

在全球经济快速发展的今天，人们越来越关注经济发展对环境的影响，因而在国际贸易往来中也加入了许多环境规制方面的因素，我国对外直接投资必须考虑东道国环境规制对投资的影响。郭建万和陶锋（2009）发现，在不考虑聚集经济情况下，"污染避难所"现象在我国一定程度上成立。李国平（2013）、任力和黄崇杰（2015）等认为环境规制会对吸引外资产生负面影响，并且具有显著的行业异质性和国别特征。而且，不论是在大量文献中还是我们的常识都认为环境规制越严格，外商直接投资就越难以进入。因此，笔者有假设 1

假设 1：东道国环境规制与我国 OFDI 与严格程度负相关。

（二）东道国法律环境

Spatareanu（2007）认为东道国的法律环境越好，对 FDI 的吸引力越大。Queré 等（2007）认为跨国企业对外投资时会考虑的因素包括法律制度、官僚主义、腐败等，因为他们是"外国对本国资本流入的重要决定因素"，他们同样提出就业保护的强弱与 FDI 正相关。但是也有不同的观点认为如果东道国与投资来源国的制度规制品质相比差别很大，这种差别会为企业进入东道国市场带来额外的成本和风险，当企业可以利用母国制度的相对不完善获取较低的成本时，自然会增加投资。我们提出假设 2

假设 2：东道国法律环境质量与我国 OFDI 与正相关。

(三) 我国与东道国双边贸易紧密度

两个国家的双边贸易紧密度能够反映两国贸易的便利程度，一般紧密度越高，则两国贸易往来越多，相应的相互间的对外直接投资也越便利。Stone 等（2000）通过研究贸易和 OFDI 之间的关系，得出二者互补的结论。鉴于以上分析，我们提出假设3

假设3：双边贸易紧密度与我国 OFDI 与正相关。

(四) 东道国自然资源禀赋

随着我国经济的发展，自然资源在经济发展中的地位越来越重要。特别是金融危机后，中国对非洲和拉美地区的直接投资数量迅速增长，当然一部分原因是为了寻求当地的自然资源，然而，现有研究对 OFDI 与东道国的自然资源的关系仍然存在分歧，所以，中国对中东欧国家的对外直接投资的自然资源动机值得关注。中国投资中东欧国家并不是为了资源，原因有：一是因为中东欧国家资源比较匮缺，除了有限的煤炭资源之外，其它的自然资源不丰富；其次，中东欧国家在资源方面与我国并不存在互补关系。而且，我国对中东欧国家的投资反而在一定程度上是为了给他们创造新的资源和能源，因而在资源能源比较匮缺的领域投资反而更大，因此，本篇提出假设4

假设4：中东欧自然资源禀赋与我国 OFDI 与负相关。

四 计量方法和数据说明

(一) 模型设定

引力模型最早用于物理学中，物理学家牛顿发现，两个物体之间的引力与他们各自的质量成正比，与它们之间的距离成反比，这一规律被称为"引力法则"。Tinbergen（1962）最先将引力模型应用到经济学中研究双边贸易问题，他认为，进口国的经济总量反映了潜在的需求量，出口国的经济总量反映了出口国的供给能力，两国之间的距离成为双边贸易的阻力因素，进而两国的双边贸易总额与两国各自的经济总量成正比，与两国之间的距离成反比。随后，德国经济学家 Poyhonen（1963）运用引力模型对两国之间的贸易额进行研究，证实两国之间的贸易流量会随着国家间的距离的增加而减少。Linnemann（1966）将人口作为一个量化的变量嵌入在引力模型中进行研究。Aitken 和 Obutelewicz（1976）运用一般均衡模型，Goodman（1973）运用概率论模型对两国之间的贸易流量进行研究，证实两国或地区的贸易流量与该两国的 GDP 成正比，与两国间的距离成反比。

自 20 世纪 60 年代以来，引力模型广泛用于测算贸易潜力、估计贸易壁垒成本、分析贸易模式等，后来经济学家将关税覆盖指数、贸易限制措施、人均收入、殖民关系、优惠贸易协定、双边汇率、消费价格指数等成分加入到引力模型中，以检验政策、历史、文化等因素对贸易额的影响。

如上所述，引力模型最初是被引用于分析两国或地区双边贸易流量，Anderson（1979）运用引力模型来解释投资问题，他提出的国际直接投资的引力模型如下：

$$Q_{ij} = U_0 (Y_i)^{U_1} (Y_j)^{U_2} (N_i)^{U_3} (N_j)^{U_4} (R_{ij})^{U_5} (A_{ij})^{U_6} e^{\xi_{ij}}$$

Q_{ij} 表示国家或区域间的双边国际投资额，Y_i 和 Y_j 分别表示 i 国和 j 国的 GDP，N_i 和 N_j 分别表示 i 国和 j 国的人口数，R_{ij} 和 A_{ij} 属于制度因素，分别表示国家或地区之间的阻力因素和助力因素，e 表示误差。

本文把制度因素引入 Anderson 模型中，由于国家的经济规模（GDP）与其环境规制强度具有一定的相关度，因此将经济规模与其环境规制强度（epi）的交互项当做引力模型的质量，把除质量（Y_i 和 Y_j）和距离外的其他因素设为 M，则上述公式可转化为：

$$Q_{ij} = U_0 (Y_i)^{U_1} (Y_j)^{U_2} (D_{ij})^{U_3} (M_{ij})^{U_4} e^{\xi_{ij}}$$

其中，D_{ij} 表示两个国家或地区之间的地理距离，公式两边取对数可得：

$$\log Q_{ij} = U_0 + U_1 \log Y_i + U_2 \log Y_j + U_3 \log D_{ij} + U_4 \log M_{ij} + \xi_{ij}$$

为了分析环境规制对对外直接投资的影响，上述公式可以扩展为：

$$\log Q_{ij} = U_0 + U_1 \log Y_i + U_2 \log Y_j + U_3 \log D_{ij} + U_4 \log epi_j + U_5 \log T_{ij} + \xi_{ij}$$

其中，epi_j 为目标国 j 国的环境规制强度，T_{ij} 表示除质量（Y_i 和 Y_j）、环境规制强度和距离外的其他因素。

借鉴李昭华（2010）的做法，本文所选择的中东欧 16 国与我国的空间距离没有太大的差异。同时，在面板数据中，任一个样本国家在样本区间内与我国的空间距离为常量。基于上述考虑，本文在运用和拓展引力模型时剔除空间距离变量同时引入环境规制严度变量。参考刘再起（2016）的做法，将双边贸易紧密度、当地基础设施建设、自然资源禀赋、政府规制品质作为影响中国对外直接投资的控制变量。

本文选取了2003—2015年中国对中东欧十六国的直接投资及相关数据，借鉴Anderson（1979）的投资引力模型分析环境规制对双边投资流量的影响，建立模型如下：

$$\ln OFDI_{jt} = \beta_0 + \beta_1 \ln(epi_{jt}) + \beta_2 \ln(cgppe_t) + \beta_3 \ln(ogpp_{jt}) + \sum_n \theta_n C_{jt}^n + \lambda_j + v_t + \varepsilon_{jt}$$

模型中，$OFDI_{jt}$ 表示中国对 j 国家的直接投资，epi_{jt} 表示东道国 j 在 t 年的环境规制严度，$cgppe_t$ 表示中国在 t 年的人均 GDP 与 epi 的交互项，$ogpp_{jt}$ 表示东道国在 t 年的人均 GDP 与该国当年 epi 的交互项。C_{jt}^n 为控制变量，根据理论假设主要包括：法律环境、双边贸易紧密度、东道国自然资源禀赋。β_0 为常数项，λ_j 和 v_t 为国家和时间效应，ε_{jt} 为残差项。

（二）变量设定

环境规制强度（epi）。这里选取了由耶鲁大学和哥伦比亚大学联合发布的环境绩效指数 EPI 作为度量环境规制水平的指标。EPI 指数体系根据各国家、地区在各项指标的表现与既定目标的差距进行打分，分数越高证明环境规制水平越强，因此它的建立为经济学家们分析各国环境规制政策提供了量化分析的基础。

控制变量严格意义上也是解释变量，只有将解释变量以外一切能引起被解释变量变化的变量控制好，才能弄清实验中的因果关系。借鉴对外直接投资的相关理论文献，结合我国对外直接投资的现状，将有可能影响我国对外直接投资的因素总结如下。

1. 法律环境（rol）。东道国的法律体系越健全，由于政府管制的低效、寻租、腐败及知识产权保护不足等一系列问题所带来的投资沉没成本就越会大大降低，企业跨国经营的交易成本及风险也随之降低。本篇选取世界银行全球治理指数（WGI）中的法律来衡量东道国的法律环境。由此可见，法律环境规制对于我国OFDI存在正相关。

2. 双边贸易紧密度（comp）。对外直接投资与对外贸易是一国参与国际分工的两种重要途径。已有文献研究表明，我国对外直接投资与对外贸易之间存在互补或替代的关系（蔡锐、刘泉，2004；张如庆，2005；项本武，2009；张春萍，2012），母国与东道国之间的贸易联系一直以来都是影响对外直接投资的重要变量。本篇采用中国与东道国的双边贸易总额（取对数）来测量双边贸易紧密度，数据来源于历年《中国统计年鉴》。根据假设双边贸易紧密度对OFDI成正比关系。

3. 政府规制品质（ge）。世界银行公布的WGI指标从政治稳定和暴力、治理效率、规制质量、腐败控制、法律、公民言论和政治人权六个方面对政府管理情况进行了测度，是衡量政府规制水平比较全面和综合的指标。各指标的取值范围为 -2.5—2.5，得分越高，说明政府规制的总体质量越好。本篇选取世界银行全球治理指数（WGI）中的治理效率来衡量东道国的制度品质。政府规制品质越高越有利于我国OFDI的进入。

4. 自然资源禀赋（res）。近年来，随着我国经济的高速发展以及国际市场上能源价格的不断高涨，获得长期稳定的自然资源供应成为我国经济可持续发展的战略保障。自然资源禀赋采用欧盟燃料和矿石出口占本国总出口的比重来衡量，数据来源于世界银行发展指标数据库。但我国对于中东欧国家OFDI并不是为了资源，反而有助于对方新的资源和能源的生产，因而两者存在负相关关系。

（三）数据说明

本文样本来自中东欧16国，包括波兰、捷克、罗马尼亚、匈牙利、斯洛伐克、保加利亚、波黑、塞尔维亚、克罗地亚、斯洛文尼亚、立陶宛、爱沙尼亚、拉脱维亚、阿尔巴尼亚、马其顿和黑山。

OFDI，即我国历年对各国的对外直接投资流量，根据历年《中国对外直接投资统计公报》整理而来。GDP数据来自世界银行数据库，本文按购买力平价（PPP）计算的人均GDP和当年的人口乘积得到。

五　实证分析

（一）模型检验及方法

面板数据的主要估计方法有混合回归（Pooled-OLS）方法、固定效应（FE）方法和随机效应（RE）方法，本文分别通过模型设定的 F 检验、LM 检验以及 Hausman 检验来确定模型估计方法的选择。对于所有检验，各模型的回归结果均显著支持固定效应方法。变量间的相关系数矩阵如表 1 所示，从表 1 可以看出，各解释变量间的相关系数均较低，没有超过 0.7 的变量组，因此变量间不存在严重的多重共线性问题。另外，从数据质量入手，将方差较大的变量取自然对数，这极大地压缩了方差，是从数据源头控制了异方差问题。本研究所获得的数据存在两个方面的缺陷：1 本文所选取的 16 个国家经济结构相似，各横截面国家的数据之间具有很大程度的相关性；2 个别年份个别国家的 epi 值缺失。

表 1　相关系数矩阵

变量	观测数	均值	lnofdi	lnepi	lncgppe	lnogppe	rol	lnfra	lncomp
lnofdi	188	6.488	1.000						
lnepi	167	4.075	0.063	1.000					
lncgppe	167	12.986	0.365	0.644	1.000				
lnogppe	167	13.721	0.2919	0.696	0.689	1.000			
rol	208	0.273	0.172	0.532	0.334	0.631	1.000		
lncomp	208	11.303	0.617	0.468	0.468	0.622	0.579	1.000	
lnres	185	2.444	-0.215	-0.155	-0.001	-0.419	-0.554	-0.481	1.000

（二）回归结果分析

本文的实证分析顺序是首先对全样本进行回归分析，然后将样本划分为环境规制强度大于等于总均值及环境规制强度小于总均值两个子样本进行回归分析。

（1）全样本回归结果。全样本的回归结果如表 2 所示。表 2 中的模型 1 是对核心变量的分析。从具体的回归结果中可以看出，中东欧国家环境规制强度与我国对该国直接投资显著负相关，这表明中东欧国家实施的一揽子环境规制措施显著抑制了对我国对其直接投资，证明了假设 1 成立。环境规制强度与我国人均 GDP 的交互作用显著为正，这说明，我国经济总量的增加，对我国的对外直接投资有着显著的促进作用。环境规制强度与东道国人均 GDP 的交互作用显著为负，这说明，中东欧国家经济总量的增加在一定程度上会抑制我国的直接投资。这可能是因为随着本国 GDP 的增加，对于来自中国的直接投资有挤出效应，更倾向于购买中国的产品，而不是来自中国的投资。

表 2 中的模型 2 是对制度环境变量的检验。模型 2 显示，中东欧国家的法律环境显著抑制了我国的直接投资，这与本文的预期相反。值得注意的是，虽然法律环境的系数为负，但不能认为中国的对外直接投资偏向制度环境较差的中东欧国家。主要原因有两方面：一是中国的制度规制品质与中东欧国家相比差别很大，这种差别会为企业进入欧洲市场带来额外的成本和风险，当企业可以利用母国制度的相对不完善获取较低的成本时，他们的海外投资就不会选择强制度的东道国；二是中东欧国家法律环境评分普遍较低，即中东欧国家的整体法律环境规制水平较低，中国企业在投资时对制度风险考虑相对较多，从而总体上抑制了我国对其的 OFDI 规模。可以预见，随着中东欧国家整体法律规制水平的提高，我国对其 OFDI 会随之增加，这和假设 2 是保持一致的。与模型 1 相比，加入法律环境控制变量后，模型 2 中的环境规制强度更加显著地抑制了中国对中东欧国家的直接投资。

表 2 中的模型 3 检验了双边贸易对中国 OFDI 的影响。模型 3 显示，双边贸易紧密度与我国对中东欧国家的直接投资显著正相关，表明中国与中东欧国家近年来紧密的双边贸易联系对我国对中东欧国家的投资具有显著的促进作用，这证明了假设 3，与 Buckley（2007）和程慧芳、阮翔（2004）等的研究结论一致。与模型 2 相比，加入双边贸易紧密度变量后，模型 3 中的制度环境变量依然显著抑制中国对中东欧国家的直接投资，而环境规制强度在 15% 的水平上对中国对中东欧国家直接投资有抑制作用。

表 2 中的模型 4 将东道国的自然资源禀赋纳入了考虑范围。从具体回

归结果可以看出，中东欧国家的自然资源禀赋显著抑制了我国对中东欧国家的直接投资，与假设4的预期相符。说明我国对中东欧国家投资并非为了东道国的资源。与此相反，中国的投资有利于促进当地资源和能源的发展。

表2　　　　　　　　　　全样本回归分析

	模型1	模型2	模型3	模型4
lnepi	-1.811*	-2.897***	-1.626	-1.461
	(1.040)	(1.053)	(1.137)	(1.249)
lncgppe	4.107***	4.256***	3.838***	3.851***
	(0.733)	(0.707)	(0.710)	(0.726)
lnogppe	-2.048*	-1.107	-2.101*	-2.197*
	(1.232)	(1.219)	(1.251)	(1.282)
rol		-3.102***	-2.907***	-3.721***
		(0.924)	(0.907)	(0.961)
lncomp			0.555***	0.672***
			(0.211)	(0.217)
lnres				-0.735**
				(0.346)
_cons	-11.59*	-21.06***	-13.55*	-12.12
	(6.943)	(7.258)	(7.651)	(7.821)
N	151	151	151	143

注：***$p<0.01$，**$p<0.05$，*$p<0.1$；括号内为系数的标准误。

（2）分样本回归结果。由于国家发展水平各异，各个国家环境规制强度也有差别。为了检验东道国环境规制对中国OFDI的影响，本文将东道国按环境规制强

度大小进行分类检验。将样本划分为环境规制强度大于等于总均值及环境规制强度小于总均值两个子样本进行回归分析。其中环境规制强度较高的国家有10个，环境规制强度较低的国家有6个，具体见图1和图2，回归结果见表3。

从具体的回归结果中可以看出，在模型1中，对于采取较严格环境

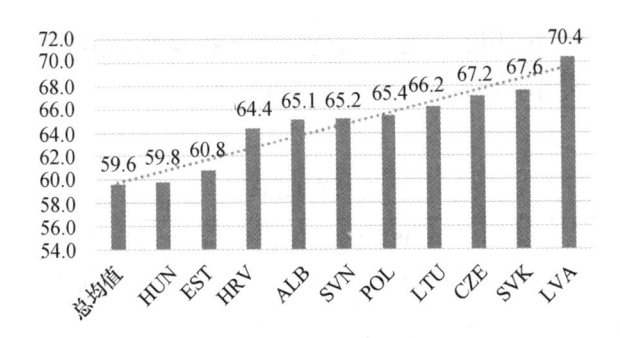

图1　EPI高于总均值的国家比照图

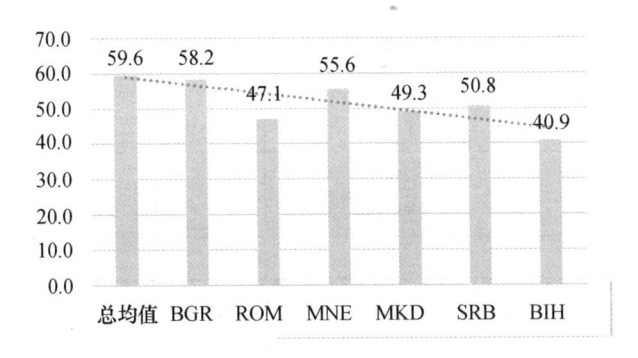

图2　EPI低于总均值的国家比照

规制措施的国家，东道国环境规制显著抑制了中国的直接投资，中国GDP和中东欧国家EPI的交互作用在一定程度上促进了中国对中东欧国家的直接投资，这与全样本分析所得的结果相一致。但是，对于采取较严格环境规制措施的国家，中东欧国家GDP和中东欧国家EPI的交互作用显著促进了我国对中东欧国家的直接投资，这与全样本分析所得到的结论相悖。这说明，环境规制强度较高时，中国GDP和东道国GDP均对我国的直接投资有积极影响。

在模型2中，对于采取较宽松环境规制措施的国家，中国GDP和中东欧国家EPI的交互作用显著促进了中国对中东欧国家的直接投资，中东欧国家GDP和中东欧国家EPI的交互作用显著抑制了我国对中东欧国家的直接投资，这与全样本分析所得到的结论相一致。但是，在环境规制措施较严格的国家，东道国环境规制措施在一定程度上促进了我国的直接投资，这与全样本分析所得到的结论相悖。这说明，在环境规制较强时，随着东道国的国力增强，东道国越来越欢迎中国来投资，东道国可能不用担心中国制造会对当地造成环境污染。

表3　　　　　　　　　　　分样本回归

	模型 1 较高 EPI	模型 2 较低 EPI
lnepi	-3.681 * (1.894)	1.272 (3.515)
lncgppe	1.078 (0.970)	4.841 *** (0.824)
lnogppe	4.126 ** (1.886)	-4.878 *** (1.499)
_cons	-136.9 *** (23.72)	-21.30 (15.36)
N	90	61

注：*** $p<0.01$，** $p<0.05$，* $p<0.1$；括号内为系数的标准误。

六　稳健性检验

本文采用两种方法来检验实证结论的稳健性：

如表4中模型1所示，本文使用全球治理指数中的政府管理效率（记为ge）替代中东欧国家制度环境变量重新进行模型检验，结果显示，主要变量的显著性及影响符号并未发生明显改变。

如表4中模型2—模型5所示，使用中国GDP总量和EPI的交互项（记为cgpe）替代中国人均GDP和EPI的交互项，使用东道国GDP总量和EPI的交互项（记为ogpe）替代东道国人均GDP和EPI的交互项重新进行模型检验，结果显示，主要变量的显著性及影响符号并未发生明显改变，说明本篇的研究结论稳健性较好。

表4　　　　　　　　　　稳健性检验结果

	（1）	（2）	（3）	（4）	（5）
lnepi	-2.859**	-2.315**	-3.593***	-2.376*	-2.292*
	(1.116)	(1.098)	(1.103)	(1.230)	(1.359)
lncgpe	3.127***	2.934***	3.100***	2.865***	2.844***
	(0.690)	(0.692)	(0.662)	(0.663)	(0.681)
lnogpe	-0.200	-0.210	0.891	-0.213	-0.244
	(1.279)	(1.295)	(1.271)	(1.358)	(1.404)
ge	-1.728**				
	(0.835)				
rol			-3.450***	-3.245***	-4.053***
			(0.927)	(0.920)	(0.975)
lncomp				0.465**	0.579**
				(0.220)	(0.226)
lnres					-0.668*
					(0.352)
_cons	-81.87***	-77.93***	-109.5***	-79.56***	-77.48***
	(15.11)	(15.18)	(16.78)	(21.76)	(22.26)
N	151	151	151	151	143

注：*** $p<0.01$，** $p<0.05$，* $p<0.1$；括号内为系数的标准误。

七　结论和政策建议

通过上述实证，我们得到以下结论。1、中东欧国家环境规制对我国 OFDI 具有显著的抑制作用，环境规制越强的国家抑制作用越大。环境规制较低的国家反而有促进作用。但随着经济发展，低环境规制国家对于我国 OFDI 产生挤出效应。2. 中东欧国家的法律环境显著抑制了我国的直接投资，这可能和我国与中东欧国家法律规制的品质差异较大有关，也可能和中东欧国家法律环境规制整体水平较低有关。3. 中东欧国家的自然资源禀赋与我国 OFDI 负相关，说明我国对中东欧国家的投资并不是以获取东道国自然资源为主要目的，反而是帮助对方创造和生产新的资源和能源。4. 我国与中东欧国家紧密的双边贸易联系对我国对中东欧国家的投资具有显著的促进作用。

基于此,我们对中东欧国家投资提出以下建议。1. 加强对"一带一路"战略的宣传,我们对中东欧国家投资的目的不是为了对方的资源,反而是帮助对方创造资源,从而降低对方的敌意的疑虑。2. 加强对中东欧国家环境规制的研究,根据投资对象国环境规制的差异,制定不同的OFDI 投资策略和风险预警,尤其是对于经济发展水平较低,环境规制相对较低的国家,随着经济发展水平提高,可能会出现对我国 OFDI 的挤出效应,所以应该事先做好风险防范。3. 加强对东道国法律制度的研究,弄清楚彼此的法律制度规制的差异,有助于避免法律对投资形成障碍,有助于提高我国 OFDI 规模。并且控制相关的投资法律风险。4. 加强双方的投资和贸易的互通互补性,使得投资和贸易相互促进。

参考文献:

[1] Grossman, G. and Krueger, A. Environmental Impacts of the North American Free Trade Agreement. NBER Working Paper No. 3914, 1991.

[2] Henderson, J. V. Effects of AirQuality Regulation. American Economic Reviewt, 1996, 86 (4).

[3] Levinson A., Environmental regulations and manufacturers' location choices: Evidence from the Census of Manufactures [J]. Journal ofPublic Economics, 1996, Vol. 62, No. 2: 5 - 29.

[4] Xing Y., C. D. Kolstad. Do lax environmental regulations attract foreign investment [J]. Environmental and Resource Economics, 2002, Vol. 21, No. 1: 1 - 22.

[5] 胡德宝、贺学强:《环境规制与污染密集型产业区域间转移——基于 EKC 和 PPH 假说的实证研究》,《河北经贸大学学报》2015 年第 4 期,第 95—101 页。

[6] 胡德胜、欧俊:《中企直接投资于"一带一路"其他国家的环境责任问题》,《西安交通大学学报》(社会科学版) 2016 年第 4 期,第 45—51 页。

[7] 李钢、李颖:《环境规制强度测度理论与实证进展》,《经济管理》2012 年第 12 期,第 154—165 页。

[8] 刘再起、王阳:《经济资源、制度环境与我国对欧盟直接投资的区位选择》,《经济管理》2016 年第 2 期,第 1—13 页。

[9] 刘洋、张瑞、高艳红:《中国环境规制绩效评价指标体系构建与测度》,《商业时代》2014 年第 4 期,第 115—117 页。

［10］宋马林、王舒鸿：《环境规制、技术进步与经济增长》，《经济研究》2013年第3期，第122—134页。

［11］王胜、田涛：《中国对外直接投资区位选择的影响因素研究——基于国别差异的视角》，《世界经济研究》2013年第12期，第60-66+86页。

［12］许启琪：《环境规制下绿色技术创新数理模型构建与实证检验》，吉林大学，2015年。

［13］赵玉民、朱方明、贺立龙：《环境规制的界定、分类与演进研究内》，《中国人口·资源与环境》2009年第6期，第85—90页。

［14］朱婕、任荣明：《出口、环境污染与对外直接投资——基于2003~2012年中国省级面板VAR的实证检验》，《生态经济》2015年第6期，第36—40页。

华人移民网络对中国直接投资欧盟的影响研究[*]

中国素称"礼仪之邦",自古讲究人情,社会关系在中国人经商中也自然扮演着十分重要的角色。海外华商网络作为社会关系的一个典型代表,在过去为中国经济发展、引进外资做出了巨大贡献。近年来,随着"一带一路"倡议的推进,海外华商网络再次受到许多"走出去"投资的中国企业的关注。

欧盟作为全球最发达的经济体之一,有着广阔成熟的市场、稳定透明的制度、先进的技术和高素质的劳动力,是中国企业 OFDI 的理想目的地。中国企业通过对欧盟实施直接投资,可以取得更大的规模经济,引进先进生产技术,并有效提高其国际竞争力,意义重大而深远。同时,欧盟也是中国移民的重要聚集地。截至 2013 年,欧洲大约有 250 万华人,超过 80% 的华人集中于欧盟成员国。欧洲的华人群体最早源于"一战"期间,在改革开放后迅速壮大,并逐渐形成了独具特色的经营模式和华商经济。总体而言,欧洲的华人移民大多开着雇员不超过 3 人的小规模夫妻店,经营范围高度集中在中餐馆、批发与零售、皮具或服装制造、进出口贸易四个领域。相较于东南亚和美国华商,欧洲华人移民在地域和行业上均呈现出"广分布,高集中"的特点,在人口构成上总体"低文化技能,少资金不富裕"。他们当中缺乏美国华人移民中的高技术人才和熟练劳动力,也鲜有像东南亚华人企业家那样雄厚资本或有充足政商界人脉,绝大多数人的生存空间仍徘徊于当地经济的边缘。

本篇希望结合欧洲华人移民的经济特点讨论华商网络对中国投资欧

---

[*] 尚宇红、杨晨成,上海对外经贸大学中东欧研究中心主任教授。

盟的影响。本篇的研究的主要问题可概括为：欧洲华商网络会怎样影响中国对欧盟直接投资的总体规模？它对中国企业选择目的国的投资行业又有何种影响？

本篇首先回顾有关移民网络与投资间关系的重要研究。在第二部分着重分析欧洲华人移民和华商的发展史，并将其经济活动和社会特征与东南亚华人、美洲华人进行对比，总结归纳出欧洲华人移民及华商经济的个性特征。结合理论与现状分析，笔者猜想华人移民网络在促进中国企业对欧盟国投资时可能会偏好一些更需要高技能劳动力的东道国服务业，因此首先按第二、三产业的标准将投资企业分为两组；另一方面，考虑到同行业的中国投资可能会增加当地华人行业内的商业竞争，笔者又将对欧盟投资的中国企业分为对传统欧洲华商行业和非传统华商行业投资这两种。本篇的三、四部分为实证分析，第五小节给出了本篇的主要结论，即华商网络对提高中国对欧盟的短期直接投资比长期投资作用更大，尤其是在增加直接投资欧盟的中国企业数量方面。在行业分布上，受华商网络的影响，欧盟国家的服务业，尤其那些非传统欧洲华商行业，倾向于吸引更多的中国投资企业。

一 文献回顾

目前，现有研究已经基本证实了移民网络对一国双边投资的促进作用（Gao，2003；Tong，2005；Buch et al.，2006；Murat and Pistoresi，2009）。关于华人移民网络，这一研究则主要集中于贸易领域，在投资领域中关注较多的是其如何影响中国引进外国投资的方面。不过，不少实证分析也验证了海外华人移民网络对提高中国对外投资水平的作用。Buckley 等（2007）以匈牙利华人为例，指出东道国的华侨资源有助于提高中国企业在外国投资的所有权优势，并因此大大促进了中国对匈牙利的直接投资。Bogardt 和 Neves（2007）也在葡萄牙和其他欧洲国家华人移民的研究上肯定了当地华人居民对中国资本流入的积极作用。衣长军等（2017）指出在"一带一路"沿线具有越差东道国制度环境的国家中，海外华商网络对中国直接投资该国的投资水平提升作用越大。

大量学者指出，移民网络促进投资的背后机制在于，东道国的移民群体降低了移民国国际投资的非正式壁垒。由于发生跨国投资的两国往往距离遥远，社会、文化和经济制度环境存在巨大差异，因而投资风险和成本都较高。当地的本国移民不仅熟悉东道国的语言文化、商业习俗、政策制度和市场机会，而且保持着与母国的天然联系。当这种跨国联系慢慢发展成一种社会和商业网络时，就具有了优于市场机制的商业机会和市场信息传导机制，并势必对增进两国间的经贸活动有重大帮助。此外，移民网络还能够大大降低国际投资中的机会主义风险。网络的组织结构自发存在一种内部惩治机制，即违约或不守信用者将会被整个内部成员排斥，因而可能失去来自当地移民群体的绝大多数信息资源和资金帮助（Trefler, 1995; Obsfeld and Rogoff, 2000; Rauch, 2001; Wagner et al., 2002）。这一机制原理同样适用于华商网络。

不仅如此，不少文献也进一步探讨了一些可能会影响移民网络发挥投资促进作用的移民网络的内部特征。由于跨国投资活动是具有一定风险的高技能活动，它更可能是由受过良好教育或具有足够资本的个人来承担。学者通过实证分析验证了这一想法，并得出移民网络中的熟练劳动力才是促进该国国际投资水平的力量，而非熟练或低技能劳动力在某些情况下甚至会对投资产生负面影响，这一点对发达国家和发展中国家都适用（Kugler and Rapoport, 2007; Docquier and Lodigiani, 2009; Sara Flisi, Marina Murat, 2009; Masood Gheasi, Peter Nijkamp and Piet Rietveld, 2011）。同时，移民网络对投资的促进效应会随着地理距离变遥远、文化制度差异变大而加强。因此，对于面临更高投资风险的中小型企业的跨国投资而言，东道国的移民网络显得尤为重要（Girma and Yu, 2002; Dunlevy, 2006; Marina Murat and Barbara Pistoresi, 2008）。移民网络无论是有组织的还是无组织的都能促进两国间的贸易和投资，但是网络的组织结构会影响移民网络对投资作用的渠道。有紧密组织结构的华商网络主要通过信息提供促进投资，而松散的移民网络可以通过偏好和信息提供两种渠道拉动投资（Leila Baghdadi, Angela Cheptea, 2010）。

少有文献将华人移民网络的区域特征与其对中国对外投资行业分布结合起来研究，本篇希望能够通过以欧盟的华人和投资为例，进一步拓展该研究领域。笔者有充分的理由相信，在存在巨大文化和制度差异的中欧两地，欧洲华人移民会大大提高中国对欧盟的直接投资水平。同时，在较高端和有较高技能需求的产业上，这一投资将得到特别的提高。欧洲华人移民网络将不仅影响中国对欧盟的投资规模，也将影响该投资的行业分布。

二 现状分析

两个众所周知的世界经济规律是，全球 OFDI 往往流向发达经济体，而移民也是主要流向这些国家。中国与欧盟间的投资和移民也遵循了相似的关系，但又独具特征。

（一）中国对欧盟直接投资的重要特征

1. 在投资量上看，一方面，欧盟是中国对发达国家投资的主要目的地之一；另一方面，中国也是欧盟接收亚洲投资的重要来源地。

作为发展中国家，中国的对外直接投资大部分流向了发展中国家。截至 2016 年，中国对发展经济体的直接投资存量占中国对外投资总量的 82.4%，对欧盟的部分仅占 5.1%。这一现象符合国际投资的经济规律，即一国经济的相对发达程度决定该国的投资流向，南南国家倾向于投资南南国家。

因此，为了进一步认清欧盟在中国对外投资的地位，笔者将中国对欧盟直接投资的规模放在中国对发达经济体的投资里进行对比，如图 1 的 a 图所示。可以发现，欧盟是仅次于北美最受中国投资者青睐的目的地，超过中国对发达国家投资的 1/3。图 b 对比了欧盟接收的中国投资占中国总对外投资存量的比例与其他世界主要经济体占中国总对外投资存量的比例，可以发现欧盟的投资地位几乎与北美和东盟相当。进一步，图 c 给出了近年来中国对欧盟直接投资额流量趋势，尽管略有波动，中国对欧盟的直接投资整体稳步上升，发展前景良好。

在欧盟方面，中国也是其投资领域中的重要亚洲伙伴。虽然从 2016 年的数据来看，欧盟接受的中国投资只占到了欧盟接收外商投资的 3%。但是考虑到中西文化和距离差异，笔者把亚洲投资为参照系，并特地将同样受孔子文化影响和看重社会关系传统的日本和韩国细分出来。在 2012 年，欧盟国家大约有 1/5（18%）的亚洲投资来自中国（如图 2），可见中国投资对欧盟成员国的重要性。但相比于日本（38%），这一投资

116 / 中国—中东欧国家合作进展与成就

规模仍有较大的发展潜力。

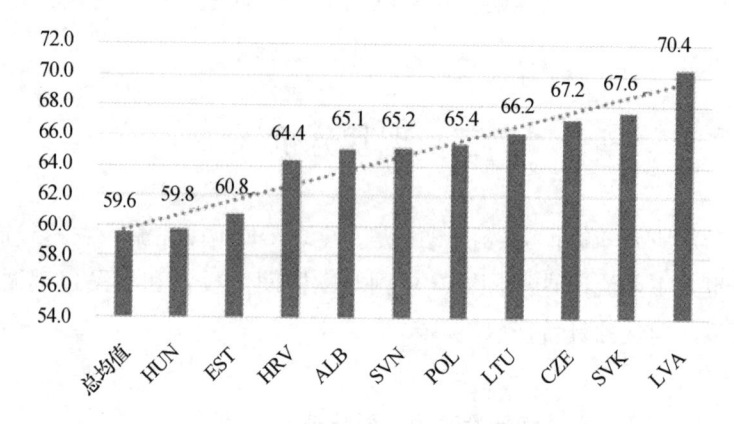

图1 中国对欧盟直接投资现状

资料来源：由商务部中国对外直接投资公报2015年和2016年相关数据整理而得。

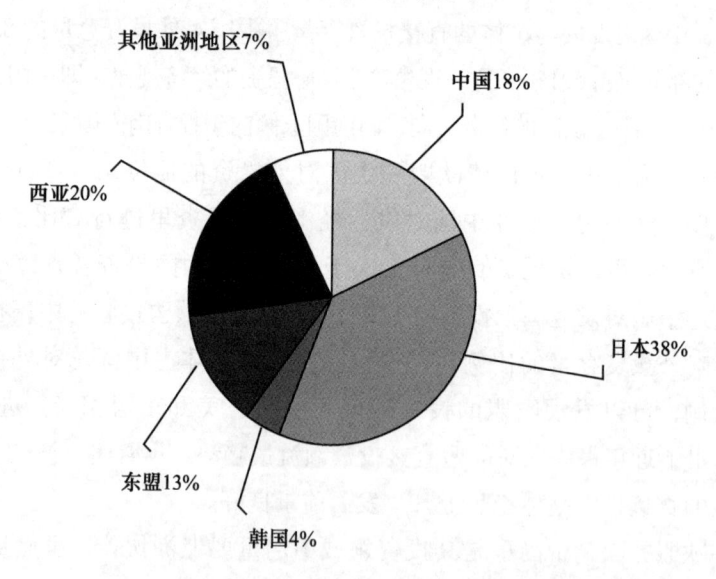

图2 中国占欧盟接收亚洲国家投资的比例（2012）

资料来源：根据Eurostat数据制作而成。

2. 中国对欧盟的直接投资在行业和地域上都呈现"广分布，高集中"的特点。

截至2016年年底，中国在欧盟直接投资的企业达2700多家，覆盖了欧盟全部成员国。在这大大小小的28个国家中，荷兰、英国、德国、法国、瑞典、卢森堡6国集中了中国对欧盟直接投资存量的90%。不过，中国对欧盟的投资国家正在日趋多元，近年来，中国对马耳他、爱尔兰、意大利、塞浦路斯、匈牙利等国的投资也实现了快速增长（2016统计公报）。在投资行业方面，采矿业、金融业、制造业、租赁与商业服务业、批发零售业是欧盟国的中国投资者最集中的投资行业，这五个领域占到了总投资的近80%。同样，中国企业对欧盟投资的经济领域也在多样化，从能源、汽车、食品和地产等到各个行业。

图3给出了中国对欧盟直接投资最集中的行业，以及在相应行业下投资最集中的国家。可以发现，现代服务业虽然并非中国的比较优势产业，却占到了超过三成的中国投资，传统的华商行业如制造业、零售与批发业也占到了1/4。不过，各行业所集中的国家大同小异，即高度集中于发达的西欧国家，如荷兰、英国、德国、法国、瑞典和卢森堡。

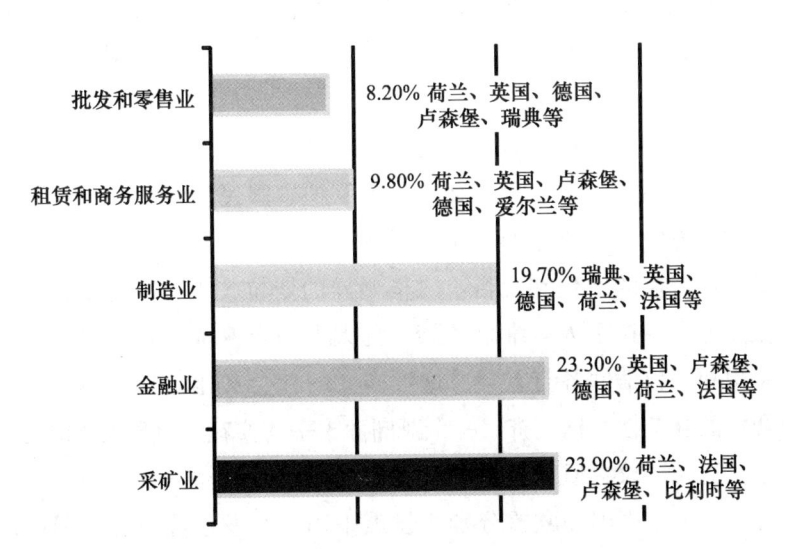

行业	占比	主要国家
批发和零售业	8.20%	荷兰、英国、德国、卢森堡、瑞典等
租赁和商务服务业	9.80%	荷兰、英国、卢森堡、德国、爱尔兰等
制造业	19.70%	瑞典、英国、德国、荷兰、法国等
金融业	23.30%	英国、卢森堡、德国、荷兰、法国等
采矿业	23.90%	荷兰、法国、卢森堡、比利时等

图3 中国对欧盟直接投资的经济活动和国家分布（2015）

资料来源：根据商务部中国对外直接投资公报2016数据整理。

3. 相比对其他发达经济体的投资，欧盟国家的多元文化和政治复杂性为中国投资者增添了额外的投资成本和风险。

中国与欧盟发达国家间生产技术、创新以及国际化经营经验的差距首先构成了中国 FDI 企业的所有权劣势。同时，欧盟更高的劳动力成本和更严格的劳工保障制度，进一步提高了中国投资者的进入壁垒。但中国企业所有发达国家投资均面临总体竞争力偏弱的问题，欧盟之所以特别，还因为它兼具了多元文化和政治复杂性。这一体化经济体的多样性为中国投资者带来的不便主要体现为：

（1）多层次且复杂的外国投资的政策和态度

28 个大小不一的欧盟成员国有着各自不同的经济发展水平和政治局势，每个国家基于本国的国情，制定了不同的外商投资政策。而在审批程序上，整个欧盟范围内部也没有统一，这为中国投资者增加了许多制度成本。同时，其内部不同成员团体签署的各种互惠协议对非欧盟成员国的投资者也构成了一定歧视。不仅如此，各国对外商投资的态度也是各有千秋，摇摆不定。比如，德国、英国和荷兰欢迎外国投资并为吸引外资制定了许多优惠政策，但是近年来却由于中国对其的投资逆差拉大，转而不太欢迎中国投资；在附近的意大利和法国则一直对外国投资设有严格的限制，但在中部的匈牙利和保加利亚等积极响应中国的"一带一路"倡议，欢迎中国投资。

（2）不同且多元的语言、文化、习俗和种族

欧洲向来倡导文化多元主义，注重保护本国民族特色和个体思想自由。在欧盟境内，大约有 24 种官方语言，在不同的历史背景下各国形成了独具本地特色的文化和习俗。风格迥异的斯拉夫人、日耳曼人、盎格鲁—撒克逊人、拉丁人、维京民族、犹太人和吉普赛人在这里交汇，文化、思想和宗教信仰各有差异。这种多元的社会文化增加了不同文化间商贸合作的复杂性。据调查，一个亚洲商人平均要花上 108 天才能与一家欧洲公司达成协议，但是和美国公司只需要 57 天。

综上，虽然中国和欧盟分别为发展中国家和发达经济体，但中国对欧盟直接投资的重要地位对中欧双方都是显而易见的，其经贸合作也将在未来迸发更强的生命力。不过，目前中国对欧盟的投资还是高度集中在部分西欧发达国家以及少数行业，在投资布局上存在较大改善空间。同时，相较于对其他发达国家的直接投资，欧盟各国多元的语言文化和复杂的政策制度等大大增加了中国企业投资的难度和风险。

由于目前，中国仍缺乏相应的国际化管理人才和配套的商业服务，而当地的华人移民不仅了解中国和目标国的文化语言、商业习俗、政策法规以及市场机会，甚至可以提供适当的资金援助，显然是华人企业到遥远的欧盟国家进行投资重要而宝贵的社会资源。

（二）欧洲华人、华商经济的历史与发展

1. 老一代欧洲华人移民

欧洲华人大规模出现最早源于"一战"。有140万余名中国劳工被英国和法国招募，他们主要是说着粤语的广东水手，大多数人在合同期满后回到中国。之后，一些富有冒险精神的浙江、福建人为了脱贫致富，通过各种途径辗转至欧洲，最开始是沿街兜售手工艺品，到后来开中餐馆、东方杂货店，制作家具，最后定居在部分西欧发达国家。

20世纪30年代以后，大批来自广东和浙江小商小贩以"家庭团聚"为由移民欧洲。这些人中大部分与已移居的华人非亲即故，有的是亲属，有的是邻居，再远一点可能是同村或老乡。正因为如此，早期移民欧洲的老一代华人大多相互认识且关系亲近，这种或近或远的联系相互交织形成一张巨大的社会关系网。这种建立在"家庭团聚"基础上的移民模式到后来被商业化，并发展成一条"移民链"，持续将广东、浙江、福建及附近地区的华人输送至欧洲，并在中国形成了几个著名的欧洲侨乡，如青田、福清、潮汕等。

另外一支欧洲华人是50年代大批涌入英国的香港人。他们最初在英国开中餐馆，在本地市场接近饱和后，又迅速将这一餐饮模式复制至周边邻国荷兰、比利时，后至德国等北欧国家及意大利等南欧地区。早期香港人的餐饮业奠定了其在欧洲华人经济的支柱性地位。最后一批华人移民是来自印度支那政治事件的华裔难民，120万到150万人被法国和荷兰接纳，生活境况窘迫。不过，这批移民的人口规模巨大，在一定程度上影响了欧洲华人移民的整体社会构成。

所以，不难理解老一代欧洲华人会高度集中在少数西欧发达国家，并且紧密联系，并形成华人移民网络。老一代华商主要由三组人构成：以广东、浙江和福建人为主的大陆华人、香港新界的华人、印度支那华裔难民。这三组人内部都高度团结，社会联系广泛。但是他们大多为未受过良好教育，经济状况较差，劳动技能较低。老一代欧洲华人的历史特征和网络关系为欧洲华人社会奠定了基本雏形，并深刻影响了欧洲华人新移民的社会特征和经济活动。

2. 欧洲华人新移民

1978年中国实行改革开放后移民海外的华人又被称华人新移民。欧洲华人新移民以大陆华人为主，覆盖了来自全国不同省市和不同教育层次的个体。但是在以"家庭团聚"为由移民的传统模式作用下，浙江人和广东人仍是欧洲主要的两组大陆华人新移民。之后，福建人顺应全球化的浪潮，来到欧洲寻求更好的商机。欧洲闽商逐渐壮大，并形成了仅次于广东人和浙江人后的第三大欧洲华人新移民群体。

最初，这些中国新移民像老一代移民一样聚集在少数西欧发达国家，从事着类似的经济活动。但随着当地华人社群的壮大，老的中国市场趋近饱和，本地华商间同质化竞争越来越激烈，许多华商不得不转向其他更有利可图的市场，华人移民群体也随之扩散至在欧洲他国。这些人主要是一批具有冒险和开拓精神的浙江华商，也包括一些福建闽商。他们先是来到北欧，之后深入南欧，最后覆盖了大部分的中、东欧国家。

此外，东北人和山东人也是另一支重要的欧洲华人新移民群体。来自中国东北和山东乡镇的小贩、下岗职工、农村剩余劳动力抓住东欧剧变、苏联解体后中东欧国家内的发展机遇，以匈牙利为移民入口，后转入周边各国做起了生意。他们借助中国改革开放取得的成果，在这里开办进出口贸易公司、批发零售商城、连锁超市等，有的甚至建起了大型购物中心和工厂。这些新华商从"为洋人打工"的身份转变为"让洋人为我们打工"的老板，财富状况较老一代华商有所改善，但是仍然以低知识、低劳动技能为主。

近年来越来越多旅欧留学的华人学生和专业技术人才，也丰富了欧洲新移民的构成。这些人往往有更高的知识技能和教育水平，但由于欧盟各国的移民政策非常严格，只有极少部分取得了当地的居留身份。因此高知识技能的华人移民在欧洲华人移民群体比例一直很低。

随着欧洲新移民的多样化，其经济活动也更丰富更广泛，覆盖了法律、咨询、投资、金融、旅游、教育、生物、医药、环境保护等领域。表1按历史发展顺序展现了各个时期欧洲华人移民主要的社会和经济特点。

表1　　　　　　　　　　欧洲华人移民和华商经济的历史发展

时期	欧洲华人移民主要构成和经济特点	欧洲华人的地域分布
老一代欧洲华人华商：从"一战"起到1978年		
"一战""二战"期间	劳工苦力（广东水手），小商贩（浙江和山东人），少数公派留学生和专业技术人才	西欧，以英国、法国为代表
直到20世纪30年代初，欧洲大约有4万华人移民		
20世纪30年代后	以家庭团聚为由移民（广东人和浙江人）	西欧，以英国、法国为代表
20世纪50—60年代	开中餐馆，并将这一商业模式迅速扩张至邻国（香港新界人）	英国为主，其次为荷兰、比利时、德国、意大利等少数南、北欧国家
到20世纪60年代中期，欧洲华人慢慢增至约6万人		
20世纪70年代	12万—15万印度支那华裔难民涌入	西欧，主要在荷兰和法国
欧洲新华人移民：1978年中国实行改革开放后		
以"家庭团聚"为由，来自广东、浙江有移民传统的侨乡		之后扩散至北欧和南欧，以及中、东欧（浙江人居多）
随全球化浪潮，福建商贩涌入		西欧发达国家，如英国、德国、法国、意大利和荷兰等
留学生（本身学业不够优异但家庭富裕的占多数），部分专业技术性人才，来自中国的大城市如北京、上海、广州等		
开办贸易公司、建工厂，少数商贩和苦力工，来自东北和山东乡镇的下岗工人和农村剩余劳动力		首先在中东欧，少数积累了财富后转向其他更发达的欧洲国家
到2007年，欧洲约有215万华人，其中170万（超过80%）为新华人移民。到2013年，华人人口增至225万，其中以大陆移民为主，然后是香港人、印度支那华裔。在大陆移民中，又以浙江人、广东人、福建人和东北人为主。根据CCG 2017年《世界华商发展报告》，欧洲的浙商有65万，广东人有50万，两者占据了欧洲华人社会的半壁江山		

资料来源：主要参见傅义强《欧盟移民政策与中国大陆新移民》，博士学位论文，暨南大学，2006年；李明欢《欧洲华人社会剖析：人口、经济、地位与分化》，《世界民族》2009年第5期，以及Kevin Latham，Bin Wu，*Chinese Immigration Into the EU: New Trends, Dynamics and Implication* London: Europe China Research and Advice Net work 并梳理而成。

总的来说，一直到 2015 年，欧洲的新、老华人移民都仍大规模高度集中在相对发达的西欧（见图 4），移民渠道主要为"家庭团聚"。因此，欧洲华人移民间紧密相连的网络特征没有改变，知识技能相对低、财富状况相对窘迫的社会特征总体没有变，生存空间有限、商业活动同质且集中的经济境况也没有得到大的改观。欧洲的华人新移民的经济状况虽然相对老一代有所提高，但仍处在欧盟各国经济社会的边缘，社会影响力有限。

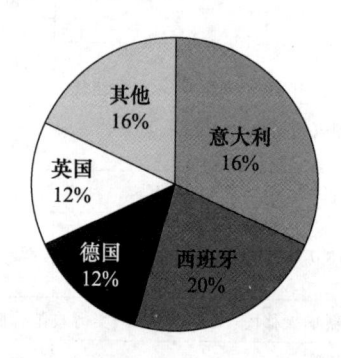

图 4　2015 年欧洲华人移民在欧盟各国的分布

资料来源：由 Eurostat 数据整理制作。

（三）欧洲华商经济活动的总体特征

从地理分布看，目前分布在全球各地的新华人移民可以大致分为东南亚华人、北美华人、欧洲华人、非洲华人、大洋洲华人几类。由于非洲和澳洲都是矿产资源丰富，经济结构都相对单一的经济体，在文化和华人移民史等方面与欧洲国家差异较大，本篇重点选取了东南亚华人、北美华人作为对比对象，并在此基础上总结了欧洲华人华商的主要人口特征和经济特点。东南亚和北美华人明显的经济特征具体如下：

东南亚华人中有许多资本雄厚的大企业家，这些华商从事的行业涵盖了金融、农业、房地产和娱乐业等多个重要的领域。据 2011 年《亚洲周刊》全球 1000 强企业名单，有 11 家华商企业来自东南亚，没有一家来自美国和欧洲。同时，中国企业对当地经济的影响力非常大，甚至主导一些国家的经济命脉，如泰国、马来西亚和新加坡等。

美国华人企业在高科技领域具有重要影响力，美国华人移民中受过良好教育和专业技能的人才比例较高。据全球化智库2017年度的报告，美国华人主要集中在加利福尼亚（205.3万）和纽约（105.6万），约分别占到美国华人总数的38.8%和20.2%，其中在加利福尼亚又有超过90%的华人分布在硅谷。另外，在全球400万专业技术华人中，有大约240万分布在美国，而欧洲只有80万。

表2在人口和经济特征上给出了这一对比。

表2　　　　　　各地区华人人口特征和经济特点的对比

	东南亚华人	北美华人	欧洲华人
历史	最悠久，超过200多年	居中，大约130年	居中，大约100多年
人口规模	最庞大，大概有4360万（2014年）	中等，大约612万（2015年）	较小，大约255万（2013年）
教育和财富状况	总体非常富有，教育背景各异	有大量高技术和专业性人才，财富状况各异但总体较好	低知识技能，且不太富裕
来源地分布	高度集中，主要来自广东、福建和海南等沿海省份	较均匀，主要来自中国大陆且各省份均占有一定比例	高度集中，主要来自浙江、广东和福建
商业活动	有许多大型集团，也有小规模的企业，广泛分布于各行各业	高科技企业在当地具有一定影响力，分布行业广泛	规模较小且低科技、低附加值企业居多
排前三的经济活动	1. 多元化经营 2. 房地产 3. 食品饮料	1. 膳宿与食品服务 2. 专业与科技服务 3. 其他服务（不包括公共管理）	1. 餐饮业 2. 皮具和服装制造 3. 贸易、批发与零售

资料来源：主要根据全球化智库《2014海外华侨蓝皮书》中东南亚华商财富分布及其经济实力分析、欧洲与美洲华商财富分布及傅义强，欧盟移民政策与中国大陆新移民等整理而得。

总的来说，东南亚华人历史最长，人口最大，商业资本雄厚，华人经济影响力大，在当地社会地位较高；美洲华人（主要是美国和加拿大）中的技术精英和专业性人才比例最高，华人规模较大，华商经济对当地具有一定影响力，华人社会融入度较高。而欧洲的华人华侨普遍受教育程度低，大部分集中在劳动密集型的低附加值行业中，少有具有较大规模和资本的企业，经济和社会影响力相对微弱。不过，在分布地方面，三大华人群体都表现出高度集中的特点，来源地上欧洲和东南亚华人也都高度集中，可以推测华人群体内部均存在广泛联系的网络关系。因此，与东南亚华人和北美华人相比，欧洲的华人移民经济还很不发达，经济结构相对简单，社会网络关系仍广泛存在。

（四）华人移民网络对 FDI 行业分布的可能影响

从上述欧洲华人移民的历史和商业比较来看，来自广东、福建和浙江的早期华人移民已经基本奠定了欧洲华人社区的人口结构特征，而1978 年后涌入的新欧洲华人移民给当地华人社区带来的变化主要有两个方面。

一是改变了东道国的华人群体主体。中国大陆新移民取代东南亚和香港人成为欧洲华人的主要构成，不过大陆新移民仍以浙江人、广东人、福建人为主。

二是华人整体的教育水平和经济状况有所改善。相较于之前高劳动强度、低技能的工作，他们的职业和经营范围正在多元化。不仅如此，规模更大、利润更高的中大型企业也陆续发展起来，华人经济对本地市场的影响力逐渐增大。

但是总体而言，这些变化没有从根本上影响欧洲华人的人口和经济特征。由于以"家庭团聚"为由的传统华人移民仍然是欧洲新华人移民的主要来源，这一人口总体还保留着低教育和劳动技能、财富状况较差的特征，以及华人之间紧密的网络联系。

因此，沿用前人研究观点（Gao，2003；Singer，2006；Javorcik et al.，2006），本篇也认为东道国的华人人口能很好地衡量当地的华商移民网络大小。同时，由于受到自身教育技能、资金来源及异国经营环境的限制，整个欧洲华人仍局限于少数经济活动范围，餐饮、皮革、服装加工、进出口贸易仍是现今欧洲华人经济的四大支柱性产业。因此，参照国家统计局对各行业划分的标准，本篇特别将住宿与餐饮业、制造业、批发和零售业这三个产业定义为欧洲传统华商行业。

进一步，我们考虑了欧洲华商移民网络在影响中国对欧盟直接投资时，对欧洲传统华商行业的投资和其他行业间的两种不同效应，如下：

协同效应。指华商网络对于中国企业投资当地华商同行业的促进作用要大于其他行业。这表明华商网络主要为中国企业提供了更具有行业针对性的信息和市场针对性的商业机会，因此表现为进一步带动同行业投资的作用。由于当地的华人移民在其所从事的行业中经验充足，对相应行业的市场机会、经营模式、政策规定等的了解比其他行业更多，因此对本行业的投资帮助会更大。同时，当地华商面向的市场主要是本地区的华人移民，而中国投资作为华商在该行业的一个互补，可以将商品或服务进一步扩展至东道国的非华人市场，分流了同行竞争压力。因此，当地华人移民网络将对促进中国投资欧盟的传统华商行业投资影响更大。

竞争效应。它是指中国投资当地华商从事的行业会加剧东道国行业内竞争，因此华商网络更可能是通过移民对该国投资环境、文化语言、商业习俗以及可能的资金援助渠道来促进中国企业对该地的直接投资的。由于本地华人移民受自身知识技能和资金的限制，在欧盟各国主要从事着低附加值且极易被取代的小买卖。但随着欧洲华人规模的逐渐扩大，许多国家的传统华人市场都接近饱和，竞争十分激烈。如此一来，华人移民不太可能会欢迎中国投资者投资这些传统华商行业，反而是欢迎其投资不同或互补的产业。如此一来，欧洲华商网络会在增加中国对欧盟国非传统华商行业的投资商优于传统欧洲华商行业。

因此，通过比较中国对欧盟投资在欧洲传统华商业务和非传统华商业务受华人移民网络的影响大小，我们可以了解欧洲华商网络对投资的行业选择上是具有更强的协同效应还是竞争效应。

三 变量选择和数据来源

本篇的实证研究是建立在知识—资本投资理论模型上改进而成的。

（一）知识—资本模型

研究国际资本流动的实证模型主要有两种，一种是直接将国际投资中类似于国际贸易中的引力关系用经典引力模型来表示（Carr 等，2001；

Helpman 等，2004；高国伟，2009；蒋殿春和张庆昌，2011）。它源于一般均衡分析，假定两国的双边投资额与两国的经济规模（通常以 GDP 表示）正相关，并与两国之间的地理距离（贸易成本）负相关。另一种是建立在 FDI 版本引力模型的基础上，应用水平型和垂直型投资理论改进而成的知识—资本模型（knowledge-capital model）（Markusen, 1996; Carr, 2001; Markusen and Maskus, 2002; Gao, 2003; Bergstrand, Egger, 2007; Sara Flisi, Marina Murat, 2009）。KC 模型克服了 FDI 版本引力模型的一个重要缺陷，即人均 GDP 在衡量该国资源禀赋和消费市场大小时，分别与垂直型直接投资正相关，却与水平型直接投资负相关。同时，这一模型的好处在于它能进一步识别水平型投资和垂直型投资。

KC 模型假设有出口互补效应的垂直型 FDI 强调相对资源禀赋差异，与之相反，因替代出口产生的水平型 FDI 强调两国市场消费偏好相似度。水平型投资主要出于"市场寻求"的动机，因而在文化和市场偏好相近的两国间更易发生（Horstmann 和 Markusen，1992）；垂直型投资主要是为了开发利用别国具有比较优势的生产要素如劳动力、自然资源等，因而趋向于发生在要素禀赋差异较大的两国之间（Helpman 和 Grugman，1985）。

KC 模型用两国 GDP 之和来代表两国的经济规模，两国首都的直线距离代表所有由距离带来的隐性或显性贸易成本，并加入两国 GDP 之差的平方（GDPdiff）和两国人均 GDP 之差（PGDPdiff）用于近似两国的市场相似度和要素禀赋差异，具体如下：

$$OFDI = f(GDPsum, PGDPdiff, GDPdiff, DIST)$$

（二）本篇的实证模型和变量选择

本篇的实证模型在 KC 模型基础上加入了代表华人移民网络的变量——东道国华人移民人口（Javorcik et al., 2006），对主要变量取了对数，并建立其如下线性回归模型：

$$\ln OFDI_{it} = \alpha_{it} + \beta_0 \ln ChImmr_{it} + \beta_1 \ln GDPsum_t + \beta_2 DIST_{it} + \beta_3 \ln PDPdiff_{it} \qquad (模型1)$$

上式中的 ChImmr 指东道国华人移民人口数，代表该国的华商网络大小；其他变量同上述 KC 模型。按照华人数据来源数据库的统计规则，该变量计算的是年末该国登记为合法居民的华人人口,指移民前国籍为中国的任何人,包括出生在国外的华人子女。用移民人口替代移民网络的衡量方法使数据具有可获得性,其有效性也被诸多文献验证。现有研究普遍认为,华人人口较多的地区华人活动活跃、经济联系频繁,因而华人移民网络强度更大。

笔者使用模型(1)不仅能识别华人移民网络变量对投资的影响,还可识别中国对欧盟的直接投资是水平型投资居多还是垂直型居多。

本篇对 KC 模型的第二个改进是将 GDPdiff 对要素和市场差异的衡量用东道国劳动力资源(Labor)、自然资源(Nature)、技术水平(Tech)三个指标来替换。由于 GDPdiff 和 GDPsum 两个衡量指标在某种程度上是重复的,为了更全面地描述市场和要素间差异,笔者在相关研究的基础上将该差异归纳为劳动力、自然资源和技术水平三个维度。这些研究主要认为,中国对欧盟直接投资大致可分为"市场寻求"和"资产寻求"两种动机,其中"资产"主要指自然资源、劳动力和发达技术(Yun Schüler-Zhou, Margot Schüller, Magnus Brod, 2012)。其中,技术和自然资源吸引中国对欧盟的垂直型 FDI,市场潜力、贸易关系、距离和劳动生产率则会同时影响中国对欧盟的水平和垂直型的直接投资(Su Sheng, 2014; Shi Xianzhi, 2013; Buckley et al., 2007; Cheung 和 Qian, 2008; Hurst, 2011; Kolstad 和 Wiig, 2012)。

$$\ln OFDI_{it} = \alpha_{it} + \beta_0 \ln ChImmr_{it} + \beta_1 \ln GDPsum_{it} + \beta_2 DIST_{it} + \beta_3 \ln PGDPdiff_{it} + \beta_6 Labor_{it} + \beta_7 Nature_{it} + \beta_8 Tech_{it} + e_{it} \quad 模型(2)$$

因此,本篇的第二个识别模型为:

其中,笔者用东道国受过基本教育的劳动力人口占比来衡量欧盟国家的劳动力资源,自然资源租金占 GDP 的比例来衡量该国的自然资源丰富度,以及研发费用占政府一般性支出的比例作为对其科技水平的近似。

同时,以上各式中,i 分别代表不同的东道国(地区),t 代表年份,α_{it} 为常数项,β_1、β_2、β_3、$\cdots$、β_i 为对应解释变量的回归系数,ε_{it} 是干扰项。

(三) 数据处理和来源

本篇选取了 2005—2015 年的 20 个欧盟国家的面板数据对中国对欧盟国家直接投资的总规模回归。限于数据可获得性，在中国对欧盟 OFDI 的分行业回归时，本篇选取了相同的 20 个欧盟国家在 2005—2014 年的面板数据。各变量的数据来源主要为欧盟统计局数据库（Eurostat）、世界经合组织数据库（OECD database）、联合国数据库（UN Data）、世界银行数据库（World Bank Databank）、中国国家统计局（NBSPRC）以及商务部（MOFCOM）对外直接投资统计公报，具体见表3。

表3　　　　　　　　　　变量数据来源

变量名	数据来源	单位
OFDI	商务部中国对外直接投资统计公报	美元
OFDINum	Eurostat 数据库	个
ChImmr	综合了 Eurostat，OECD，UN 数据库	人
GDP，GNI	World Bank 数据库	美元
Labor，Nature，Tech	OECD 数据库	1
DIST	地理距离来自 Cepii 数据库，物流便利指数来自于 World Development Indicators	1
ProValue	国家统计局	美元

资料来源：笔者自制。

对统计数据不全或严重缺失的国家，本篇采取的办法是直接剔除。本篇剔除的 7 个不可用欧盟样本：分别为爱尔兰、马耳他、塞浦路斯、拉脱维亚、立陶宛、罗马尼亚、保加利亚。这些国家大部分规模较小、华人移民人口少，不太可能对回归结果产生较大偏差。对少数国家在华人移民统计上缺失的一两个数据，本篇采用了其临近 3 年的平均数取代。另外，在分行业回归时，本篇将欧盟统计局登记的投资企业所处的行业按照中国国家统计局产业划分标准对第二、三产业及其各子产业逐条匹配，最终得到本篇定义的各分组下华商投资的企业数量。

（四）回归过程

本篇的回归可分为两个部分。

第一部分是将华商网络对中国投资欧盟的影响进行总体的回归。在这一部分，本篇用三个指标来分别衡量中国对欧盟直接投资的总体规模，它们是中国对欧盟直接投资的存量（OFDIstock）、中国对欧盟直接投资的年流量（OFDIFlow）、中国对欧盟直接投资的企业数（OFDINum）。笔者应用模型（1）和（2）对这三个变量均进行了回归，并根据豪斯曼检验值，选取了随机效应模型的回归结果。第一部分的回归旨在帮助我们区分华人移民网络对中国对欧盟的长期、短期投资以及投资企业数的影响大小。

第二部分是通过对中国投资欧盟企业所处的行业分类，进行分组回归，进一步探究华商网络对中国企业投资欧盟的行业选择有什么影响。第二部分，笔者对中国投资欧盟的企业做了两种类型的行业划分。

第一种是第二产业和第三产业。由于理论指出，移民网络对投资提高作用主要通过其高知识技能的成分实现，按此逻辑，需要更高技能劳动力和高附加值的服务业受华商网络的影响会更大，因而倾向于吸引更多的中国投资企业。

第二种划分是传统欧洲华商行业和非传统华商行业。本篇对传统欧洲华商行业定义为住宿与餐饮业、制造业、零售与批发业；而非传统欧洲华商行业包括了重工业、建筑业、交通运输业、仓储与邮政业、金融业、房地产业和其他服务业。如文章第三部分的分析，欧洲华商网络会对中国对欧盟投资在行业选择上有协同和竞争两种效应，当协同作用更大时，华商网络对传统欧洲华商行业投资的提高会大于非传统欧洲华商行业，反之亦然。

同时，为了更准确地刻画行业层面上影响投资的经济规模变量，本篇在分组回归时将中国对应产业的产值和东道国 GDP 共同取代模型 1、2 中的 GDPsum。

（五）可能的内生性问题

近年来欧盟各国开放的投资移民政策吸引了大量华人移民，考虑到这可能会产生由反向因果带来的内生性问题，即是移民随着投资增长而非移民促进了投资。不过，通过对欧盟各国投资移民政策的进一步考察，本篇发现这一虚假因果效应的内生性问题几乎可以忽略不计。首先，华人要先投资再移民，这一时间上的先后顺序大大降低了本研究中的反向因果。同时欧盟各国严格的移民政策也限制了这一反向影响。欧盟各国大部分规定投资移民至少在2年后才能取得永久居留许可或入籍（即被当地统计局纳入为华人移民），最短的匈牙利和保加利亚也要8个月。因此，同年度的投资增量不太可能是由当年的投资移民带来的。

四　实证分析与结果

（一）华人移民网络对中国投资欧盟总体规模的回归结果及分析

表4是将中国对欧盟直接投资的存量、流量和企业数分别作为解释变量，应用模型1和模型2的变量进行回归的结果。

总体而言，模型1、2中相同的主要变量回归系数大体一致。不论是对存量、流量还是投资企业数回归，变量 GDPsum、DIST 和 ChImmr 的系数值都在1%水平上显著。其中两国 GDP 总量和距离的系数值绝对值较大，华人移民网络的系数值相对较小。这意味着两国经济规模和距离是影响中国对欧盟直接投资水平的两个重要因素，而华人移民网络的影响力则相对较小。

进一步，对比第一行中各被解释变量下 ChImmr 系数。可以发现，在模型1、2中，该变量对投资流量回归的系数都约为其对存量回归系数的两倍。可以推测，华人移民网络对提高中国对欧盟的短期投资比长期作用更大。同时，华商网络变量对投资企业数的回归系数值显示，东道国每增加1%的华人移民，当地的华商投资企业就将增加37—46家。

GDPsum 系数值显著为正，说明两国经济总量总是能显著增加中国对欧盟国的投资。距离变量 DIST 对投资的影响相对复杂，东道国距离中国越远，中国对其投资的流量和存量越增加，但是投资企业数却会减少。这意味着，距离的增大可能是通过增加单个企业投资量而非增加投资企业数来提高中国对欧盟国的投资量的。这可能是由于在距离中国越遥远的欧盟成员国中，越大的文化和市场差异为中国投资企业带来了越多的细分市场，因此在长期吸引着中国投资。但是距离的增加提高了投资成本和门槛，这减少了可能投资的企业数量。

东道国自然资源 Nature 和劳动力资源 Labor 变量对投资存量和流量的回归系数均显著且绝对值相对较大，说明它们都是影响中国对欧盟直接投资量的重要因素。变量 Nature 的回归系数显示，东道国自然资源越丰裕越能吸引中国长期和短期投资。这印证了学者提出的中国对外直接投资"资源寻求"动机。但是它对投资的企业数量系数不显著，这可能同样暗示着具有"自然资源"寻求动机的投资企业可能是数量不多但资本雄厚，单笔投资额巨大。Labor 的各系数显著为负，说明东道国劳动资源会抑制中国对欧盟的长期或短期直接投资，尤其会减少直接投资的企业数。这可能是因为目前中国对欧盟投资的企业竞争力相对弱，在受过良好教育的劳动力资源越丰富的国家，反而越不具备投资的所有权优势。不过，Tech 的系数全都不显著，这可能意味着目前"技术寻求"还不是中国企业对欧盟国家直接投资的主要动因。

最后，观察模型 1 中 lnGDPdiff 和 lnPGDPdiff 的系数，可以发现，在因变量为中国对欧盟直接投资的存量时，lnGDPdiff 显著为负，说明在中国对欧盟的长期直接投资中，水平性直接投资占主导；在因变量为流量时，lnPGDPdiff 系数显著为正，说明中国对欧盟的短期直接投资中主要发生的是垂直型投资。在因变量为投资企业数时，lnPGDPdiff 的系数显著为正，说明对欧盟的直接投资企业主要是水平型投资企业。

表 4　　　华人移民网络对中国直接投资欧盟总规模的回归结果

	模型（1）			模型（2）		
	lnOFDIStock	lnOFDIFlow	Num	lnOFDIStock	lnOFDIFlow	Num
lnChImmr	0.369 ***	0.602 ***	37.62 ***	0.560 ***	0.790 ***	46.66 ***
	(4.64)	(4.21)	(4.71)	(5.50)	(7.30)	(5.11)
lnGDPsum	4.081 ***	3.104 ***	118.6 ***	3.796 ***	2.997 ***	91.59 ***
	(23.91)	(6.59)	(4.34)	(25.20)	(9.37)	(13.55)
DIST	5.587 **	4.129	-456.6 ***	7.030 ***	5.912 *	-499.9 **
	(2.32)	(1.14)	(-4.63)	(3.18)	(1.68)	(-2.13)

续表

	模型（1）			模型（2）		
	lnOFDIStock	lnOFDIFlow	Num	lnOFDIStock	lnOFDIFlow	Num
lnGDPdiff	-0.276*** (-4.61)	-0.131 (-0.65)	-26.03 (-1.31)			
lnPGDPdiff	0.302 (1.63)	0.603** (2.33)	-35.21** (-2.80)	0.524*** (3.55)	0.877*** (3.67)	-21.29* (-1.95)
Labor				-3.448*** (-3.84)	-4.774*** (-3.98)	-219.0*** (-3.42)
Nature				146.3*** (4.16)	172.3*** (4.46)	2394.7 (0.81)
Tech			-25.28 (-1.19)	0.497 (0.01)	-2224.9 (-1.01)	
_cons	-112.0*** (-21.90)	-94.27*** (-11.94)	-2458.6*** (-7.46)	-115.2*** (-22.81)	-99.02*** (-10.48)	-2529.3*** (-8.13)
N	210	201	193	213	204	196

注：t statistics in parentheses

* $p<0.1$，** $p<0.05$，*** $p<0.01$

资料来源：笔者自制。

（二）华人移民网络对中国直接投资欧盟的分行业回归结果及分析

1. 对服务业和工业的分组回归

表5是将中国对欧盟的投资企业进行工业企业和服务业企业分组的回归结果。

华人移民网络仍然是我们最关注的。该变量在两个模型中的回归系数均显著为正，其对服务业投资企业数回归的系数约为对工业企业数的三倍。这说明华人移民网络对拉动中国对欧盟的服务业投资高于工业企业。

对于其他变量，由回归系数值和显著性可知，中国对应行业产值越高，对欧盟国该行业投资的企业就越多，但是欧盟的国民收入不会对此投资有显著影响。同时，不论是工业还是服务业，东道国劳动力资源都显著抑制中国对欧盟国的直接投资企业数。对于服务业的投资，距离

DIST 的系数显著为负且数值较大，这体现距离增大对中国对其服务业投资企业数的影响主要为增加投资成本和运营风险等负面因素。lnGDPdiff 和 lnPGDPdiff 的系数值显著为负，反映中国对欧盟直接投资的服务业企业以水平型投资为主。

表5　华人移民网络对中国直接投资欧盟分二、三产业的回归结果

	模型（1）		模型（2）	
	工业	服务业	工业	服务业
lnChImmr	5.217***	15.59***	5.786***	21.28***
	(3.76)	(5.03)	(3.60)	(5.97)
lnGNI	0.270	-2.063	-0.0940	-2.635
	(0.58)	(-0.66)	(-0.20)	(-0.78)
lnProvalue	19.71***	62.71***	18.65***	28.90***
	(3.35)	(3.45)	(7.68)	(4.99)
DIST	-3.045	-209.0***	4.277	-244.5**
	(-0.23)	(-4.87)	(0.19)	(-2.17)
lnGDPdiff	-0.549	-25.19**		
	(-0.25)	(-1.96)		
lnPGDPdiff	-0.471	-16.48**	0.536	-10.11*
	(-0.70)	(-2.49)	(1.08)	(-1.71)
Labor			-33.11***	-91.26***
			(-2.85)	(-2.96)
Nature			371.9	922.9
			(1.58)	(0.74)
Tech			454.2	-1367.4
			(1.15)	(-1.43)
_cons	-259.0***	172.4	-266.2***	-194.5*
	(-6.91)	(0.87)	(-5.87)	(-1.80)
N	193	193	196	196

注：t statistics in parentheses

　　 $*p<0.1$，$**p<0.05$，$***p<0.01$

资料来源：笔者自制。

2. 对传统欧洲华商行业和非传统华商行业的分组回归

如第三部分所定义的，本篇将批发与零售业、住宿与餐饮业、轻工业（制造业）定义为传统华商行业，而非传统华商行业主要包括重工业、建筑业、交通运输、仓储和邮政业、金融业、房地产业、其他服务业。笔者仍然用模型1、2进行了分组回归，结果如表6所示。

由 lnChImmr 的系数，可以看出华人移民网络对非传统行业的中国企业投资拉动作用要远远大于华商企业对传统行业的投资，在模型1中 lnChImmr 对非传统行业的回归系数几乎是对传统行业的两倍，在模型2中也接近于1.5倍。其他变量与之前的分析大体一致，不再赘述。lnGDPdiff 和 lnPGDPdiff 的系数显示，在中国对欧盟直接投资的传统行业和非传统行业中，水平型投资企业都占主导。同时距离、东道国劳动力资源对投资两类行业的中国企业数都有显著抑制作用。

表6　华人移民网络对中国直接投资欧盟分传统、非传统行业的回归结果

	模型（1） 传统行业	模型（1） 非传统行业	模型（2） 传统行业	模型（2） 非传统行业
lnChImmr	15.00*** (5.30)	30.25*** (6.46)	20.00*** (5.78)	35.09*** (5.89)
lnGNI	-0.723 (-0.36)	-0.519 (-0.10)	-1.591 (-0.62)	-3.639 (-0.72)
lnProTra	41.45*** (3.32)	84.43** (2.54)	19.44*** (4.07)	72.11*** (5.59)
DIST	-142.1*** (-3.86)	-310.7*** (-5.32)	-205.4** (-1.99)	-316.8** (-2.41)
lnGDPdiff	-19.28* (-1.71)	-11.44 (-0.82)		
lnPGDPdiff	-19.20*** (-3.63)	-18.06** (-2.17)	-13.47*** (-2.69)	-7.707** (-1.04)
Labor			-111.6*** (-3.80)	-143.1*** (-3.34)
Nature			40.22 (0.04)	2235.1 (1.14)
Tech			-700.2 (-0.76)	-1000.9 (-0.70)

续表

	模型（1）		模型（2）	
	传统行业	非传统行业	传统行业	非传统行业
_cons	185.2 (0.90)	-693.4 *** (-3.09)	-98.19 (-0.96)	-869.8 *** (-4.07)
N	193	193	196	196

注：t statistics in parentheses

* $p<0.1$，** $p<0.05$，*** $p<0.01$

资料来源：笔者自制。

（三）实证小结

表7罗列了以上两小结的实证分析中，华商网络对不同被解释变量回归的系数，对比可总结出以下三个特点。

第一，华人移民网络变量的所有回归系数均显著为正，但是相对于GDPsum和DIST变量，其数值较小。这说明华人移民网络不是中国直接投资欧盟的决定性因素，但的确能够显著地从各方面提高中国对欧盟国家直接投资水平。

第二，华人移民网络对中国投资欧盟服务业的企业数的回归系数值几乎是工业的两倍，说明服务业投资的提高大于工业。但是，该变量对中国投资欧盟各行业总企业数的系数值更高，这可能意味着华人移民网络对投资的拉动作用具有行业溢出效应，因为对所有行业的整体投资提高最大。

第三，华人移民网络对非传统欧洲华商行业的投资具有更大的促进作用，在提高投资的行业选择方面表现了更强的竞争效应而非协同效应。

表7　　　各回归结果中华人移民网络变量的系数对比

回归系数	Model 1			Model2		
变量名	存量	流量	企业数	存量	流量	企业数
ChImmr	0.369 *** (4.64)	0.602 *** (4.21)	37.62 *** (4.71)	0.56 *** (5.50)	0.79 *** (7.30)	46.66 *** (5.11)
	工业	服务业	工业和服务业	工业	服务业	工业和服务业

续表

回归系数	Model 1			Model2		
变量名	存量	流量	企业数	存量	流量	企业数
ChImmr	5.217***	15.59***	37.62***	5.786***	21.28***	46.66***
	(3.76)	(5.03)	(4.71)	(3.60)	(5.97)	(5.11)
	传统欧洲华商行业	非传统欧洲华商行业	欧洲华商各行业	传统欧洲华商行业	非传统欧洲华商行业	欧洲华商各行业
ChImmr	15.00***	30.25***	37.62***	20.00***	35.09***	46.66***
	(5.30)	(6.46)	(4.71)	(5.78)	(5.89)	(5.11)

资料来源：笔者自制。

五 主要结论

华人移民网络虽然不是决定中国企业对欧盟国家 FDI 的关键因素，但却能显著提升中国对欧盟直接投资的水平。这一促进作用在短期、长期均存在，且在短期效果更明显。当东道国的华人移民人口越大，该国服务业吸引的中国投资企业数就越多，且高于该国的工业部门。同时，这一企业投资数量增加在整个行业层面受华商网络的促进更大。因此，欧洲华商网络也主要是通过其高知识技能部分发挥投资促进作用，且具有一定行业溢出效应。此外，东道国的华人移民越多，越会带来更多的中国企业直接投资该国非传统欧洲华商所从事的行业，其对投资促进的效应主要表现为竞争效应而非协同效应。

"一带一路"与投资中东欧[*]

——中国私企进入斯洛文尼亚特殊医药行业的机遇与挑战

一 引言

随着中国"一带一路"倡议的推进，中国与中东欧16国的双边及多边合作发展迅速，正在朝着建立多种合作机制的方向推进。相对其他西方成熟市场，中国在中东欧的投资具有数量相对小、业态呈多样性、非官方计划之内的中资企业占一定量比等特点。

中东欧在中欧经贸合作中具有的特殊优势主要体现在：其一，地缘政治安全局势稳定；其二，历史上，社会舆论与民情对中国友好；其三，基础设施状况良好；其四，与中国在贸易结构、贸易平衡、贸易往来方面，有较大发展空间。

近年来，中国—中东欧双边医药贸易与投资，成为中国企业进入中东欧医药卫生领域一个新的亮点。斯洛文尼亚中国加仑有限公司目前正处在筹划和投资斯洛文尼亚特殊医药行业的过程中。与斯洛文尼亚地方政府和科研结构合作是斯洛文尼亚中国加仑有限公司投资的主要特点。

希望通过中欧第四届高级别智库论坛，与关心中国"一带一路"项目推进的国内外朋友，分享笔者的投资理念与经验得失。希望创造更多的机会，共同促进中欧经贸合作的发展。

---

[*] 周忠菲，上海国际问题研究院研究员、中国欧亚系统科学研究会研究员；钟胐昊，斯洛文尼亚中国加仑有限公司公司创办人；沈士林，斯洛文尼亚中国加仑有限公司公司创办人。

二 "一带一路"与投资中东欧

中国共产党第十九次全国代表大会工作报告指出，中国政府将继续推进"一带一路"倡议。中国企业，无论作为对外投资主体的国企还是私企，投资决策均与国家政策紧密相连。这是中国社会主义市场经济的特征及其唯一性所决定的。斯洛文尼亚中国加仑有限公司从如下角度，理解投资中东欧与"一带一路"倡议的关系。

(一) 中国"一带一路"项目的投资特点

自中国政府2013年提出"一带一路"倡议以来，中国企业从国际产能布局的角度考虑，反应积极。从宏观上看，中国"一带一路"倡议形成的投资格局，具有参与主体多元；机制化建设灵活多样；对"一带一路"倡议响应的企业主体，大多数以官方计划之内为主；未来"一带一路"的推进，将朝多边和区域方向发展的特点。

"一带一路"倡议成果辉煌，在机制化建设方面，中国与70多个国家实现了对接，与一些国际组织建立了联系。这些国际组织对"一带一路"倡议表示支持，对中国主办的多种形式的"一带一路"国际高峰论坛，积极参与。在投资项目方面，突出的有哈萨克斯坦的"光明大道"项目，印度尼西亚的"海上支点"项目，土耳其的"中间走廊"计划，德国的"工业4.0计划"和英国的"北部振兴"方案等。目前，中国已经与30多个国家签约，投资500多亿美元。

(二) 中东欧国家与"一带一路"倡议

在"一带一路"倡议的推进方面，中东欧国家与地区反应积极。除了考虑双边经贸互补性外，其中一个重要因素，是这些国家非常重视中国政府把"一带一路"建设作为全面开放新格局重点的政策，以及"一带一路"建设展现的，亚欧区域经贸合作的光明前景。

全球贸易网络演变的趋势显现，全球贸易正体现出更多的多边与区域贸易特征。由于世界经济仍然存在不确定性，亚欧区域贸易很可能成为未来新贸易格局的发展方向。1995年时，亚洲国家大部分以日本为主要贸易伙伴，欧洲国家大部分以美国为贸易伙伴，北美与南美国家以美国为最大贸易伙伴。现在，亚洲国家的贸易"核心"正在由日本转向中国，美国在亚太地区放弃TPP，中国实施"一体两翼"的对外开放新战略，提出"一带一路"倡议。作为世界主要新兴经济体，中国企业受政府政策鼓励，积极到海外投资，以降低贸易成本，增加企业利润。在"一带一路"背景下，具有区域合作含义的亚欧经贸关系，内容将更加丰富，前景将更加诱人。今后，中东欧国家与地区可以凭借这些优势，加入东亚区域一体化进程。在东亚内部以及中国的改革开放进程中，扮演某种角色。中国企业凭借与中东欧国家和地区历史与现实方面的联系，可以在欧洲获得更好的发展。

（三）投资中东欧的安全风险判断

从宏观角度看，全球化进程虽然放缓，但全球化的发展是不可阻拦的。主要趋势是欧洲国家仍然坚持促进跨地区的贸易自由化和投资便利化，而中国等新兴国家的贸易增长也正在向发达国家相对平缓的贸易增长回归。[①] 在全球贸易结构发生深刻变化的背景下，"一带一路"倡议标志着中国对外改革开放进入新时期，中国企业走出去面临发展机遇。[②] 由于欧洲国家对"中国驱动"的贸易"区块结构"的高度关注，从广度和深度两个方向看，中国企业延伸的一个重要方向，就是中东欧国家和地区。

从中观角度看，投资中东欧可以从如下方面进行考虑。

安全风险方面，中东欧地缘政治安全局势稳定，政府治理水平和廉洁程度高。大多数国家加入世界贸易组织以来，市场体系与结构开放度高，普遍具备优良的商业环境，基础设施完善。教育程度高，市场具备专门人才。

---

① 2011年中国来到刘易斯拐点，贸易增长率开始下降。全球贸易增速趋缓以2012年为分界。主因之一是主要发达国家的利益出现分化。

② 中国对外改革开放从1978年开始，此后，中国的货物贸易以17%的年均速度增长。中国在全球货物贸易的占比，从1982年的0.92%，飞速增长到2012年的10.4%。其后，随着全球贸易增速减缓，中国2012—2014年的贸易增长降至6%左右。2015年与全球趋势一致，出现近8%的跌幅（全球贸易出现13.6%的负增长。降幅严重程度仅次于2009年的全球金融危机）。

在社会舆论与民情方面，中国与中东欧国家和地区交往有历史基础。中东欧国家普遍对中国友好。如中国上海从20世纪70年代开始，长期承担援建罗马尼亚、捷克等国的机电产业项目，有稳定的贸易关系。又如20世纪70年代中国恢复在联合国席位时，得到中东欧国家的全面支持。此外，中东欧对中国品牌较熟悉，对中国技术认可。

在微观层次，斯洛文尼亚中国加仑有限公司选择到中东欧投资医药保健品特殊行业。在区域划分方面，选择斯洛文尼亚。

三 投资行业的微观分析

斯洛文尼亚中国加仑有限公司选择到斯洛文尼亚从事药用大麻产业的研发与生产。业务范围属于中东欧国家医药健康产品的管辖范围。以下介绍中东欧医药行业发展简况，药用大麻行业现状，以及投资斯洛文尼亚药用大麻行业的市场判断。

（一）东欧制药行业处于发展战略改变前夕

过去，中东欧地区医药工业基础较为薄弱。目前，中东欧国家处于经济恢复和增长阶段，保健开支在国民消费中将持续提高，药品市场需求旺盛，呈现医药行业贸易增长稳定，市场开放度高的局面。2016年，中东欧医药市场规模约为1042亿美元。其中，波兰、保加利亚、匈牙利、捷克等国的市场需求增长较快。但中东欧国家的医药市场，无论是药品还是医疗器械市场均未达到饱和程度。在特殊医药行业的发展方面，相对滞后。经过调整，中东欧各国中完全有条件成为区域层级最具吸引力的医药市场。

从中东欧医药工业发展特征看，一是医药行业成为中东欧发展最快的行业之一；二是制药行业处于发展战略改变的前夕，需要改变过去的落后局面。而在特殊医药行业的发展方面，具有相对较大的空间。

从市场看，波兰市场是中东欧最大的医药市场，主要投资者是德国。LEK-POLSK、SOLCO-BA-SEL、RHONE-POULENC-RORE和SCHW ARZ-PHARMA等一些国际性医药公司，在波兰均设有子公司。目前波兰还没有生产现代生物技术药物的能力（除了Bioton公司生产的重组胰岛素之外)。波兰的生物技术公司大约有 70 家，数量上相对不足。但可喜的是，这一现状正在快速改变，出现公司数目和生产技术都迅速增长的态势。例如，波兰的生物技术公司（Mabion S. A.）和大型制药公司（ZF Polpharma S. A.）开始实施生物仿制药技术。而其中有一半的公司是过去 5 年内成立的。

从市场准入政策、药品质量标准、知识产权保护方面看，捷克、斯洛伐克、波兰、匈牙利、斯洛文尼亚、爱沙尼亚、拉脱维亚和立陶宛等国，均是欧盟成员国，政策规范基本与欧盟相适应，而投资成本比西欧国家低。其中，匈牙利由于与德国和俄国的历史渊源，成为东欧制药行业最为发达的国家（匈牙利制药行业开始于 100 多年前，到第二次世界大战时已具备规模庞大的药品生产能力。20 世纪 80 年代末，匈牙利是东欧经互会 Comecon 贸易集团的药品生产中心）。目前，匈牙利药品市场规模为 35 亿美元，该行业基本能满足本地区大多数国家，特别是俄罗斯对医药产品的强劲需求。

（二）斯洛文尼亚的医药保健药品市场也处在改革前夜

斯洛文尼亚是中东欧 16 国中经济最发达的国家。2012 年斯洛文尼亚的卫生总费用占 GDP 比例的 8.8%，在东欧国家中排位第 4 位。2000—2012 年，仍然维持在 8%—9%，支出稳定，变化不大。2012 年，斯洛文尼亚的卫生总费用中，政府支出比例为 73.3%，在中东欧 16 国中排第 8 位。2000—2012 年，个人支出比例也保持了小幅度上升，保持在 26%—29%，整体变动相对稳定（《精细与专用化学品》第 24 卷第 10 页）。

斯洛文尼亚是中国在医药保健品领域最为重要的贸易伙伴之一，也是中东欧 16 国中最具发展医药保健药品潜力的国家之一。2015 年，中国和斯洛文尼亚在医药保健品领域的进出口总额达 1.73 亿美元，同比增长 0.99%。2015 年，中国和斯洛文尼亚的医药保健品贸易中，中国的出口额为 1.63 亿美元，同比增长 3.74%，进口额为 969.61 万美元。在出口商品中，西药类商品占比最高，为 85.76%，其中，原料药出口占比最大，医疗器械类商品占比为 13.31%，康复保健用品、医用敷料、中药类商品出口额占比上升较快，是极具发展潜力的出口品类。但这些出口商品的技术附加值含量低，虽然贸易额同比增长快，但远不能满足改变双边贸易结构的需要。在这种情况下，斯洛文尼亚的医药保健药品市场也处在改革前夜，其中，发展具有突出价值的药用大麻，是一个很适合的切入点。

四　投资收益与投资风险

（一）投资收益

中国现已经加入国际人用药品注册技术协调会（ICH），正式加入国际药物监管体系，可以说，对于已经上市的大麻类新药来说，未来进入中国市场只是时间问题。投资收益，前景诱人。对于中国政府或者中国企业来说，可以认为，现阶段进入到药品大麻行业，是非常重要的投资战略布局。

斯洛文尼亚在地理环境及气候上比奥地利更适合大麻的种植，如配合上资金的投入，对其设备进行升级改建和扩建，辅以合理的商业模式和管理，药用大麻产业在斯洛文尼亚具备成长为一个支柱产业的条件。

（二）投资风险

其一，认真分析投资周期，做好投资回报期长的准备。过去，中国与中东欧贸易以及斯洛文尼亚的贸易以传统贸易为主，规模整体偏小。由于中东欧地区政府和业界对中国医药行业及品牌知名度认可度不高，以及中国企业对当地法律法规制度和市场规则所知有限，尤其是投资特殊医药行业，投资难度高。投资者必须确实了解斯洛文尼亚的实际投资环境，认真确定投资产品的类别，寻找具有互补性的合作者。

其二，处理好竞争与合作的关系。理论上，中东欧国家医疗科研的发展，最终会成为众多新兴市场国家的竞争对手。因此，中国企业在斯洛文尼亚投资特殊行业的药用大麻产品时，建立最有效的合作与融合发展模式，非常重要。这方面可借鉴的例证，如捷克的医药生物技术公司舒迪（SOTIO）致力于开发基于活化树突状细胞的新疗法，专于癌症和自体免疫性疾病的治疗。并在北京建成舒迪安中国实验室，开发的免疫治疗技术，应用于与中国国内多家顶尖医院联合开展的研究项目。

其三，把握中东欧政府医疗改革的发展趋势。由于中东欧国家药品消费不断增长，政府加紧进行医疗改革势在必行。从政策层面看，医疗改革对中国企业的影响是复杂的。如匈牙利制药行业发展战略改变后，重点转向生物制药产品和其他价值更高的产品如生物仿制药，以及由此产生的其他创新性产品。改革的效果有助于匈牙利减少对东欧市场销售的依赖（市场饱和，产品价格低），进入发达的西欧市场。同时，也可能产生与中国产品在西欧市场的竞争。但匈牙利国内业药品消费的不断增长，也为中国和很多发展中国家带来商机。再如，捷克政府推动的医疗改革对原料药的生产产生了消极影响，但对仿制药生产商却产生积极影响。受此影响，一方面是捷克的医疗产品更加便宜，得以进入发展中国家市场；另一方面，也吸引了有实力的发展中国家，到捷克投资医药行业。

其四，作为特殊药用行业，药品类植物性大麻素可以面向全球市场。但斯洛文尼亚是一个人口仅200万的中欧国家，对于初期产品的市场去化能力十分有限，药用研究能力也有限。欧洲市场加上刚刚合法化的德国，人口也不超过1亿人，很难达到美国这类国家的消费能力。这些问题，成为斯洛文尼亚中国加仑有限公司在实现快速发展方面，急需解决的薄弱环节。

其五，遇到的困难主要有：外汇管制和资本进出的审查烦琐。当地劳工的雇用与管理、劳动保护、职业培养等，需要按照东道国的要求，还需要考虑工作环境中的民族、宗教和风俗习惯等。这些方面，中资企业缺乏经验。此外，企业社会责任的成本控制，是较为严峻的挑战（中资承担的社会义务，包括对当地GDP的拉动效应等），还需要考虑中外企业间的相互倾销式竞争。意识形态方面，需要防止理念层面的误区而引发政治风险。

五　结语

"一带一路"倡议是中国企业转型升级、实现国际化发展的重要机遇。中国企业"走出去"，创造新的业务模式，优化资产配置，与国内供给侧改革是同步的。选择投资特殊医药行业，可减少东道国产生"去库存""去产能""淘汰型"的抵触性，是中东欧国家容易接受的投资方式。

扩散效应方面,中国作为植物提取原料药的大国,在植物提取技术及后续质量成本控制、制剂、封装等后续工艺方面处于世界领先地位。中国也是世界医药的第二大市场和第一大消费市场。斯洛文尼亚在种源和种植技术上已经积累了一定基础,双方具备优势互补的条件。该项目具有特殊性,如果该项目发展为斯洛文尼亚国民经济的支柱产业,项目的成果完全可以扩展到中东欧,扩展到"一带一路"沿线国家和地区。

经济效益方面,斯洛文尼亚中国加仑有限公司药用大麻项目在斯洛文尼亚落地,采取与当地政府部门和科研机构合作的模式。具体可获得以下效应:其一,共同合作可使政策审批环节更加简洁。其二,生产原材料的含量可由1%—3%,提升至10%以上,成本降低。经过品种的改良,还可以提升至20%—30%。其三,从工业大麻正式进入药用大麻这个前景无限的领域。其四,为全植物性大麻素(包括精神类)提取和其相关的药物研究正式打开大门。

最后,斯洛文尼亚中国加仑有限公司案例最重要的一个意义,在于中国私营小型科研企业与"一带一路"倡议的机遇的结合。如前所述,中国在中东欧的投资数量相对小,投资业态具有官方计划之内的中资企业占比突出的特点。据统计,2014年中国企业在"一带一路"沿线国家投资,有120个失败案例。这与投资地的多种因素相关(政治因素如东道国领导人更迭等,经济因素如技术成熟度、成本控制等),但其中一个重要因素,是过度的政府扶持削弱了企业的市场竞争力。作为一个私营小型科研企业,如果斯洛文尼亚中国加仑有限公司投资斯洛文尼亚的项目成功落地,顺利运转,其开拓性是不言而喻的。在带动效应上,将有更多中国私营企业,参与到中东欧国家共建合作双赢平台的行动中。

基础设施与产业园区双轮驱动：中国与中东欧经济合作的现实路径[*]

习近平总书记在党的十九大报告中指出，要以"一带一路"建设为重点，坚持引进来和走出去并重，遵循共商共建共享原则，加强创新能力开放合作，形成陆海内外联动、东西双向互济的开放格局。要积极促进国际产能合作，坚持建设运营一体化，带动中国技术、中国标准、中国服务走出去，促进国内产业升级，提升实体经济发展腾挪的空间。作为"一带一路"倡议的重要合作方，中国企业如何在中东欧国家创新对外投资合作方式，对接国际高端要素，统筹国际国内两种资源、两个市场，是推动形成全面开放新格局的关键内容，应深入研究、加快推进。

一 "一带一路"倡议与中东欧国家对接现状及存在问题

随着"一带一路"倡议的不断推进，中国与中东欧各国在"16+1合作"框架下的贸易投资、基础设施建设和产能对接方面的合作有了长足的发展。贸易投资方面，据海关统计，2016年中国与中东欧16国双边贸易总值为586.7亿美元，与上年相比增长4.3%；中国对中东欧国家直接投资超过80亿美元，并成立了由中国—中东欧金融控股有限公司主导的中国—中东欧基金，预计规模达100亿欧元。基础设施建设方面，在相关国家的共同努力下，匈塞铁路、中欧陆海快线、泽蒙—博尔察大桥等陆海空全领域立体覆盖的合作正有序推进，并有立陶宛、斯洛文尼亚等

---

[*] 吴志峰、王星宇，国家开发银行研究院研究员。

多国多个基建项目已提上投资日程，在可预见的未来，中国与中东欧国家在基础设施建设方面的合作将保持强劲增长的势头。产能对接方面，2015年国务院发布了《关于推进国际产能和装备制造合作的指导意见》，遵循该指导意见，先后举办了北京—中东欧国际产能对接会，提出"三海港区合作"倡议等举措推进产能对接，以期实现中国的优势产能、西欧的关键技术与中东欧的发展需求三者的有机结合。

但是在"16＋1合作"框架的具体落地对接过程中，仍存在许多现实问题。

（一）国有基建企业缺乏长期有效的获利渠道

当前"一带一路"倡议在中东欧主要由中国交通建设集团等大型央企、国企及其下属子公司担纲先锋，以支援东道国基础设施建设作为"一带一路"倡议的名片。一是基础设施建设项目无法全面满足承包商自身发展的需求。基础设施建设具有投入大、周期长、回报低等特点，且天生具有国家主权的属性，东道国一旦将其实现国有化，则承建基础设施的国有基建企业很难分享该项目的长期红利。二是基建承包商在产业园区运营上短板突出。一些国有基建承包商在完成基建项目的基础上，顺势在沿线开发产业园区，以期转型发展，获得长效收益。但大部分国有基建承包商缺乏产业引入的相关经验，传统的招商引资模式也不适用于国家间以互利共赢为目的的平台合作。因此，国有基建企业亟须一个切实可行的转型发展路径。

（二）民营实体企业缺乏便利高效的投资平台

民营企业是中国企业"走出去"的重要组成部分，2016年民营企业对外投资金额虽呈现小幅下滑，但投资数量仍达到395笔，依然超过2015年总投资数量。但民营企业在"走出去"的过程中仍然面临许多现实痛点。一是数量众多但力量分散，难以形成集聚。温州、宁波等地有大量的民营企业曾跟随领导人出访考察，并在中东欧各国投资设厂，然而由于缺乏便利高效的投资平台，大部分企业都"各自为战"，力量过于分散，难以在地理上形成集聚、发挥规模效应，无形中削弱了中国企业在海外的"软实力"。二是对中东欧国家的海外投资存在现实顾虑。中东欧国家作为东道国，其政治风险、汇率风险、经营风险、市场风险等均是民营企业做出投资决策时重点考虑的因素。而其分散性和小体量又使民营企业无力作为谈判主体向东道国争取相关优惠政策和支持保障，无疑增加了民营企业"走出去"的现实顾虑。

二 "16+1合作"框架下深化合作的现实路径

基于以上现实中存在的问题，建立基础设施与产业园区的双轮驱动机制势在必行。

（一）国有企业以重要基建项目为依托，建立产业园区

国有基建承包商作为"一带一路"倡议下中东欧国家基础设施建设投资的主体，在以自身基建项目为依托，建立产业园区上具备较大的优势和可行性。一是其国有企业的资质较易获得中国政府的政策支持。大部分国有基建承包商自身体量较大，更易获得贷款，且在海外的投资兼有树立国家形象、缔结友好关系的使命，在投建产业园区上具有更大的自主性，更易获得中国政策的支持。二是可以基建项目为突破口争取东道国的政策优惠。国有基础建设承包商在东道国以自主投资修建的基础设施为凭借，企业形象良好，在争取签证、税收、土地、劳工等当地相关优惠政策上也有相当的话语权，便于开展更进一步的经济活动。三是可满足自身多元化的发展需求。在目标基建项目完成后，进一步建立产业园区，可使国有基建承包商由单一的基础设施建设转为基建与商业运营并重，可获得租金、营运利润等周期更短、回报更高、持续性更久的红利，对其业务内容的丰富和发展方向的可持续、多元化意义重大。

（二）民营企业借助园区平台优化产业对接

民营企业是"一带一路"倡议下中国企业"走出去"不可或缺的重要组成部分，如果能够借助国企提供的产业园区平台和附带的优惠政策，则可以克服其现存的短板，反过来为产业园区和东道国经济注入活力，成为中东欧国家"一带一路"倡议落地和产业对接的抓手。一是在国企提供的园区平台上形成聚集。以国企为主导建设的产业园区落成后，大

力引入分散在周边各地的民营企业，可以有效解决民营企业势单力薄、力量分散的问题，帮助其利用便利的基础设施和物流条件，最大限度争取本土优惠政策，形成合力，提高中国企业整体竞争优势。二是民企反哺园区，发挥市场机制搞活园区建设。国有基建承包商缺乏对接产业的运营经验，而引入园区的民营企业则恰好可以弥补这一缺陷。国企只提供平台，落地什么产业、如何生产销售等具体运营问题则由民营企业自主决定，充分发挥市场配置资源的机制，盘活全局。

（三）地方政府搭建桥梁，建立国企与对标民企的长效沟通机制

基础设施与工业园区的"双轮驱动"关键在于"轮轴"——地方政府的配合与沟通。一是地方政府缓解自身出口压力的需要。中国正处于"新常态"下的经济转型期，以往出口表现较好的地方现在也面临着较大的出口压力。由地方政府代表所在地"走出去"的民企，打通同在海外投资的国有基建企业和民营企业之间对接的桥梁，能够有效缓解自身的出口压力，带动经济发展。二是地方政府灵活补充市场机制的需要。通过政府出面主动与海外经营的大型国企央企沟通的方式，地方政府对本地企业的扶助将更加灵活，间接促进了本地企业在海外市场的整合。

三 "双轮驱动"机制的现实意义

由"一带一路"倡议在中东欧落地对接过程中存在的问题，及基础设施与工业园区"双轮驱动"机制的分析，可知该机制具有极强的现实意义，如能顺利推行，将不仅有助于中东欧市场，更有可能成为"一带一路"沿线产业落地的普适方案，具有极强的现实意义。

（一）盘活全局：基础设施建设与产业园区运营双向互补

国有基础建设承包商在海外的投资建设以公路和铁路等交通—物流基础设施为主，兼有水利、电力等工业和生活配套设施；中国国际产能合作的重点是转移制造业、加工工业等领域的优势产能。若实现"双轮驱动"，则一方面，相关基建设施可以为园区实体产业提供生产和运输上

的便利，有利于扩大生产，拓展市场；另一方面，园区各企业能够提升配套基础设施的使用效率，吸引当地产业集群向配套基础设施周边富集。二者相辅相成，实现双向互补。

（二）政策落地：攻克"一带一路"关键节点的有力抓手

中东欧南邻地中海，北接俄罗斯，西靠欧盟，是陆上"丝绸之路经济带"的关键节点，是中国加强和扩大与欧盟的关系中不可或缺的重要渠道。在这种情况下，"双轮驱动"为"一带一路"倡议在中东欧国家的落地实施提供了有力的抓手，也为中国更加深入地参与到世界经济中提供了切入点。一是企业"活"。企业是社会经济活动的基础单元，解决民营企业参与到"一带一路"中的现实顾虑，使其风险可控，"走出去"意愿增强，就能使企业在更广阔的平台上发挥自身的活力。二是产业"实"。地方政府、国企央企与民营企业三者互为支撑，为"一带一路"产业落地提供具体可行的实际方案，产业对接和产能合作才算落到实处。三是"带路""通"。"16+1合作"是中欧合作中新的尝试与探索，新的合作机制将为这种探索提供务实合作的可见成果，使"16+1合作"称为中国与"一带一路"沿线国家的普遍合作模式。

（三）多方共赢：发挥各自优势，解决发展难题

在基础设施与产业园区双轮驱动的机制下，国有基建承包商、民营企业、地方政府、东道国都可在解决自身困境的同时发挥各自优势，共建"一带一路"。国有基建承包商既解决了自身发展不平衡的问题，又在民企进驻的情况下避免了自己不善运营商业园区的短板；民营企业既能充分利用园区平台提供的便利和政策优惠，又解决了自身过于分散、力量渺小甚至不合法的问题；地方政府通过促成这一机制，推动了当地产业转型和本土企业"走出去"，有望逆转自身不甚景气的贸易形势；中东欧各国作为东道国，资源丰富，劳动力质量高，但自身工业实力并不能满足其制造业发展需求，在"双轮驱动"的机制下将受益于中国提供的国际产能合作，促进实体经济的发展。

四 中国"一带一路"倡议与中东欧国家落地对接机制的建议

(一) 基产并重, 产城结合, 建设立体化工业园区

"双轮驱动"的机制实质上是"基产并重",即鼓励国有"一带一路"先锋基建工程企业在完成基础设施建设任务的同时,沿线建立相关产业园区,引入民营企业发展实体经济,以获得长效收益。在此同时,应注重园区内相关生活配套设施的建设。园区内不仅承接相关工业制造业落地,还应布局商贸城、生活区等发展,满足园区内员工及其家属的日常生活需求,最终实现"园"与"城"的有机结合,带动国内制造业、服务业的升级发展,使其成为中国扩大海外影响力的重要根据地。这样一来,不仅中国企业在中东欧国家投资设厂,促进了两国经贸合作,还可在东道国展现中国的"软实力",如餐饮文化、节日文化、传统习俗等,有助于中欧双方加深了解,消除文化隔阂,提高中国"一带一路"倡议在文化差异较大的国家和地区的认可度。

(二) 设立产业引导基金, 对接资本市场

扶助中小型企业"走出去"需要一定的资金支持,设立产业引导基金是一种较为可行的方式。由地方政府、有对接需求的大型国有企业以及政策性银行三方出资成立产业引导基金,辅以商业银行贷款,针对中国优势产能产业,定向支持海外在中国投资的基础建设项目基础上建立的工业园区发展,帮助中国企业走出去。在引导基金的设置上,建议其与资本市场对接,建立完善的基金退出机制,盘活资金运用,保障国有资产投融资安全,做到多方共赢。在引导基金的运营上,可参考国内地方政府各类产业引导基金的运营模式,找准优势产业进行投资。

(三) 鼓励地方政府参与, 试点"园中园"等创新模式

激发地方政府参与积极性,可尝试在产业园中设立地方自己的"园中园""地方园"等二级园区,或以产业划分,或以地域划分,明确责任

归属，便于进行定点对接和扶持。这一做法可提升中国企业在海外的认同感和归属感，强化"抱团取暖"的意识，同时也使地方政府分担了基建企业的压力和风险，由点到面，形成示范效应。

英国脱欧对中国与保加利亚、罗马尼亚合作带来的利与弊[*]

一、引言

从英国宣布将退出欧盟时,便引起广泛关注;到公投时,更是人心惶惶,却也对公投结果不无震惊,也是意料之外、情理之中之事。但要是现在还去纠结脱欧的一系列原因,似乎有点"落后"。相比之下,笔者更倾向于或者说是更应该关注英国未来走势和态势,及其所带来的一系列后续的影响,并且伴随全球化不断深化,脱欧还将波及更为广阔的范围,许多国家都难以置身事外,其影响必不止于"当事人"——英国和欧盟——本身。

若论及影响波及范围,自然是处于风口浪尖的"当事者"感受最为深刻,两者皆需重新规划未来的发展方向和寻找新的合作伙伴,以求维持原本的发展优势,却也对两者提出更大的挑战;由于全球化的不断发展,以及全球金融市场的联动性,这种变动对世界各国而言既是新的发展时期,也是新的挑战,而中国在自身实力不断增强的过程中变得尤为显眼,以及中国的共商共建、共享共赢的合作理念对世界各国而言具有吸引力,特别是对处于将要"分手"状态的英国和欧盟而言。

保加利亚和罗马尼亚作为欧盟成员国,而英国和欧盟均是中国的合作伙伴,同时也在"16+1合作"在欧洲市场的顺利推进时起到重要的支点作用,此次英国退出欧盟在一定程度上和中国的利益紧密相连,所以,尽快地深入研究英国脱欧带来的冲击,以及对中国与保加利亚和罗马尼亚两国间

---

[*] 因篇幅需要,本篇做了一定删节——编者。

任再萍,上海对外经贸大学金融学院副教授;王娇,上海对外经贸大学金融学院研究生。

合作产生的影响刻不容缓。

二 国内外研究现状

目前学术界关于英国脱欧在世界范围内的影响还没有形成比较严谨的研究成果,刚开始主要集中在政治学领域,继而又将重点转移到研究导致英国脱欧变成现实的原因,以及英国脱欧可能带来的影响上。

关于是什么因素导致了英国脱欧的发生,Menon 和 Salter(2016)发现导致脱欧的极为重要的原因是英国内部各种势力间不均衡发展和日积月累的矛盾,并且英国与欧洲大陆的国家间分歧也是英国脱欧不可忽视的导因,使得英国对于欧盟认同感和责任感缺失。Jensen 等(2016)研究发现运用"自由政府间主义"理论来分析政府决策问题时,没有正确的评估政治和经济方面的影响力,而政党对于决策的影响力要大于支持留欧的利益集团,导致了公投脱欧的结果。Seaton(2016)则从媒体社会影响力的角度来分析公投结果的原因,认为媒体的不平衡分布对公投结果影响很大。冯仲平(2016)则认为是民粹主义、极端主义不断增强对公投的结果产生了巨大的影响。林德山(2016)主要研究了英国脱欧公投的政治影响,认为脱欧公投的过程和结果彰显并加剧了英国社会分化。蒙克(2016)从脱欧在国内层面的政治经济逻辑出发,利用2013年国际社会调查数据进行定量分析发现,英国公民是否支持脱欧的主要因素取决于个体具有的技能专有性,因为在就业保障水平最低的英国,专有型劳工再就业的可能性会大大下降,而倾向于支持退出欧盟。

当英国"退出"欧盟已无可以扭转的可能时,笔者选择把精力放在其可能带来的影响上,现有研究刚开始主要集中在对国际关系的影响上,随后便转向研究给英国自身带来冲击,以及对欧盟和中国、大国间关系等的影响。

Oliver 等(2016)研究了英国脱欧对美国的跨大西洋关系可能产生的影响,以及美、英、欧盟和欧洲大陆的未来发展,认为英国退出欧盟使得美国压力增加,但美国并不会解除跨大西洋关系,但可能会使其方向发生变化。鲍红铮(2016)研究了英国脱欧在短期、中期和长期内对中东欧国家在经济方面的影响,认为短期和中期内对股市、贸易、投资、移民等问题上没有较大的影响,长期内在中东欧国家对欧元的使用问题上,对"16+1合作"方面没有太大的影响。金玲(2016)认为英国脱欧存在多重影响,且为长期影响,主要表现在英国内政变更,全球金融市场剧烈波动,欧洲未来方向性选择问题,以及对全球格局的冲击。方力(2016)则将英国脱离欧盟所带的影响分为短期、中期和长期,认为短期内会使得金融市场极度震荡,中期内使得中英间贸易差额进一步恶化,长期内英国原有的优势地位受到挑战,而对中国的冲击不大。王硕(2016)认为英国脱欧的影响表现为短期内引发世界金融市场剧烈动荡以及恐慌,而英国和欧盟本身也并没有讨到什么好处,并且对欧盟的打击是长期的。刘骏和冯倩(2017)则主要讨论了英国脱欧给中、英、欧盟三者贸易往来带来的影响,以及给中国的应对之策;认为在经济和外贸上面会给中国带来负面影响。同样认为英国脱欧会给中国带来负面影响的还有韩复龄(2016),其认为退欧会使得现有的通过英国建立的和欧盟的关系断裂,而且作为中国最大贸易伙伴的欧盟受英国脱欧的创伤也会对中欧贸易产生不利影响。

还有相关评论表现了对欧盟未来情景的预测,如 John R. Gillingham 和 Marian L. Tupy(2016)认为公投的结果揭示了公众对欧盟的质疑,代表着反对欧盟的技术统治,而英国脱欧可能会推动欧洲改革,甚至是拯救欧盟,然而前提是英国能够重新担下规划欧洲自由贸易的责任;主张欧洲未来将废弃共同政治目标,终将踏入自由贸易的时代。

总体而言,学术界对此次"黑天鹅"事件——英国脱欧给予了较大的关注,但研究成果大多基于定性分析,而且对给中国带来的影响不够全面和严谨,关于单个国家的分析这个角度的文章比较少,而且对于中国与保加利亚和罗马尼亚国家间的合作研究就更少了,故本篇主要分析英国脱欧进程将会对中国与保加利亚和罗马尼亚两国家间的合作带来何等冲击以及面对的机遇与挑战。

三 英国脱欧对罗马尼亚、保加利亚各行业的冲击

(一)英国脱欧对罗马尼亚的影响

英国脱欧冲击波重创中东欧,特别是贸易方面,英国对新兴市场的

出口或进口并不敏感,受冲击最大的是中东欧,其与英国的出口占5.4%。其中,罗马尼亚对高收入经济体的进口和出口额占罗马尼亚商品进口和出口的百分比分别高达83%和78%左右;英国脱欧使罗马尼亚公民倍感失望,毕竟英国脱欧使欧盟的未来发展蒙上一层阴影。罗马尼亚总体来说,处于中高等收入国家之列,国内政治局面相对较为稳定,投资环境不断优化,其是中国与中东欧合作机制中重要的国家,并一贯坚持投身于改善投资环境,努力招引外来投资者,对外资依赖程度颇强。

罗马尼亚和英国同属于欧盟,罗马尼亚通过欧盟这一桥梁,无须付出额外的条件便可与英国建立经济合作关系,一旦英国正式脱欧,现有的合作机制将被打破,其通过欧盟建立与英国的贸易和经济科技合作将减少,双方需重新界定彼此的合作机制。而此次英国脱欧对其造成的影响主要是贸易、旅游、投资和金融经济方面最大。

1. 金融与科技发展

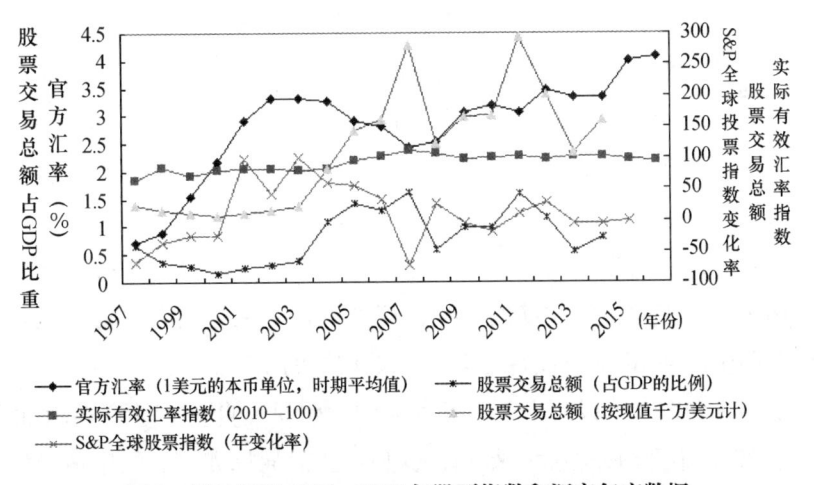

图1 罗马尼亚1997—2015年股票指数和汇率年度数据

资料来源:世界银行数据库。

由图1可以看出,按2004—2015年的年平均计算,罗股票交易总额占GDP的比重约1.1%。自英国宣布脱欧开始,其所带来的金融不确定性通过金融市场的相互联系逐渐扩散到世界范围内,罗马尼亚自然也受到一定程度的影响,不仅包括宏观经济政策的不确定性,还将造成金融市场的不稳定。综观罗马尼亚所面临的国内和国外因素可能的影响,列伊兑欧元汇率或将逐步贬值,罗国家银行想要维持4.38—4.54的目标汇率区间,将要付出一定代价,截至2017年3月,列伊兑欧元汇率跌至近五年新低水平,达到4.5538;在未来的时间里恐将继续走低。

由此引发的汇率波动给罗马尼亚和欧盟都将带来巨大的影响。近年来,由于罗马尼亚国内欧元贷款数目较大,列伊面临的贬值压力将增加其还款难度,并进一步影响罗银行的财务状况指标,对英国内部的金融机构系统造成不小影响。因此,调整罗国内银行对欧元贷款和本币贷款比重,在列伊贬值之际,对于罗银行体系来说可以部分拯救冲击,同时,使汇率在目标区间内波动对罗银行来说是减少冲击的有效做法。

而对于涉外贸易的公司而言,由汇率变化又将进一步引发微观层面上的收支损益变动,这对于公司的生存和发展也造成了一定的冲击。于2000年创办的罗特尔戈维什蒂市的家具生产商Quadra Invest的归属权属于一个荷兰投资者,生产的商品中有95%是面对国际市场的,在2016年的对外经贸往来中进账420万欧元,比上一年下滑了9%,也许是英国脱欧中最先受到冲击的企业。[①] 究其缘由,此间种种,在英国脱欧背景下,英镑贬值,相比之下从罗的进口变得昂贵,从利益空间考虑英国可能不再购买罗的产品。这对于罗来说,是一冲击。

无独有偶,因为上调最低工资导致的生产成本过高、基础设施落后和英国脱欧带来的汇率波动的影响,英国投资者决定关闭罗马尼亚最大的纺织品生产商Alison Hayes在罗乌尔兹切尼的工厂。[②]

从图2和图3可以看出,罗马尼亚的发明研究自1997年开始不断增长,至2008年受到金融危机影响,罗马尼亚的商标和专利的申请量均呈现下降趋势,对比本地居民和非本地居民的申请提交量,2008年的金融危机使得非本地居民申请量的下降量大于本地居民;此次英国脱欧的不

[①] 《罗马尼亚企业开始受到英国脱欧冲击》,中国与中东欧国家经贸合作网,http://www.china-ceec.com/lmny/2017/0305/14876.html。

[②] 《英国在罗最大的纺织企业因成本过高宣布部分退出》,中国与中东欧国家经贸合作网,http://www.china-ceec.com/lmny/2017/0311/14965.html。

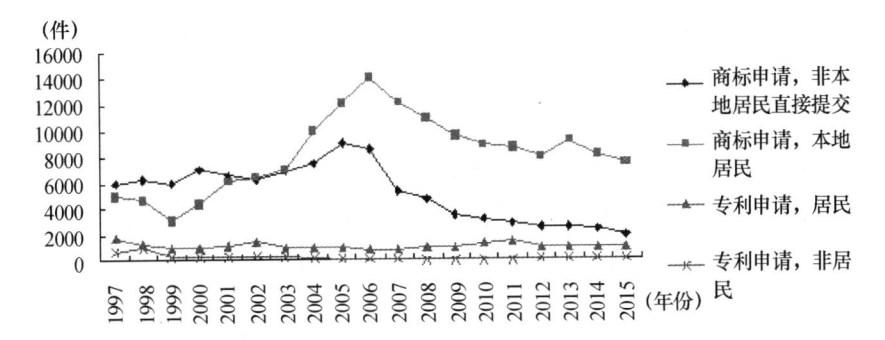

图2 罗马尼亚1997—2015年科技相关情况

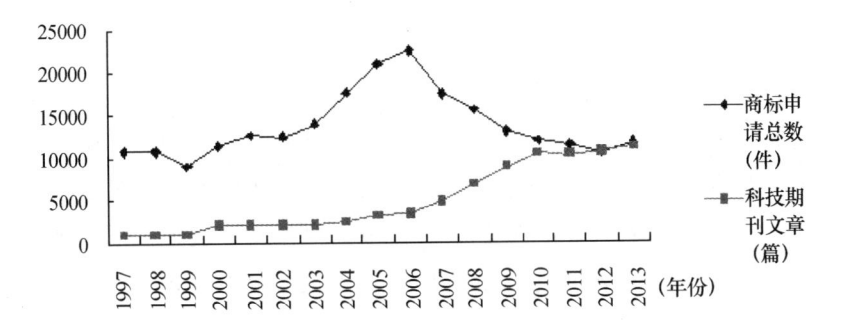

图3 罗马尼亚1997—2013年科技申请情况

资料来源：世界银行数据库。

确定性也会对罗马尼亚金融与科技带来持续的冲击。

2. FDI

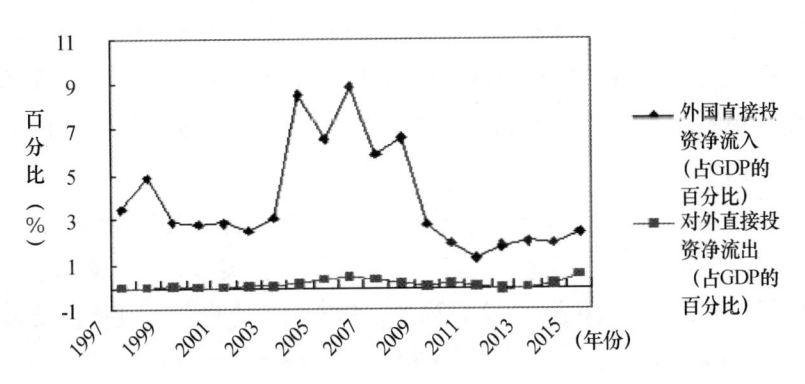

图4 罗马尼亚1997—2015年直接投资净值

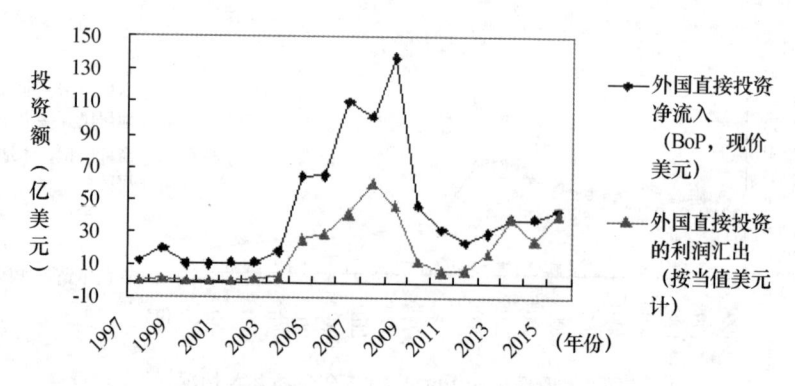

图 5 罗马尼亚 1997—2015 年外国直接投资额

资料来源：世界银行数据库。

从图 4 和图 5 笔者可以看出，从 1997 年开始，罗马尼亚的外国直接投资净流入逐年上升，其占 GDP 的百分比也是逐年上升的，至 2008 年的金融危机，外国资本投入锐减，到 2012 年缓慢恢复，外国直接资本投入净流出整体趋势略微呈现上升趋势，流入流出间差距缩小，但是外来资本投入净流入在 GDP 中占的比重仍然大于外国资本投入净流出所占比重。

罗马尼亚对跨国公司的依赖程度居欧盟各国首位，从数据来看，外资公司的产品输出占罗马尼亚产品输出总值的 70%，其产品输入占罗产品输入总值的 60%；从微观层面来说，外资工资创造了约 33% 的工作岗位，解决了约 120 万人的就业；在汽车及零部件、信息技术和通信范围内，外资公司贡献了大于 60% 的增加值。[①] 但在吸引外来投资方面，罗马尼亚还有上升空间。再加上英国脱欧对欧盟的冲击，可能会使得来自欧盟的外资减少，从而使得罗马尼亚国内的经济增长缓慢，更加地依赖外资来刺激经济增长，而不得不转向具有合作空间的其他国家。

2017 年第一季度，罗马尼亚国内经济净投资总值达到 128.4 亿列伊，相比上一年的第一季度下滑了 3.1%；从不同投资类型看，43% 的下降来源于新开工建筑工程投资 55.2 亿列伊，48% 的下降来自于设备投资 61.6

---

① 《外资公司贡献罗马尼亚 7 成出口量》，中国与中东欧国家经贸合作网，http://www.china-ceec.com/lmny/2017/0604/15646.html。

亿列伊，还有9%的下降是由其他投资方面造成的。从不同的投资领域分析，35.3%的下降来自于工业，30.4%的下降来源于贸易和服务业，25.9%源自建筑业，4.4%由于农业，其他领域带来了4%的下降。①

上述数据表明：短期内，英国脱欧带来的地缘政治风险给了投资者当头一棒。由于罗马尼亚具有良好的地理位置，又是欧盟成员国，原本通过与英国的合作便可进入欧盟的广阔市场，自英国脱离欧盟后这一优势模式可能会转向通过与罗马尼亚的合作进入欧盟的广阔市场实现经济增长也未可知。

3. 旅游、人文交流和科技人才的去留问题

科特罗切尼博物馆，又称总统府博物馆，建筑融合了欧洲各种建筑和装饰风格，其中德国新文艺复兴时期风格的家具、洛克克式的大厅、法国拿破仑三世风格的卧室等都极具观赏性。玫瑰花王国——克卢日纳波卡，这里培植有300多个品种的玫瑰花，有香味最浓的玫瑰、有世界上著名的白玫瑰等，因之被称为"玫瑰花王国"。布朗城堡便是有着吸血鬼传说的德古拉城堡，从装饰上看，反倒更像是富丽的皇宫，逐渐被改造成了一个集历史和艺术为一体的博物馆。多瑙河三角洲是欧洲最大并且是唯一一个可以看到全球不同种类的候鸟聚居地。②

罗马尼亚这些景点让各国游客流连忘返。

随着英国脱离欧盟双方需重新商议之前签订的协议，在此期间，在英国的其他欧盟成员国的公民的生活处境和公民权益将发生巨大的不确定性，包括在英的罗马尼亚人是否有权继续留在英国；而且就欧盟与英国间旅游的条件是否更改，也是游客关心的问题，在特定的情况下会直接影响罗马尼亚人赴英旅游或者英国人到罗马尼亚或者欧盟其他成员国旅游的数量和旅游收入及支出，自然也是双方人才交流和移民的重要考究之处（见图6、图7）。

从图8可以看到罗马尼亚1997—2015年出入境人数不断增加，从近五年的均值水平来看，国际旅游入境人数为8432250人，国际旅游离境人

---

① 《2017年一季度罗马尼亚经济领域投资出现下降》，中国与中东欧国家经贸合作网，http://www.china-ceec.com/lmny/2017/0618/15760.html。

② 《罗马尼亚风景名胜》，欧洲旅游网，http://eur.bytravel.cn/v/173/5/。

160　/　中国—中东欧国家合作进展与成就

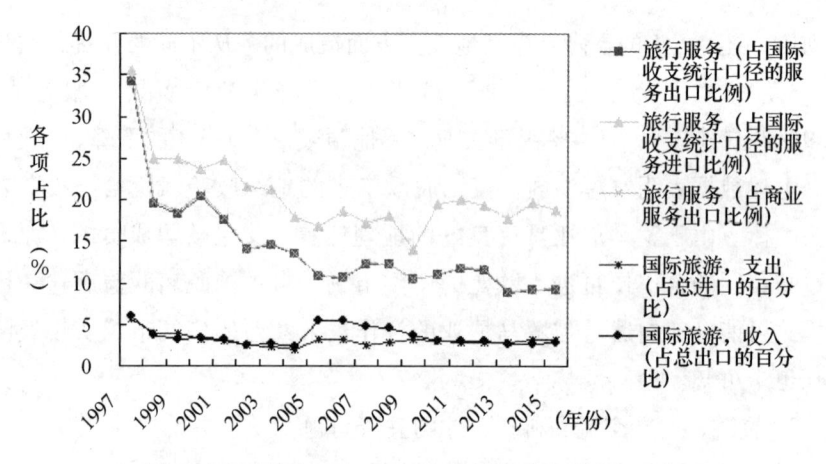

图6　罗马尼亚1997—2015年旅游收支占进出口比例

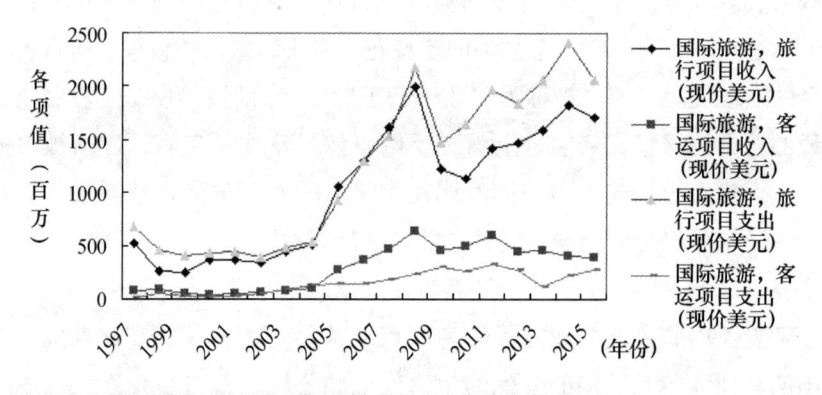

图7　罗马尼亚1997—2015年国际旅游收入与支出

资料来源：世界银行数据库。

数为11982500人。

欧盟英国"脱欧"首席谈判代表米歇尔·路巴尼耶访罗时表示：从罗马尼亚的角度来看，英国确保居住在英国的罗公民的权益是脱欧谈判中需优先考虑的问题，保证其能够继续享受其在"脱欧"前已经拥有的各项权益；罗总统约翰尼斯也表示必须尽快就生活在英国的欧盟公民的权益等问题开始同英国方面进行谈判，强调了欧盟成员国在同英国进行脱欧谈判中保持一致极为重要，并表示此后罗会支持欧盟和英国在彼此

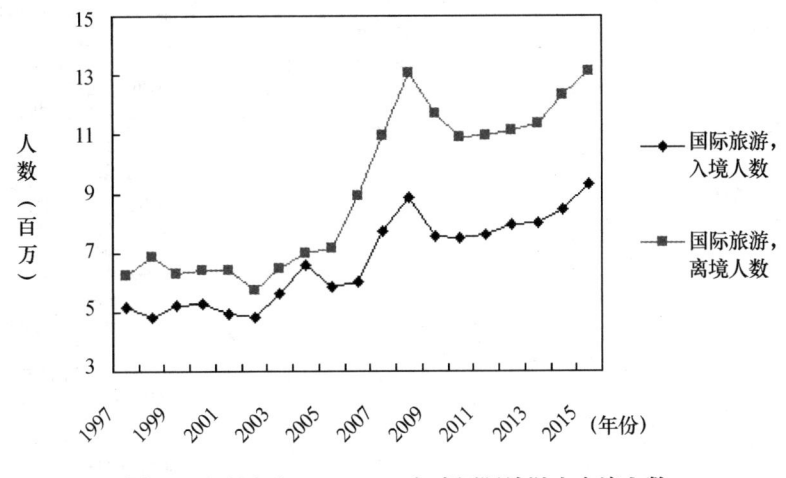

图8　罗马尼亚1997—2015年度国际旅游出入境人数

资料来源：世界银行数据库。

都感兴趣的领域仍保持密切合作。①

英国脱欧公投结果一经公布便受到罗马尼亚的关注，特别关心在英的罗马尼亚人将去向何方，在英国和欧盟谈判完成之前，旅游和人文交流面对的不确定性将增加，特别是在英国生活和工作的17万罗马尼亚人的命运，是否有权利继续留在英国，抑或是否能够继续享有此前的社会福利，都关乎在英罗马尼亚人的切身利益。

不过，英国脱欧对于罗马尼亚来说有个好处是，在英的罗马尼亚工作人员和研究人员等人才便不能无条件地留在英国，或者留在英国失去了往日的优势，使得在英的罗马尼亚人员返回罗马尼亚，而使罗马尼亚本国人才回流。

4. 贸易

从1997—2013年与不同区域间的贸易平均水平来统计和考察罗马尼亚对外贸易情况。从图9笔者可以看出，向高收入地区的商品出口占商品出口总额的百分比平均为79%，向地区内的发展中地区的商品出口平均占12.61%，向欧洲和亚洲中部区域的商品出口平均占12.61%，向亚

---

① 《罗马尼亚总统说维护本国旅英公民权益是"脱欧"谈判焦点》，资讯通，http://www.nxfhy.cn/a/caijingzixun/2017/0516/32709.html。

162　/　中国—中东欧国家合作进展与成就

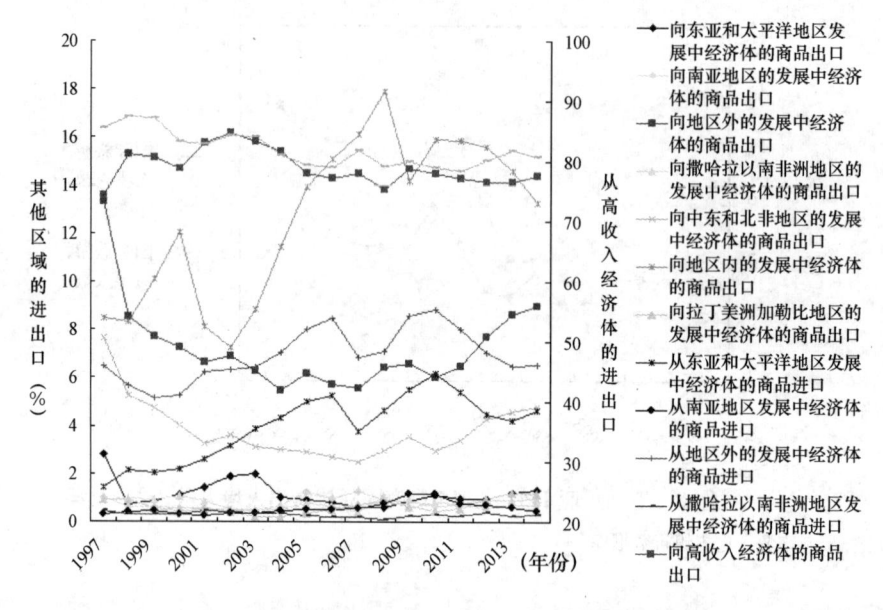

图9　罗马尼亚1997—2013年度对不同区域间的贸易
（在商品出口总额中的占比）

资料来源：世界银行数据库。

洲东部和太平洋地域内国家的出口平均占1.19%。

从高收入地区的产品进口占产品进口总值的百分比为82%，从东亚和太平洋地区的进口平均占3.94%。

罗马尼亚作为一个发达国家，同时也是一个资本主义国家，同184个国家有着外交关系。在外交关系中，将对欧美关系放在优先发展位置，其次注重同周边国家间关系和保持同大国间的外交关系，重视同中国的友好关系，视中方为先行发展方向。受到罗马尼亚对外交往原则支配，与高收入经济体贸易频繁，而与发展中经济体间贸易偏弱，不同区域间差距也是在情理之中的，英国脱欧的冲击显然会使得罗马尼亚现有的贸易备受打击，却也为其他区域和经济体创造了合作的空间，特别是有机会为"16+1合作"和"一带一路"倡议增添一份活力。

2017年第一季度，罗马尼亚有62200个空岗位，与上个季度对比增加了1500个，比2016年第一季度多了3900个；从不同领域来看，3.95%空职位来自于公共管理，3.02%源自于卫生和社会救助，2.62%来

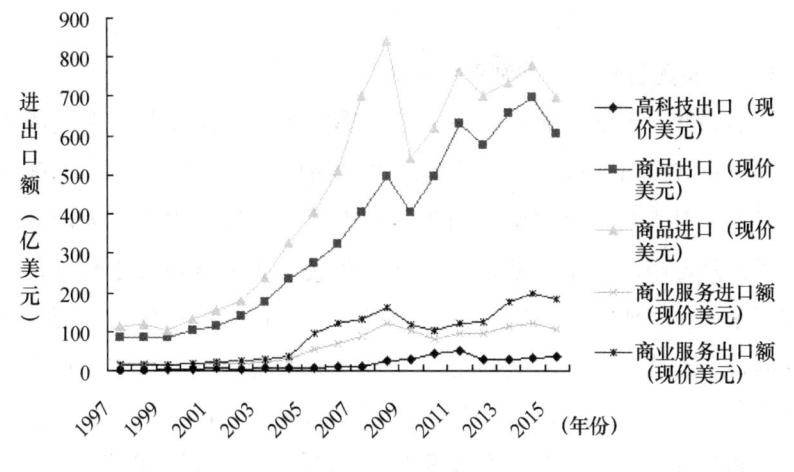

图10 罗马尼亚1997—2015年度个类别进出口额

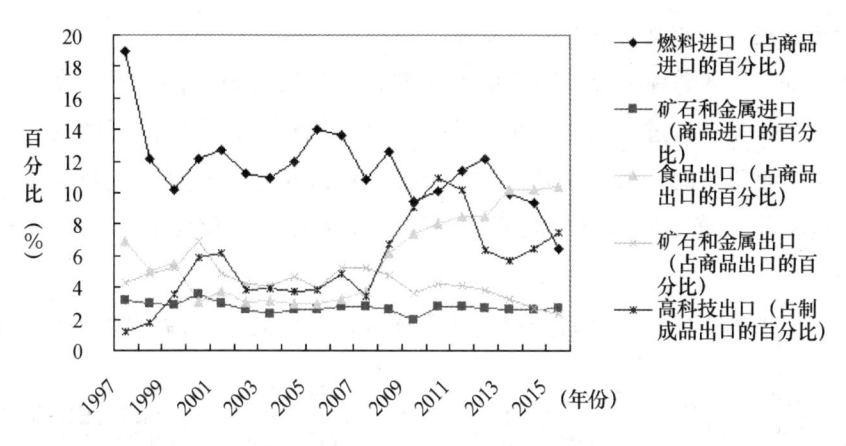

图11 罗马尼亚1997—2015年度各商品类别进出口份额

资料来源：世界银行数据库。

自于文体活动，此三个岗位的闲置数量达到9.59%，所占比重最大；从数量上来分析，制造业的空岗位量最大，达到15800个。虽然造成闲置岗位的原因包含很多方面，无疑英国脱欧也是其中不容轻视的影响。①

---

① 《2017年一季度罗马尼亚闲置工作岗位62200个》，中国与中东欧国家经贸合作网，http://www.china-ceec.com/lmny/2017/0523/15563.html。

（二）英国脱欧对保加利亚的影响

英国脱欧对保加利亚影响最大的当属进出口，保加利亚对高收入经济体的进口和出口额占保加利亚商品进口和出口的百分比均高达60%左右。另外，对于英国脱欧保加利亚公民表现出一定的失望，大部分中东欧国家仍然希望能够留在欧盟，毕竟留在欧盟的利益是大于弊端的。就东欧国家而言，成为欧盟的一分子不单是能够自由跨境旅行，使用来自欧盟的资金支持，更深层次的是感觉对欧洲回归的身份认同，现在却遭受退欧带来的巨大冲击，欧洲联盟将何去何从，这直接关系着东欧国家的希望和切身利益，并不能排除其他国家效仿英国。随着经济退步不前、南北分歧的声音越来越大及难民危机亟须解决等问题的暴露，欧盟难免会遭受更多的质疑。

保加利亚总体来说，国内政局平缓，经济发展稳定，处于中高等收入水平国家。在过去的岁月里，快速发展本国经济，不断改善国内投资环境，是重要的新兴市场之一。发展外向型经济模式，且规模较小，又高度依靠外资，虽然也是欧盟成员国，经济发展难免受制于高收入经济体。

保加利亚主要出口型企业，在全球价值链中处于低端，利润空间较

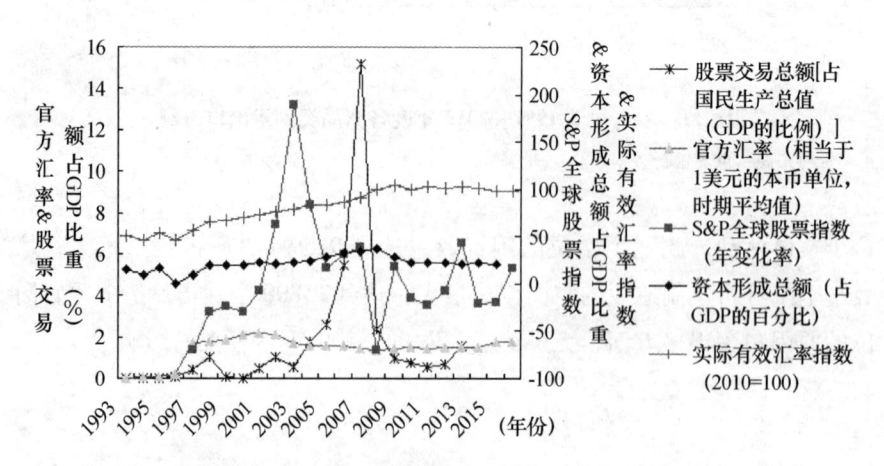

图12 保加利亚1993—2015年金融市场变化

资料来源：世界银行数据库。

低,保政府一直致力于改善投资环境,增加对外来投资者的吸引力,但是一旦英国正式脱欧,现有的合作机制将被打破,保加利亚通过欧盟建立与英国的贸易和经济科技合作将减少,后续的合作机制可能需要满足重新商议。而此次英国脱欧对其造成的影响主要是贸易、旅游、投资和金融经济方面。

1. 金融与科技发展

从图 12 可以看出保加利亚股票交易总额占 GDP 的比重按 2009—2015 年的年平均计算约 0.9%,其中包含了 2008 年的经济危机以来的数据。

自保加利亚实行货币局制度以来,保加利亚本币与欧元挂钩,使得金融业运转正常,成为该国少有的最稳定部门之一。自英国宣布脱欧开始,其所带来的金融不确定性通过金融市场的相互联系逐渐扩散到世界范围内,保加利亚也是其中之一,不仅包括宏观经济政策的不确定性,还将造成金融市场的不稳定。由此引发的汇率波动给保和欧盟都将带来很大的冲击。拿涉外贸易的公司来说,由汇率变化又将进一步引发微观层面上的收支损益变动,这对于个体的生存和发展也造成了一定的冲击。在公司经营层面遭遇困境,由于英镑和欧元的汇率变动,使得企业经营成本和采购成本变动,对企业对外贸易合作起着关键作用。在英国脱欧背景下,保加利亚银行体系会有一场业务调整,增强对风险的管理对于整个银行体系来说是必然选择。

从图 13 可以看出,保加利亚的专利和商标申请量自 1990 年后不断增加,至 2008 年受到美国次贷危机影响,商标和专利申请量均呈现减弱趋势;对比本地居民和非本地居民的申请量,2008 年之前不管是商标申请量还是专利申请量,非本地居民申请量均大于本地居民,2008 年以后不管是商标还是专利,非本地民户申请值均小于本地居民;此次英国脱欧带来的不确定性虽没有 2008 年金融危机带来的冲击强烈,但也给保加利亚金融与科技带来持续的冲击。

从图 14 和图 15 可以看出:保加利亚研发所使用的费用在 GDP 中的占比整体呈现上升趋势,2014 年为 0.795%;R&D 研发人数整体上呈上升趋势,到 2014 年 R&D 人数为 1692 人(每百万人),2015 年人数达到 1833 人;在期刊上发表的关于科技的文章数连年上升,2014 年科技相关文章达到 2678.3 篇。

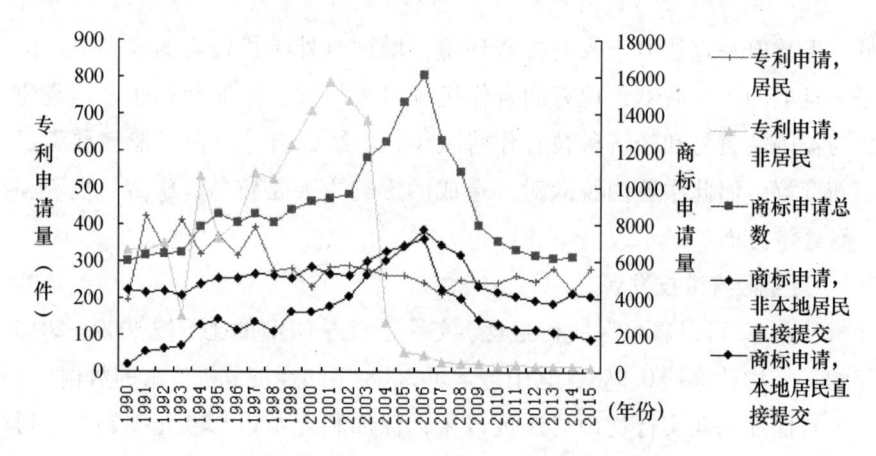

图13 保加利亚1990—2015年专利和商标申请情况

资料来源：世界银行数据库。

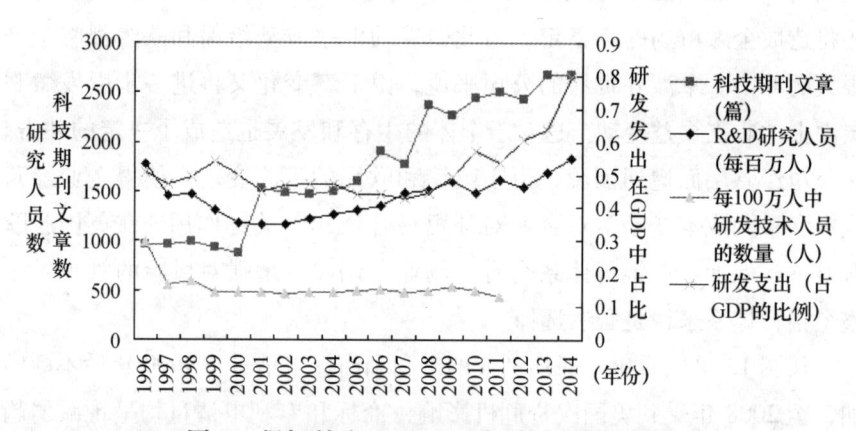

图14 保加利亚1996—2014年科研投入与成果

知识产权使用费在接收方面和支付方面均呈上升趋势，在支付方面的费用远大于接收方面的费用；2015年用于支付的知识产权费为18511万美元，用于接收的知识产权费为4989万美元。

面对英国脱欧的影响，保加利亚减少了通过欧盟与英国的科技创新合作机会。英国脱欧后，保加利亚便不能无条件通过欧盟进入英国，科技人才和企业进入英国市场的成本提高，如果要想招揽人才除非开出更为诱惑的条件。

如果英国脱欧后，在具体的脱欧协商过程中，英国决定重新建立新

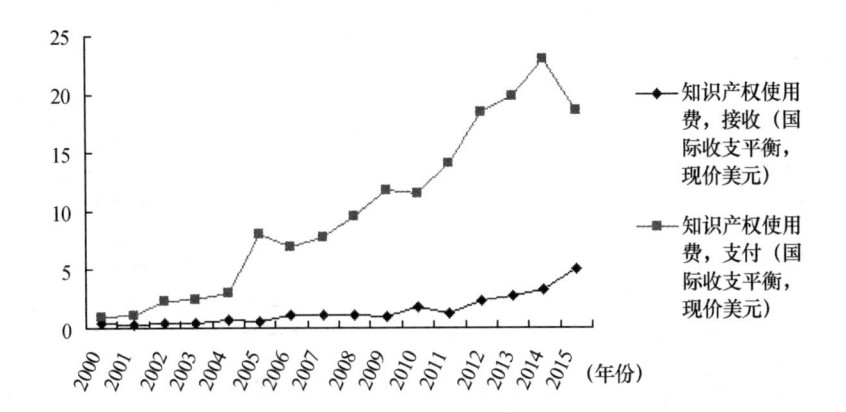

图15　保加利亚2000—2015年知识产权使用费（单位：千万美元）

资料来源：世界银行数据库。

的标准体系，则要想在整个欧洲大陆开拓市场，保加利亚科技公司要同时满足英国和欧盟的要求标准，并且商标和专利的知识产权保护方面也面临同样的问题，要么选择欧盟范围内的保护，而被英国排除在外，反之选择英国范围内的保护而被欧盟排除在外。

2. FDI

保加利亚之所以受到国外投资者的喜爱，是因为其国内的平稳的政治局面和经济投资环境，因为在保公司可以享有较低的运营和经营成本以及优惠政策，特别是保背靠整个欧盟大市场，是进入欧洲市场的便捷桥梁，可以向着更为广阔的市场进军，而这一优越的地理战略位置吸引着越来越多的投资者。而且保政府不断寻求更为优化的投资环境，出台更具有吸引力的财政政策，在税收方面，采取优渥的激励措施，企图创造欧洲最低的赋税要求，来增强保加利亚对外资的吸引力。

从图16和图17可以得到如下信息：

保加利亚的外来资本净流入逐年上升，外来资本净流入占GDP的百分比也是逐年上升的，至2008年的金融危机使得外来投资锐减，别国直接投资净流出整体趋势略微呈现上升趋势，资金流入和流出间差距缩小，但是外来资本净流入在GDP中的比重仍然大于外国投资净流出所占比重。

从历史信息来看，保加利亚较为依赖外资。英国脱欧后，受到地缘政治影响，在新的协议未协商确定之前，由于汇率的变动使得英国以及欧盟

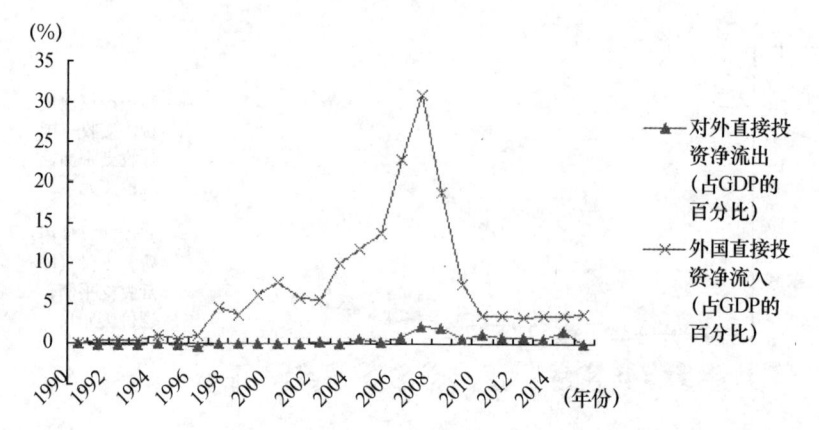

图16 保加利亚1990—2014年外来资本投入占GDP百分比

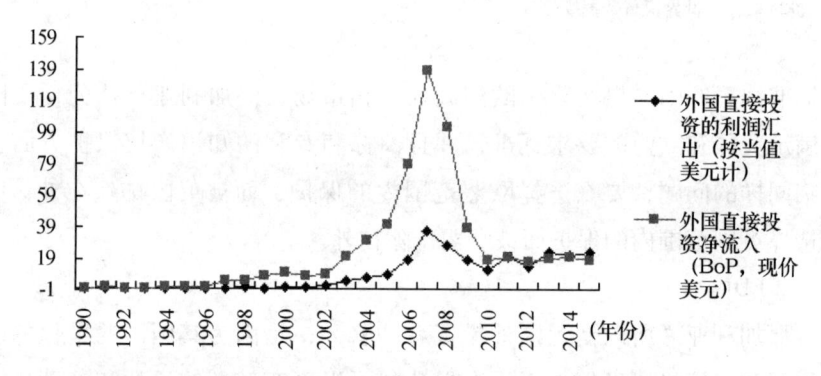

图17 保加利亚1990—2014年外国直接投资额（单位：亿美元）

资料来源：世界银行数据库。

诸国投资保的成本变动，入不敷出的公司首先瓦解，撤出在保的投资随之而来，从而使得保加利亚的失业人数增加，甚至导致经济增速放缓。

3. 旅游业

保加利亚有"上帝的后花园"的美誉，国内地貌多姿，天气适宜居住，旅游方面存在广阔前景，价格较低。保加利亚主要旅游项目有：海岸线旁的海滩和海滨游、历史文明古迹、滑雪等；夏季和冬季的独特景致成为旅游业越来越不可或缺的一部分。[1]

---

[1] 中国驻保加利亚使馆经商参处：《保加利亚致力于加大基础设施建设》，《中国经贸》2013年第8期，第4页。

2016年保加利亚当局提出将保建设成一年四季都是人民向往的旅游地点，并且不断上调对古遗迹、自然风光、温泉服务及旅游设施的投入，增加旅游景点的吸引力。旅游分析与评估机构负责人鲁曼表示，到2016年年底，来保旅游的国际游客将预计达到1300万人次，国内外游客人数将达到1700万人次，将以两位数的增速增长，未来旅游业将成为驱动保经济增长不可或缺的重要因素。①

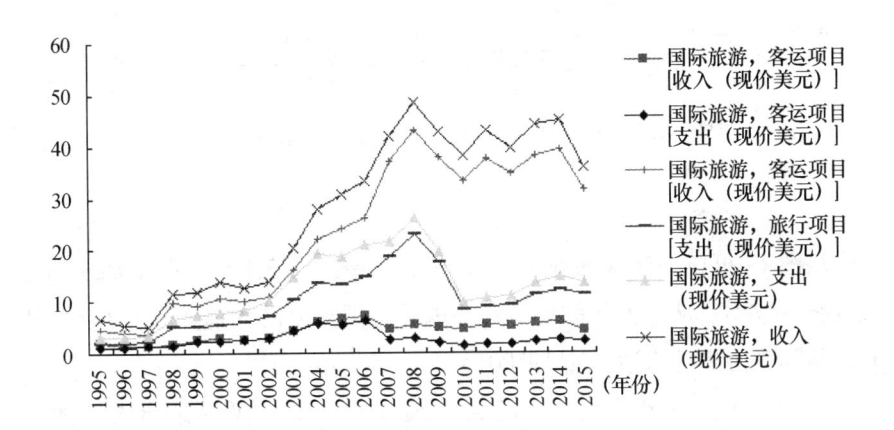

图18 保加利亚1995—2015年国际旅游收支（单位：亿美元）

资料来源：世界银行数据库。

由图18可以看出：不管是国际旅游收支抑或是相关国际旅游的客运收支和旅行项目收支整体上都呈现上升趋势，而关于国际旅游的客运项目收支受到2008年金融危机的冲击相对最小，且面向全球的旅游收益一直高于支出，旅行项目收益一直处在支出之上。

目前，旅游业对保加利亚的GDP贡献很大，已成为支撑经济增长的不可或缺的因素，对国内经济增长发挥着越来越大的作用，其作用主要表现在：对国内的旅游事业推广发挥了极大的推动作用，使各区域的经济和社会持续向前发展，完善和推广了旅游产业链，扩大了旅游业界的

---

① 《旅游业成为保加利亚经济增长的驱动力之一》，中国与中东欧国家经贸合作网，http://www.china-ceec.com/bjly/2017/0103/14388.html。

知名度，在各区域内创造了更多的工作职位。[1]

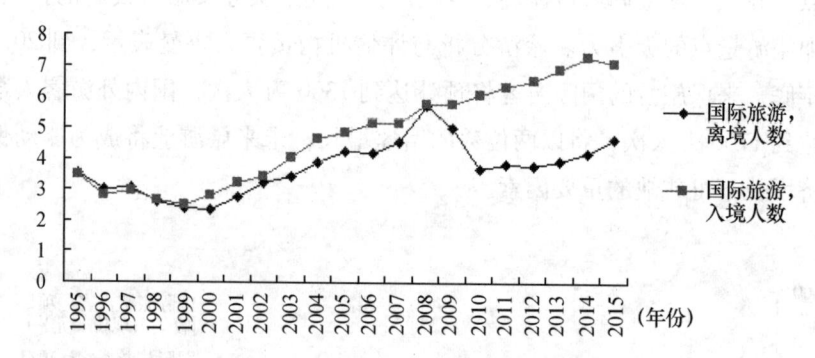

图19 保加利亚1995—2015年国际旅游出入境人数（单位：百万人）

资料来源：世界银行数据库。

从图19可以得到保加利亚1995—2015年出入境人数不断增加，离境人数略有波动。从近五年的均值水平来看，国际旅游入境人数为6962250人，国际旅游离境人数为4119500人。

然而，英国脱欧最受出入境人口关注，主要考虑的是出入境的凭证——签证问题，这也是此次英国脱欧所带来的诸多变化之一。如果英国正式脱欧以后，保加利亚民众前往英国可能需要单独办理签证，在英国未脱欧时，保加利亚也是欧盟成员国自然可以免签证进入英国。英国一旦脱离欧盟统一市场，英国和保加利亚便是分割开来的市场，使得在英的保加利亚公民不一定满足在英国生活和工作新的条件而离开英国，从某种程度上来说，给保加利亚带来部分人才回流，但是有一种可能就是回国的人才并不是高级人才。也给两国间的人文交流增加了阻力。

4. 贸易

保加利亚属于欧盟，背靠8亿多人的自由贸易市场，地处欧洲要塞，近年来其凭借优越的地理位置，不断努力改善国内投资环境，发展外向型经济，同世界上200多个国家和经济体保持着贸易关系，但规模较小，

---

[1] 《旅游业成为保经济发展的重要支柱产业》，中国与中东欧国家经贸合作网，http://www.china-ceec.com/bjly/2017/0404/15184.html。

英国脱欧对中国与保加利亚、罗马尼亚合作带来的利与弊 / 171

又高度依靠外资，经济发展难免受制于高收入经济体。

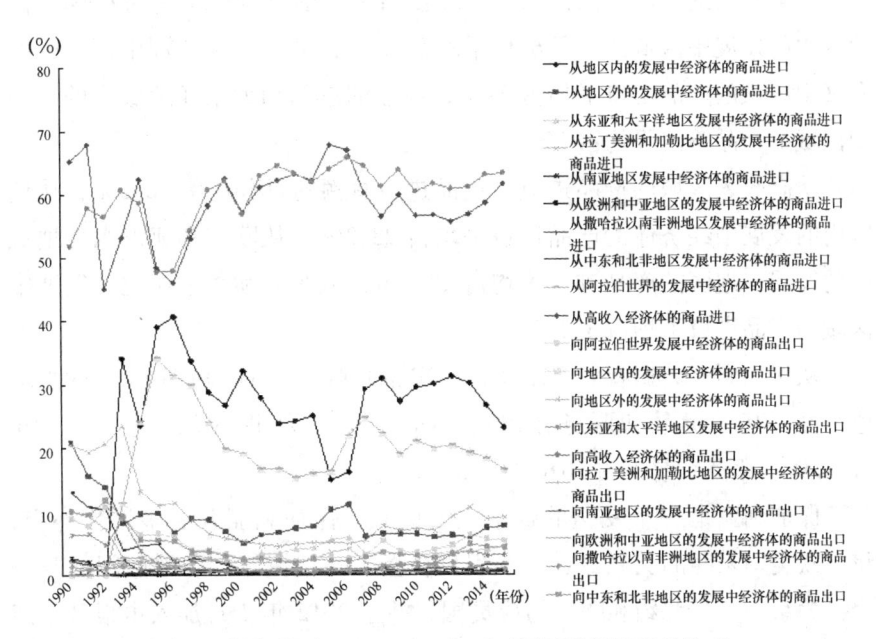

图20 保加利亚1990—2014年对不同区域间的贸易往来
（占商品进/出口百分比）

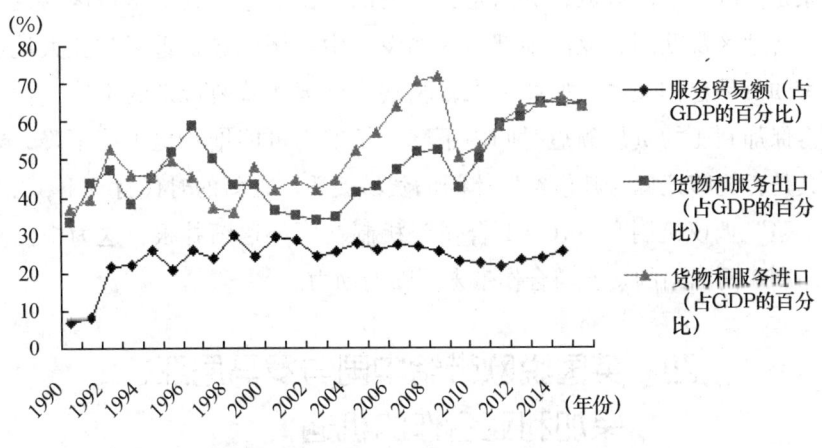

图21 保加利亚1990—2014年贸易对GDP的贡献率

资料来源：世界银行数据库。

从图20和图21笔者可以得到如下信息：1990—2014年以与不同区

域间的贸易平均水平来统计和考察保加利亚对外贸易情况。

向高收入地区的产品出口占产品出口总额的百分比平均为60%，向地区内的发展中区域的产品出口平均占21%，向欧洲和亚洲中部地区的发展中区域的产品出口平均占21%，向亚洲东部和太平洋地域中的发展中区域的产品输出平均占2%。

从高收入区域的产品进口占产品进口总额的百分比为58.5%，从地区内的发展中经济体的产品进口平均占28.2%，从欧洲和亚洲东部地域中的发展中地区的产品进口平均占28.2%，从东亚和太平洋地域发展中区域的产品进口平均占3.24%。

从保加利亚数据看商贸往来对GDP的贡献，按1990—2014年的平均值来算，其中货品和服务输出占GDP的比例为47.5%，进口占GDP 51.82%，服务贸易额占GDP 23.6%。

保加利亚是一个发达的资本主义国家，保加利亚开展多元化外交，将与欧美国家间的关系放在优先发展位置，并把握好与各地区间的友好合作关系，其是北约和欧盟的成员国，并于2012年2月加入申根区。能够较好把握区域合作，创造上述贸易数据也便不足为奇了，然而面对英国脱离欧盟的影响，保加利亚最大的影响便是贸易，其第一大产品贸易对象是高收入经济区域，英国是其主要的输出对象，其次是地区内发展中经济地区及欧洲和亚洲中部地区的发展中经济区域，重视与亚太地区国家的贸易合作关系，如此一来，脱欧对英国和欧盟带来的不确定性会使得保加利亚的贸易额短时间内下降，长期内可能增长也可能下降，要看其是否能够把握与其他经济体间的贸易关系。在新的时代背景下，"一带一路"倡议机制和"16+1合作"机制在国外逐渐扎根，这为中国和保加利亚两国间的交流与合作带来了新的动力。

四 英国脱欧带给中国与罗马尼亚、保加利亚合作的机遇

中国对罗马尼亚和保加利亚而言具有很大的市场吸引力，不管英国是否决定脱离欧盟，罗马尼亚和保加利亚都会明智选择与中国保持持续的合作。并且在2016年也是这么做的：积极吸引来自中国的投资者；罗

马尼亚和保加利亚同属欧盟，背靠 8 亿多人的自由贸易市场，地处欧洲要塞，近年来其凭借优越的地理位置，不断努力改善国内投资环境，成为颇具潜力的欧洲新兴市场。除此之外，保和罗两国国内基础设施陈旧，从两国国内铁路状况来看，多年来铁路总里程数量并未发生较大变化，说年久失修也不为过，同基础设施相似的还有能源方面同样面临较大的更新需求；对于中国来说，多年来在基础设施建设方面经历过许多复杂的环境，都被一一克服，并积累了多方面的经验和先进的技术，与中东欧国家高度互补，未来彼此间的合作领域也将被慢慢开发。

总体而言，在中国"一带一路"倡议背景下，不管是与罗马尼亚的合作还是保加利亚的合作，中方都应注重保持自我主动权，在与沿线国家的合作中将中国自己的货币作为金钱往来上的结算货币，而不是通过推行"16+1 合作"和"一带一路"倡议为别人作嫁衣，这其中的关键点是抓住对外的合作机会，建立中国的自主定价体系，把握自我定价权，以及保持金融系统的独立自主权。

（一）英国脱欧对中国与罗马尼亚合作的机遇

2016 年 1—12 月，罗中贸易额超 44.74 亿美元，较 2015 年同期上升 18.53%，中国成为罗第 8 大贸易伙伴，较 2015 年全年贸易排名提升 3 位，欧盟外第二大贸易伙伴（土耳其之后）。罗从中国进口额为 37.94 亿美元，同比上升 18.87%，中国为罗第 6 大进口来源国，主要进口机械产品、核反应堆、机电设备、音响设备等。罗对华出口 6.80 亿美元，同比上升 16.64%，罗马尼亚的出口国中，中国排第 20 位，主要出口商品为机械产品、核反应堆、木炭、木材制品、锅炉、机电产品等。

由于罗马尼亚地理位置独特、EU 的全球战略以及罗政府的基础设施发展战略"将罗打造成欧亚重要交通走廊"，在中方"一带一路"倡议中，罗马尼亚能够有着重要的位置。中国企业赴罗投资可以享受很多便利：潜在市场规模大、完全市场经济、高素质劳动力、有利的经济发展环境和优惠的收税政策。

1. 直接投资机会增加

据中国商务部、国家统计局等相关数据，中国对罗马尼亚的 FDI 稳步上升。同时，根据中国外交部、商务部发布的《对外投资国别产业导向目录》显示，罗在欧盟 27 国中对中国投资的吸引力排名第二，仅次于德国，工业与服务业是最吸引中国投资者的领域。

自英国决定脱欧，中国通过与英国的合作来深入欧盟内部合作的机会缩减，但通过 "16+1 合作"机制中中国与罗马尼亚的合作可以弥补这一损失，而且在"一带一路"倡议机制下，更能激发中国与罗马尼亚以及欧盟间的合作。

2016 年 7 月 18 日，由中国南南合作促进会和罗马尼亚国家工商会联合举办的中国—罗马尼亚产能合作座谈会如期召开，为避免英国脱欧带来的冲击，15 家中国公司和 20 多家罗马尼亚公司与会并进行了面对面交流。各方希望尽快实现中国产能优势同罗马尼亚基础设施建设方面强劲需求的有效对接，将彼此优势发挥到极致，开展友好互助、合作共赢的局面。①

罗方与会代表强调，罗当局在为优化税收制度和框架做出改进，为国内外投资者构建越来越好的投资环境，为罗中两国经贸合作搭建广阔平台，罗工商会也会为两国企业合作提供更多的便利条件，并期待两国间能在重大项目中实现突破，加强地方的交流与合作机会，在中小企业间开展更普遍的合作。中方与会代表称，中国是世界产能大国，主要工业产品有 500 多种，其中有 220 多种产品的产量处在全球首位，具有高性价比的产品设备。中国在对外合作中出口的产能主推：高品质、绿色环保、先进，并且随着双方各个层面交流接触的增加，以及罗马尼亚更加注重引进外资，未来双方将会解决更多的双边技术合作问题。

2. 增强了罗马尼亚与中国合作的信心

罗马尼亚政府高度重视对华合作，坚持与中国合作的信心，表达对中国企业的信任，坚持对中国企业开放，愿与中国共同努力，克服项目建设中遇到的困难，共同建设未来；双方不仅在核电、火电等大项目展开合作，中国公司还为其提供网络服务业务，助推罗马尼亚开展智慧城市建设，罗方坚信通过 "16+1 合作"机制和 "一带一路"倡议的深入推进，势必会为沿途各国的经济实现快速发展注入新的活力和力量，提

---

① 新华社：《中国和罗马尼亚加强产能合作》，《亚太日报》，http://cn.apdnews.com/XinHuaNews/449623.html。

供新的机遇期。值此之际，无论是保政府抑或是中方，都要切实抓住发展机遇，坚定彼此合作的信心和克服困难的信念，合理务实敦促合作项目向前发展，实现彼此一起向前快速发展的局面。

3. 基础设施建设合作机会多

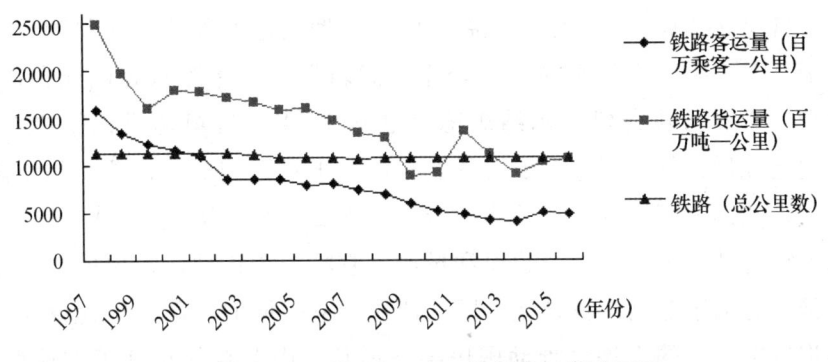

图22 罗马尼亚1997—2015年铁路里程及运量

资料来源：世界银行数据库。

从图22可以看出1997—2015年罗马尼亚的铁路总里程数基本上没有发生变化，而且铁路客运量和货运量也呈现逐年递减的现象，从使用年限上推断，铁路总体上居于待修正状况。

至2017年3月，罗马尼亚在高速公路里程方面在欧盟排名末位，现在运营使用的高速公路仅730公里，人均高速公路里程只有3.8厘米，其中570公里是在1990年后建造的，耗资140亿列伊（31亿欧元），造价高而质量却低于欧洲平均水平，仅浪费在可研报告上的资金就高达4000万欧元。欧盟国家中人均高速行驶的公路里程数处于第一位的是西班牙1.5万公里，其次是德国达到1.3万公里，罗马尼亚邻近国家的人均里程数也远在罗之上。[①]

面对罗马尼亚大量铁路翻新可以吸引更多外资，为中罗双方合作提供了合作空间，对于中国来说，多年来在基础设施建设方面经历过许多复杂的环境，都被一一克服，并积累了多方面的经验和先进的技术，在

[①] 驻罗经参处：《罗马尼亚人均高速公路里程欧盟垫底》，中国与中东欧国家经贸合作网，http：//www.china-ceec.com/lmny/2017/0311/14960.html。

"一带一路"的格局部署下，双方会有更多的合作机会。

罗马尼亚可以将康斯坦察港作为通往亚洲和中东货物的中东欧市场的门户，在海运、土地和其他方式的多式联运等领域罗中双方可以加强合作。另外，加强在"欧盟多瑙河战略"框架下合作。

4. 能源合作稳步发展

自建立"16+1合作"机制，中国和罗马尼亚经济合作得到稳步发展。"一带一路"又为这一合作增添新亮点：能源基础设施合作。目前，中罗已就合建切尔纳沃德核电站3、4号机组达成框架协议，机组建成后，核电将达到罗马尼亚全国发电量近四成。该项目是中国和中东欧国家间迄今达成的规模最大的项目，总投资超过70亿欧元。随着核电站两个新机组的建设和投产，它将成为该地区重要的能源生产国，有助于罗马尼亚乃至欧盟的能源独立。同时，新机组建设还将促进本国工业的发展，推动国民经济增长。中罗合作正处于加速期，总金额达数十亿欧元的核电、火电、水电、高速公路等项目正在商谈。

5. 高新技术领域合作前景广阔

中国在高新技术产业领域对罗马尼亚的投资成果较好，大型技术企业（如华为）均将罗马尼亚看作中东欧的重要市场之一，有很大的市场空间，高科技领域的对外投资成果是中国出口产业转型的一个重要契机。

（二）英国脱欧对中国与保加利亚合作的机遇

2017年1—4月保加利亚对第三国（欧盟以外）的出口额达56亿列弗，同比上升22.1%。其中较大的出口国为土耳其、中国、埃及、塞尔维亚、马其顿和俄罗斯。其中"矿石燃料"和"制成品"的出口额增速较高，分别增加了58.8%和39.9%。1—4月，保中贸易额达11亿列弗，其中，保对华出口同比大幅上升48%，保对华进口同比上升10%。

保加利亚处在巴尔干与欧洲的交会点，是从亚洲进入欧洲的门户，因此战略位置十分重要，在"一带一路"上可以发挥重要的地区交通和物流枢纽作用，是中国企业和商品进入欧洲市场的中转站。保加利亚是进入拥有1.22亿人口的东南欧高潜力市场和拥有5亿人口的欧盟市场的十分重要的战略通道。

1. 投资机会增多

自英国脱离欧盟后,保加利亚来自欧盟和英国的投资资金受到限制,对于保加利亚来说,积极吸引来自地区外的投资成为保加利亚的重点,中国内部广阔的贸易前景和未来旅游市场对保来说是一个巨大的诱惑存在,而从2016年年初保加利亚就体现出其对中国投资者的注意力,凭借其优越的地理位置,成为颇具潜力的欧洲新兴市场,并且努力改进国内投资环境,积极吸引来自中国的投资者。保政府高度重视同中国的贸易伙伴关系,国内的基础设施和能源等诸多领域存在强烈需求,并且在整个欧洲大陆保收取较低的税收,未来保与中国的合作将绽放更多活力。

2016年6月23日,中国安徽—保加利亚经贸合作恳谈会在保首都索非亚举行,随着越来越多的"一带一路"项目在保加利亚落地生根,安徽省20多家大型企业和保加利亚近50家公司和机构代表与会探讨了在"一带一路"框架下的经贸相助新机会,共同探讨经贸合作方式途径;保加利亚在"一带一路"机制中处于重要的战略位置,保方与会代表表示愿意成为中国和欧洲贸易往来的桥梁。[1]

保加利亚和中方对双方未来关系发展都抱有较大的合作意愿,保加利亚愿意为中欧关系搭桥牵线,在加强中欧关系层面存在一定潜力,保持友好互助的合作关系是双方的期许,未来双方将会在更多的领域开展合作,比如说:旅游、基建和园区建设方面等具有广泛合作前景。

2. 旅游方面彼此吸引

保地形地貌多姿多彩、气候条件舒适宜人、价格较为低廉,吸引着越来越多的游客,其中也不乏中国游客的足迹。随着西方文化不断在东方文明中传播,人民对玫瑰的情感不断深化,保加利亚的玫瑰产区和玫瑰节也吸引着东方的目光;与此同时,中国的东方古典韵味也令西方文明着迷,迷之存在也吸引着越来越多的注意力,并且中国地域广阔,气候跨越温带、亚热带和热带,各地风景各具特色,其中也不乏外国友人

---

[1] 《安徽—保加利亚经贸合作恳谈会在保举行》,中国与中东欧国家经贸合作网,http://www.china-ceec.com/bjly/2016/0704/13265.html。

的造访。

3. 基础设施建设方面优势互补

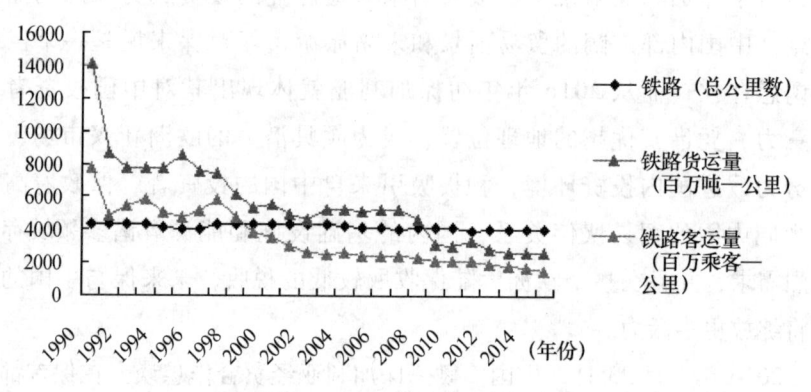

图 23　保加利亚 1990—2014 年铁路总里程及运量

资料来源：世界银行数据库。

从图 23 可以看出 1990—2014 年保加利亚的铁路总里程数基本上没有发生变化，而且铁路客运量和货运量也呈现逐年递减的现象，从使用年限上推断，保加利亚铁路在未来几年将处于待修整状态，国内面临着强烈的需求，中国投资者也表现出在基础设施方面的投资意愿，在中国企业能够达到保要求的前提下，彼此间将迎来不同以往的合作前景。值英国脱欧之际，保加利亚通过"一带一路"倡议和"16+1合作"机制牵线中国和沿线国家，积极把握新的发展动力和发展机遇，努力寻求与中国的合作机遇，这正是"一带一路"倡议和"16+1合作"机制的伟大之处——合作共赢，共商共建。

4. 工业园区建设方面

许多中国投资者纷纷表现出对保卡尔洛沃工业区的兴趣，这对于保加利亚的国内建设具有极大的促进作用，受英国脱欧的影响，保加利亚也积极寻求来自中国的投资者，中国企业在提高自身的同时也将迎来保方配合和支持，未来双方默契配合、促成合作也在情理之中。

就 2016 年 Forbes 在世界范围内考察各国营商条件情况，在各国综合排行中，保加利亚处在第 38 位，相比 2015 年往上提升了 7 个等级；而这得益于保加利亚评选中排在第 7 位的自由贸易水平和资本市场条件。①其属于欧盟，占据能够辐射欧洲大陆的优越地理位置，保和中国的合作极大地缩短了中国和欧洲间的"距离"，在丝绸之路经济带上有着不可或缺地位，双方在"一带一路"发展机制和"16+1合作"框架下均颇具期许，紧握发展机遇，继续深入务实合作，在资源方面取长补短，技术方面优势互补，寻求互利共赢，为彼此合作开创新空间，是双方共同期许。

5. 产业互补性提升

保加利亚葡萄酒酿造业发达，是其传统支柱行业，被誉为"国家经济的靓丽风景线"，其葡萄酒更是远销欧洲腹地和俄罗斯等国。另外保加利亚盛产高品质油玫瑰，花瓣出油率极高，玫瑰加工产品深受世界各国人民喜爱，每年的产量和出口量都位居世界第一。而且目前保鼓励外资进入酿酒业、乳制品行业及玫瑰产业以支持其发展。

6. 软件领域合作前景广阔

由于保加利亚是欧盟成员国，能为中国科技企业进入欧盟其他国家提供便利。近年来，保加利亚软件行业增长较快，是同期保加利亚GDP增速的5倍，行业收入约10亿欧元，2016年同比增长高达16.9%。软件行业是保就业人员素质和平均工资水平最高的行业之一，该行业平均工资是全国平均工资的4倍，85%的就业人员年龄在35岁以下。目前，最具投资吸引力和创新能力的领域是软件业。这些都为两国数字科技企业合作奠定了必要的基础。

五 英国脱欧带给中国与罗马尼亚、保加利亚间合作的挑战

总体上，罗、保两国由于在苏联解体前施行了较长时间的计划经济，虽然转型市场经济初见成效，但是与西欧等发达国家相比，市场经济体制与金融体系都不够完善，证券交易体系不完善，市场透明度不够高，地下经济盛行，所以存在较大的市场风险，这是在投资过程中很难规避

---

① 《保加利亚营商环境全球综合排名第38名》，中国与中东欧国家经贸合作网，http://www.china-ceec.com/bjly/2017/0305/14898.html。

的，这就需要企业在投资时慎重考虑。另外，中国民众思维与行为习惯与投资对象国有较大的差异，罗、保语言与行为都比较直截了当，做事情明敲明打，这与中国人往往一句话里暗含多种意思、做事情比较讲究迂回婉转的风格是很不同的。

（一）英国脱欧对中国与罗马尼亚合作带来的挑战

英国脱欧使得中国企业投资罗马尼亚面临巨大的挑战和风险。

1. 周边局势不稳定，区域局势复杂

这可能影响罗马尼亚国内政治社会的稳定。罗马尼亚北侧与乌克兰接壤，自2014年乌克兰的政治危机爆发以来，局势严重威胁到国际和区域安全，并要求北约军队进驻罗马尼亚。罗马尼亚作为俄罗斯和西方博弈的关键地带，国内各个政治派别可能受到政治意识形态的影响，从而爆发一些潜在的政治危机。

2. 政治转型与政治腐败

这可能对国家整体的政治生态产生很大的负面影响。尽管经历了20多年剧烈的政治和经济转型，罗马尼亚国内的制度建设，尤其是法制建设仍然不够完备，制度规范和有效的法律约束力仍有缺陷。罗马尼亚多名高级官员均受到了各类腐败问题的指控。这在很大程度上影响了外国投资者对公平与法治环境的期待，并很有可能阻碍中国企业在部分高收益行业的投资进度。

3. 中亚、东欧地区政治局势复杂

黑海地区各类民族运动使部分难民涌入罗马尼亚，其中甚至有恐怖分子及组织。由于可能存在恐怖分子，给罗马尼亚本身就不够稳定的政治社会环境又增加了不确定性。对于中国投资者而言，对象国国内政治风险的上升可能促使其重新考虑对外投资的收益与产出比，并更加谨慎地选择是否投资该国。

（二）英国脱欧对中国与保加利亚合作的挑战

中国企业如果想与保加利亚企业合作，应该对所投项目以及竞争对手的状况进行充分了解，避免因文化差异或其他风险造成不必要的损失。

1. 短期内与俄罗斯关系存在一定不确定性

由于两国同一种族、同一语系、同一宗教信仰，而且俄罗斯曾帮助保加利亚赶走奥斯曼帝国的统治，历史上保俄关系一直较为友好，冷战时期作为社会主义阵营内部国家又一直资助保加利亚经济发展，为保的独立和发展做出了不可磨灭的贡献。但是，2013年的乌克兰危机使两国原本的友好关系产生裂痕。保加利亚指责俄罗斯干涉乌克兰国内政治，担心俄入侵乌东南部地区，由此导致整个黑海地区面临安全威胁。因此俄罗斯放弃建设原已规划好的经过保加利亚的天然气管道项目，两国友好关系就此出现裂痕。

2. 国内民族矛盾

保加利亚国内主体民族为保加利亚民族，占人口的80%以上。此外，还有少数民族，如土耳其民族和马其顿民族。土作为保境内的第二大民族，约占10%。两大民族的矛盾由来已久。在奥斯曼土耳其帝国统治时期，为了同化保加利亚民族，奥斯曼帝国强迫保加利亚人信仰伊斯兰教，学习土耳其语，大量土耳其人在保加利亚扎根生活，保土之间的民族矛盾愈发激烈。

独立后的保加利亚，为了保证国家的稳定和团结，企图同化土耳其人，导致双方民族冲突时有发生，保加利亚和土耳其两国的双边关系也经常受到影响。1984—1985年甚至爆发了著名的"保加利亚敌对州战争"，双方死伤无数。新世纪以来，保开始重视土耳其民族的合法权利，种族矛盾趋于缓和。

3. 同马其顿共和国不明朗的关系

因为担心马其顿共和国的成立会对自己境内的马其顿民族产生向心力，保加利亚至今没有承认马其顿共和国的合法性。更为严重的是，保加利亚甚至不承认有马其顿这个民族的存在，声称居住在保加利亚境内的马其顿民族实际上就是保加利亚民族。作为保加利亚的周边邻国之一，两国关系的发展至今不尽如人意。

由于罗、保两国金融市场不够发达，因此在该国金融市场内寻找合适的金融衍生品进行对冲的可行性较低，投资企业在决策是否投资该国项目时，应评估风险，构建风险模型，判断在国际市场上是否有合适的衍生产品进行风险对冲，还可购买保险。同时应该对所投项目以及竞争对手的状况进行充分了解，避免因文化差异或竞争压力过大等原因造成不必要的损失。

六 利用英国脱欧加强中国与罗马尼亚、保加利亚两国合作的策略

从地理位置上来看，中国与中东欧国家相去甚远，鉴于美国的崛起之路，西方国家抵触中国变得更加强大，对于中国的报道存在误解导致负面消息较多，以至于没有条件真正了解中国的外国民众对中国的东方文明懵懂而不深知，毕竟中国与中东欧国家属于迥异的文明，社会制度有所区别，难免价值观存在差异，彼此间有冲突，但也不是不可调和的。中华文化素来讲究和而不同，中方和"一带一路"沿途国度间依然存在合作的基础，这需要彼此深入了解对方，放下芥蒂和偏见，消除误解，求同存异。届时，如何加强"16+1合作"，中方和"一带一路"沿途国度间的合作，对于中国企业更好推出"自己"以及成功地推广"16+1合作"和"一带一路"发展机制起到重要的作用。因此，中国在提高综合国力的同时，首先要明确自己是谁，就像习近平主席一再强调重视中华优秀文化传统，巩固自我认知，重视国家文化软实力，树立中国的国家形象，有利于让世界了解中国文化真实的含义和韵味。

（一）利用文化交流，消除误解和隔阂

从中国的历史中寻求启示，从中国清王朝覆灭到新中国成立之初，中国处于水深火热之中，仁人志士不断寻求救亡图存的革新、改革和革命道路，在这个过程中海外的华人华侨起到了极大的资金支持作用；而在中华民族伟大复兴之际，除了华人华侨外，还有另一类人代表着中国人最不起眼也最有说服力的素质——留学生，置身国门之外，他们便是祖国的代表，体现的是来自中国的教育和教养，向异国他乡的朋友展现真实的中国，数量众多的留学生可以让中国被更多的人熟悉和熟知，除去对中国的偏见和误解，对于中国走向世界，中国投资者走出国门以及成功地推广"16+1合作"发挥着不可替代的积极作用，为"一带一路"倡议机制扫除障碍。在整个过程中，在外的中国企业和驻外大使馆为其

提供必要的帮助也是极为关键的一步。

对于不了解中国文化的人而言，可以参考国外的做法，在"16+1合作"和"一带一路"倡议机制沿线国家设立一个与欧盟著名的"让·莫内项目"类似的项目：该"项目"由中方授权开展关于中国的教学、中国开展项目的讲座抑或是论坛，主讲人自然要是当地有权威、有声望的人，传达中国的合作理念，传播中国优秀的传统文化和东方文明，传递中国关于"16+1合作"和"一带一路"倡议机制的倡议内容，让沿线各国继任的领导人、政治家和企业家有机会了解并积极参与其中，也为后续更深层次的交流和合作做铺垫。

（二）促进"一带一路"建设与当地战略相互对接

"一带一路"与罗马尼亚、保加利亚等不少国家的经济发展战略高度契合。罗马尼亚也是欧盟多瑙河战略发起国之一。多瑙河战略在战略目标、商品和道路的互联互通等许多方面同"一带一路"相契合，中国要积极促进"一带一路"倡议与多瑙河战略对接，加强战略合作的项目支撑，在港口建设、航运、互联互通、旅游、环保等方面加强合作。

（三）利用英国脱欧契机发现商机，抓住机遇

罗马尼亚和保加利亚政府重视和中国的合作机会，努力优化国内投资环境，与中方保持着紧密联系，中国企业可以从中发现可供合作的机会，在一定程度上，降低寻找的难度并加强合作的可能性；但不意味着它们会为了促成合作而降低对合作企业的要求，不管从企业运营水平抑或是人力管理水平都不同于亚洲市场，要求严格，能够追寻到商机只是合作的第一步，面对稍纵即逝的机会，企业是否有足够的能力把握机遇，能不能满足对方的需求才是促成合作的关键因素。面对好的投资环境，更要在合作和实战中增强企业自身的竞争力，强化对企业自身的整体要求，积极构建自身独特的企业文化软实力和硬实力，努力把握机遇，进而在欧洲大陆落地生根。

（四）利用英国脱欧机遇制定合理规则，保持原则

把握合作双方的共同点和差异性，制定双方都能够接受的规则并自

觉遵守。综合国内外投资的经验，吸取曾经因东西方的文化差异而最终导致失败的教训。合作双方增强沟通和理解，多了解彼此的运作机制，坚持求同存异，以达成合作为目标，但也要保持企业对外投资的原则，不为目标所左右，传播企业自身正能量。许多国家不断改善国内投资环境，致力于吸引外资，此时要注意避免在合作项目上"大包大揽"，坚持投资决策的原则，不能盲目做决策。在确定投资项目前，要切实了解当地的法律和风俗习惯等，避免因文化冲突带来的问题，对于是否有必要继续进行下去做好必要的估计，做好投资报酬率的预测问题，规范投资行为，衡量可能的行为可能带来的危害，拿出最理智的投资方案。

第四部分

中东欧地区形势分析

中东欧国家政党政治"欧洲化"论析[*]

——以波兰、匈牙利、捷克为例

"欧洲化"是检视中东欧国家政党政治转型的一个重要理论视角。本篇通过分析"欧洲化"的理论基础及对概念进行辨析得出,"欧洲化"既是一体化理论的时空延伸,也是一种认识欧盟与成员国之间的概念分析工具。无论是理论上还是实践中,"欧洲化"对政党政治的影响已经越来越引起欧盟和成员国的重视。中东欧国家政党政治的转型和发展的实践证明,"欧洲化"日益将国内政治与欧盟政治进行双向对接,并改写甚至重塑欧盟及成员国未来的政党政治图景。

一 "欧洲化"的理论基础及概念辨析

"政治变迁实质上是政治系统的结构和功能的变迁。"[①] 严格意义上来讲,政治变迁属于政治发展的研究范畴。这里需要厘清的一个逻辑是政党政治转型与政治变迁的关系。政治变迁是政党政治转型的前提和条件,政党政治转型是政治变迁中的重要内容之一,二者统一于政治发展的范畴。对于中东欧国家而言,政党政治"欧洲化"是政治系统结构和功能外化的必然结果。

从政治学理论上来讲,"欧洲化"的理论基础主要来源于两种理论,一是理性选择制度主义,二是社会学制度主义。理性选择制度主义认为欧盟的国内影响遵循的是"结果性逻辑"而非"适应性逻辑"。来自欧盟

---

[*] 姬文刚,山西大学政治与公共管理学院讲师。
[①] 李元书:《论政治变迁》,《学习与探索》1995年第5期。

的适应性压力改变了政党政治的机会结构，以使中东欧各国政党发挥出最大的效应。欧盟通过向中东欧各国政党提供法律上和政治上的资源来诱使其发生变化。各类官方组织机构或者持不同政见者都有可能成为促进或者阻止欧盟调整压力的主要因素。相反，社会学制度主义强调这种回应遵循的是"适应性逻辑"。欧盟的国内影响起因于社会化进程，在这种进程中，国内各政党行为体将欧盟规范内在化，它们也将这种规范视为合法性来源。欧盟规则和国内规范之间的差异、国内文化与欧盟文化的冲突、正式规则与非正式规则的相互影响，都有可能成为影响中东欧各国政党参与社会学习的过程，各国政党必须通过熟稔欧盟规则来重新定义它们的利益和认知。简述之，对政党政治"欧洲化"的认识，理性选择制度主义强调欧盟利用约束性规则对成员国政党政治构成的影响，成员国接受欧盟规则更多的是一种自发的、结果性逻辑，是一种外在的驱使。社会学制度主义强调成员国国内政党政治对欧盟规则的理解和认知，是一种自觉的、适应性逻辑，是一种内在的需要。

目前学界普遍比较认可的，对"欧洲化"定义进行最早尝试的是英国基尔大学的罗伯特·拉德里克（Robert Ladrech）。他在 1994 年第 1 期《共同市场研究》上发表了题为《国内政治和制度的欧洲化：以法国为例》一文中指出，"欧洲化"就是"一种重新定位和塑造政治的渐进式进程，使得某种程度上，欧盟的政治和经济动力在组织逻辑上成为民族国家政治和决策的一部分"。[1] 他的定义首次尝试对概念进行了参数设置，后来的研究一直以此作为研究框架。自此，"欧洲化"作为一个独立的研究领域开始进入学者们的视野，围绕"欧洲化"的争论也开始此起彼伏。当然，尽管拉德里克最初提出这一概念只是用于分析法国的经验研究，但是拉德里克的"欧洲化"定义的创新之处在于开启了"自上而下"的研究路径。采用这种研究方法的学者还有 I. 巴赫（Bache）和 A. 乔丹（Jordan），他们在研究欧洲对英国政治的影响中，也对"欧洲化"提出了相似的定义，即"欧洲化"就是"在国内多层次、多领域重新定位或重塑政治，以此与欧盟治理体系中的政策、实践

---

[1] Robert Ladrech, "Europeanization of Domestic Politics and Institutions: The Case of France", *Journal of Common Market Studies*, Vol. 32, No. 1, 1994, p. 69.

以及偏好相适应的过程"。① 实际上，从以上定义可以看出，"自上而下"的研究路径所认为的"欧洲化"就是国内政策层面日益受到欧洲尤其是欧盟决策层面的影响并受其支配的渐进过程。这里需要强调的是，施动者是欧洲或者欧盟，而国家是受动者，反之则是"自下而上"的研究路径。后来拉德里克在其他文章中，再次对"欧洲化"下了一个比较简练的定义，"欧洲化"就是"欧盟对国内的影响"②。塔尼亚·A. 伯莱尔（Tanja A. Borzel）也认为"欧洲化"就是"欧盟政治的国内影响"。③ 而传统的"自下而上"的"欧洲化"研究路径，在20世纪90年代之前是学者们热衷的学术研究议题，学者们主要关注的是主权国家为何愿意让渡自己的权力给一个庞大的"利维坦"（欧盟），以及欧盟如何运作的问题，聚焦的是欧洲制度构建的问题。然而，随着中东欧地区相继申请加入欧盟，而欧盟也向这些新成员设定了入盟标准，双方之间政治沟通的密度和强度比以往要多很多，这种经验为理论的发展提供了充足的选题。正如阿提拉·阿格（Attila Ágh）认为的，"'欧洲化'是一种包含'深化'（前体系的实质性转型）和'东扩'（东欧一体化）的新的欧洲设计和制度体系的兴起过程"。④ 这方面的论著比较多，因为本篇以下所谈的主要是围绕"自上而下"的研究路径，所以这里不作赘述。其中约翰·P. 奥尔森（Johan P. Olsen）的论点最能代表"欧洲化"概念的复杂性，他在《"欧洲化"的多面性》一文中认为，"欧洲化"主要改变五个方面：外部边界的变化；欧洲层面上的制度发展；国家治理体系的中心渗透；政治组织的输出模式；政治一体化工程。⑤ 这实际上将两种研究路径

---

① I. Bache, A. Jordan eds., *The Europeanization of British Politics*, Palgrave Macmillan, 2008, p. 30.

② Robert Ladrech, "Europeanization and Political Parties", *Living Reviews in European Governance*, 2009, Vol. 4, No. 1, 2009.

③ Tanja A. Borzel, Thomas Risse, "Europeanization: The Domestic Impact of European Union Politics", Knud Erik Jorgensen, Maek A. Dollcuk, Ben Rosamond eds., *Handbook of European Union Politics*, SAGE, 2007, p. 263.

④ Attila Ágh, *Emerging Democracies in East Central Europe and the Balkans*, Cheltenham: Edward Elgar, 1998, pp. 303 – 304.

⑤ Johan P. Olsen, "The Many Faces of Europeanization", *Journal of Common Market Studies*, Vol. 40, No. 5, 2002, pp. 923 – 924.

都涵盖进去了。在众多复杂的概念表述中,詹姆斯·卡普热苏(James Caporaso)所定义的"欧洲化"概念较为直观,表述也比较严谨科学,他所定义的概念使各种内涵和外延因素的完备性和全面性达到统一。他认为,"'欧洲化'在概念上提供了一种双重功能。一是'欧洲化'关注的是作为独立变量的欧洲政治和制度在国内政治中所发挥的作用,它颠覆了原来一体化理论中的因果关系,回答的是欧洲一体化及日常决策怎样影响国内结构的问题;二是'欧洲化'意指国内结构适应欧洲一体化的进程"。[①]

通过以上文章笔者发现,"欧洲化"的定义尽管存在争议,但是据此可以得出的基本结论是:一是"欧洲化"是一体化理论的时空延伸。时间上的延伸是指20世纪90年代末以后,一体化出现的新情况,客观上需要对原有的一体化理论进行修正和补充。空间上的延伸是指,随着欧盟的东扩,中东欧国家相继申请或者加入欧盟,欧盟对中东欧国家候选国或者成员国的影响日益增长。二是"欧洲化"是一种认识欧盟与成员国之间的概念分析工具。或者是单向度的"自下而上",或者是单向度的"自上而下",抑或是"双向运动",总之,不能再割裂欧盟与国家层面之间的关系,单纯的研究欧洲层面的制度建设(比如说所谓的"欧盟化"或者"布鲁塞尔化"),或者单纯的研究国家间关系(比如说功能主义理论和政府间主义在解释上的乏力),这都不能全面认识当前的欧盟或者民族国家之间的关系。三是完全可以从狭义上对"欧洲化"进行定义,即欧盟对成员国国内政治的影响,以及国内结构对欧盟的反馈和调适过程。本篇侧重于从最后一个结论来分析中东欧政党政治的转型及发展。

二 "欧洲化"对政党政治的影响层面

对"欧洲化"与政党间关系进行全面而深入研究的仍首推拉德里克,他在《"欧洲化"与政党:一种分析框架的趋向》中指出"'欧洲化'是用来描述欧洲一体化对成员国政治和政策的影响以及增强欧洲层面政治

[①] James Caporaso, "The Three Worlds of Regional Integration Theory", in Paolo Graziano, Marten P. Vink eds., *Europeanization: New Research Agendas*, Palgrave Macmillan, 2007, p. 27.

制度进程的术语"，并首次提供了一种分析框架来对政党和"欧洲化"展开系统研究，率先在学术界提出政党"欧洲化"的5个层面：政策/纲领内容，组织架构，政党竞争模式，政党—政府间关系，跨国政党制度间关系。[①] 拉德里克的分析框架很快得到了学界的认可和回应。基于拉德里克的分析框架，捷克政治学家维特·赫鲁塞克（Vít Hloušek）对政党政治"欧洲化"的5个层面进行了更为细致的界定：政党融入欧洲一体化进程中的政党纲领的转型；政党精英在欧洲议会代表中的扩大，以及欧盟层面的院外活动说客的扩大导致的政党结构的转型；政党竞争方式的转变，例如抗议欧洲层面的新的强硬政党的崛起而引起的竞争方式的转变；由政府在政党和欧盟执委会之间造成的忠诚的分裂而引起的政党和政府间关系的转变；与中东欧政党在构建新欧洲政党和政党联盟所起的积极作用有关的超越民族国家政党体制间关系的转变。[②] 在另一篇由维特·赫鲁塞克（Vít Hloušek）和帕维尔·普瑟亚（Pavel Pšeja）合著的文章中，他们借助拉德里克的框架将潜在的"欧洲化"对政党及政党制度造成的影响归结为三大类：纲领方面（包括竞选中的政党言论以及动员选民的惯常手段）；组织方面（包括政党结构的内部转型，政党官员中新阶层的隐现——欧洲议员、游说者等以及欧洲党关系的规范化）；政党制度的形式与规则的变化（包括一种潜在的"欧洲"分裂，这种分裂挑战了萨托利政党间竞争空间的单一化理论）。[③] 匈牙利政治学家佐尔特·恩涅狄（Zsolt Enyedi）则从10个层面对政党政治"欧洲化"的表现进行了概括：政党在政党体制内力量的相对消长；国家政党体制内欧洲问题的重要性；政党对待欧洲一体化的态度；政党竞争本质的变化；政党的碎片化和极化；政党谱系相对力量的变化；超民族的政党合作的新动力；政党组织

[①] Robert Ladrech, "Europeanization and Political Parties: Towards a Framework for Analysis", *Party Politics*, Vol. 8, No. 4, 2002, p. 389.

[②] Vít Hloušek, "Proces europeanizace a politické strany v kandidátských zemích", *Sociální Studia*, 9/1 (2004a), pp. 93–108. 转引自 Vera Stojarová, Jakub Šedo, Lubomír Kopecek and Roman Chytilek, *Political Parties in Central and Eastern Europe: In Search of Consolidation*, IDEA, 2007, p. 36。

[③] Vít Hloušek, Pavel Pšeja, "Europeanization of Political Parties and the Party System in the Czech Republic", *Journal of Communist Studies and Transition Politics*, Vol. 25, No. 4, December 2009, p. 514.

和代表的变化。① 英国开放大学教授保罗·G. 刘易斯（Paul G. Lewis）则从5个层面对政党"欧洲化"进行了分析：政党制度的内容，政党组织类型，政党意识形态的标准化，欧洲待遇问题，代表权等。②

通过以上理论分析可以看出"欧洲化"对政党政治的影响是显而易见的。以中东欧国家为例，这些国家在剧变后加快了"重返欧洲"的步伐，尤其是欧盟在2004年、2007年、2013年相继吸纳中东欧8国后，③ 欧盟中的"中东欧"因素日益增长。作为欧洲议会党团中的一支重要力量，中东欧国家的政党也无可避免地受到了"欧洲化"的影响，外部欧盟因素的不断介入，使得中东欧国家政党在政党定位、政党功能、政策纲领等方面不断做出调整，以利于选举动员，赢得选举。欧盟东扩带给中东欧政党政治的冲击既有显性方面的，也有隐性方面的，既有直接的原因，也有间接的原因。中东欧政党政治的"欧洲化"则为丰富并完善一体化理论中有关政治领域内治理结构与欧盟层面的对接提供了可能，使得一体化的研究从宏观的政策指导领域向着微观的政策操作层面转向。

首先，在中东欧政党政治的参与形式上，各国政党通过"欧洲议会党团""欧洲跨国政党联盟"和"欧盟区域委员会中的议会党团"参与欧洲政治实践、建立跨国联系合作。④ 尤其是在"欧洲议会党团"和"欧洲跨国政党联盟"两个层面，中东欧各国踊跃加入，至今各国有影响力的政党几乎在这两个层面上都有体现。这样的政治安排，体现了国内政治与欧盟政治的逻辑关联。从国内层次上来看，由于欧盟成员国政府是"政党政府"，它们依靠政党获得政治生存。因此，必须承

---

① Zsolt Enyedi, "*Europeanisation" of Central Eastern European Party Systems*, Paper prepared for the POLIS Plenary Conference 2005, Workshop 8: Party Systems and European Integration, Sciences Po, Paris, 17 – 18 June 2005, http://www.epsnet.org/2005/pps/Enyedi.pdf.

② P. G. Lewis, "Changes in the Party Politics of the New EU Member States in Central Europe: Patterns of Europeanization and Democratization", *Journal of Southern Europe and the Balkans*, Vol. 10, No. 2, 2008, pp. 66 – 151.

③ 这8个国家是：2004年的波兰、匈牙利、捷克、斯洛伐克、斯洛文尼亚；2007年的罗马尼亚和保加利亚；2013年的克罗地亚。

④ 方雷：《超越民族主义的东欧政党政治——基于全球化和欧洲化的视角》，《社会科学》2013年第1期。

认政党的理念，或迟或早，或直接或间接，影响到各国政府对欧洲一体化的政策制定。① 此外，国内政党也会通过影响欧洲议员来影响欧盟，因为毕竟有些欧洲议员的另一身份也是国内政党在欧洲议会的代言人。随着欧洲议会权力的日益增大，欧洲议会议员的行为能够对欧盟层面的政策结果产生直接影响。不少成员国政党与欧洲议会之间的联系日益密切，且逐渐正式化。成员国政党也逐渐开始审查本党的欧洲议员的行为，试图影响议员的投票立场，尤其是那些在国内处于执政党地位的政党。② 同时，议会党团通过其成员国和候选国之间的政党联系，为入盟谈判奠定基础。比如欧洲人民党党团在1996年8月的研究日活动中与来自基督教民主党家族的成员国政党展开了充分的讨论，同时还邀请了来自东欧国家的政党代表，如匈牙利人民基督教民主运动的副主席拉斯洛·苏里扬（Laszlo Surjan）、斯洛伐克基督教民主运动主席扬·恰尔诺古尔斯基（Jan Carnogursky）以及波兰自由联盟的汉娜·苏霍茨卡（Hanna Suchoka）。该党团在1997年9月的研究日活动中就欧盟委员会采取的立场展开讨论，与会成员认为委员会采取的五个国家优先谈判的策略是一种歧视态度，要求对所有符合标准的中东欧国家展开谈判。③ 在2002年到2004年之间，欧洲议会自由民主党党团主席格雷汉姆·华生（Graham Watson）多次访问中东欧候选国，一方面与这些国家的自由民主政党加强联系，支持这些国家的入盟谈判；另一方面争取吸引更多的政党在入盟后加入自由民主党党团。比如他曾于2003年4月访问斯洛伐克，支持当地的自由公民联盟政党以及斯洛伐克对入盟的全民公决。他还多次邀请中东欧国家议会成员到欧洲议会参与讨论，增强议员对这些国家的关注，同时也增强议员与候选国政党成员的沟通。④ 笔者通过这个案例

---

① 李景治、张小劲：《政党政治视角下的欧洲一体化》，法律出版社2003年版，第306页。
② 张磊：《欧洲议会中的党团政治》，北京大学出版社2013年版，第169页。
③ Pascal Fontaine, *Voyage to the Heart of Europe 1953 – 2009: A History of the Christian-Democratic Group and the Group of the European People's Party in the European Parliament*, Brussels: Racine, pp. 371 – 374.
④ Graham Watson, *EU' ve Got Mail! Liberal Letters from the European Parliament*, Bagehot Publishing, 2004.

也发现,"欧洲化"本身这种"双向化运动"理论是成立的[1],不但欧盟对成员国国内政党政治产生重要影响,而且成员国政党的政策主张、政治行为也会对欧盟产生影响,二者相互影响、相互制约,共同推进政党政治发展和欧盟内部治理的良性发展。

其次,政党政治的"欧洲化"还可以增加成员国政党的财政来源。政党竞选及其各种活动需要经费支持,一个强大的政党必定有雄厚的资金基础。政党经费的来源,若作大体区分,主要有四个方面:(1)党费;(2)社会捐助;(3)国家资助;(4)经营所得。[2] 加入欧盟后,除了以上四种经费来源外,各成员国政党通过参与欧洲议会选举得到前者的资金支持和物质资源,成为中东欧政党经费中额外的来源渠道之一。

三 案例检验:波兰、匈牙利、捷克政党政治的"欧洲化"实践

中东欧国家的"欧洲化"由来已久。从历史和文化的角度来讲,东欧属于欧洲,但是这些国家却由于战争和加入(阿尔巴尼亚和南斯拉夫除外)所谓的"苏联集团"而同西欧分离长达半个世纪。不过随着苏联的解体,欧洲不再分裂,东欧国家开始回归。[3] 此时的中东欧各国完全放弃了苏联式的政治制度和经济制度,价值观念上从原来的苏联化的马克思主义转型为自由主义或者民族主义,外交上则以加入北约和欧盟为首要目标,与苏联的继承国俄国保持距离。因此,原来依附于苏联、华约和经合组织的那个地缘政治意义上的东欧不复存在,学界开始冠之以新的名词,包括"中欧""中间地带""中东欧""后

---

[1] 关于"欧洲化的双向运动"理论,详见张骥《欧洲化的双向运动:一个新的研究框架》,《欧洲研究》2011年第6期。

[2] 王长江:《政党论》,人民出版社2009年版,第122页。

[3] [美]耶鲁·瑞奇蒙德:《解读东欧人》,徐冰、于晓言译,中国水利水电出版社2004年版,第3页。

社会主义""后共产主义"等各种说法。① 但是这些国家的人民更愿意将自己的国家定位为"中东欧国家"。之所以这样说,是因为"对他们来说,'东欧'这个词不仅会引起许多令人不快的回忆,还会使他们误认为你继续把它们看作是苏联的'卫星国'",② 甚至为了说明与西欧的亲近,有些国家还提出了"东中欧"的概念,以此说明他们国家所处的地理位置是"西欧的东边",而不是"东欧的西边"。③ 所以中东欧回归欧洲具备一定的群众基础和历史文化传统。对于东欧来说,西欧国家和欧盟是成功民主制度的榜样,就在近邻,具备强大的说服力,又可为民主化提供大量的援助和激励。④ 实际上,中东欧的转轨也是政党政治的再次转轨,因为中东欧政党政治参照对象就是西方的政党体系,所以某种程度上在这个地区,"政党的一体化要先于国家一体化的发展"。⑤ 中东欧各国政党政治的"欧洲化"过程实际上就是转型后各国政党政治发展及各国政党的欧洲政策不断演变的过程。这里笔者以加入欧盟最早的三个国家——波兰、匈牙利、捷克——为案例,来说明政党政治"欧洲化"的东欧实践。

(一)剧变后波兰政党政治发展及主要政党的对欧政策

1989年2月,波兰统一工人党与团结工会等反对派举行了历史性的圆桌会议,标志着波兰国家权力机构的彻底逆转,多党制度正式

---

① 这些说法散见于 Attila Ágh, *The Politics of Central Europe*, SAGE Publications, 1998, pp. 1-7;[英]本·福凯斯:《东欧共产主义的兴衰》,张金鉴译,中央编译出版社1998年版,第1页;[波]格泽戈尔兹·W.科勒德克:《从休克到治疗——后社会主义转轨的政治经济》,刘晓勇、应春子等译,上海远东出版社2000年版;[匈]雅诺什·科尔奈:《后社会主义转轨的思索》,肖梦译,吉林人民出版社2011年版;Herbert Kitschelt, Zdenka Mansfeldova, Radoslaw Markowski, Gabor Toka eds., *Post-communist Party Systems: Competition, Representation and Inter-Party Cooperation*, Cambridge University Press, 1999。

② 舒笙:《斯洛文尼亚:巴尔干半岛的"北欧国家"》,《国际瞭望》1999年第11期。

③ Robert Bideleux, Ian Jeffries, *A History of Eastern Europe: Crisis and Change*, New York: Routledeg, 1999, p.10.

④ [美]弗朗西斯·福山:《政治秩序与政治衰败:从工业革命到民主全球化》,毛俊杰译,广西师范大学出版社2015年版,第391页。

⑤ 孙敬亭:《转轨与入盟——中东欧政党政治剖析》,中国文史出版社2006年版,第205页。

开启。

　　转型一开始，团结工会政府将"回归欧洲"作为对外政策目标，主张以加入当时的欧共体和北约组织作为重返欧洲的长远目标，积极参加欧洲一体化进程。瓦文萨认为波兰必须凭借欧洲一体化进程和加入大西洋安全体系才能保证本国生存和发展的需要。重返欧洲成为瓦文萨时期波兰对外政策的核心目标。在剧变初的中右翼当权时期，波兰的对外政策从未偏离过重返欧洲的道路，并在欧共体的帮助下不断取得进展。到1995年波兰已向欧盟提出了申请并成为欧盟的联系国。1995年11月，社民党领导人克瓦希涅夫斯基在总统选举中击败瓦文萨成为战后第三任总统。克瓦希涅夫斯基当选后，国家外交大权集中到了左翼政党手中。尽管这位波兰共和国社会民主党主席当选后按照宪法辞去了党主席职务，但欧洲还是泛起大量对波兰对内、对外政策是否改变的猜测。1995年12月23日，克瓦希涅夫斯基宣誓就职，在就职演说中，他进一步强调了波兰融入欧洲的重要性和必要性。在左翼政党主政期间，波兰对欧政策取得了很大的进步。1996年1月，波兰政府制定《波兰战略——2000年一揽子计划》，计划中提出要在2000年前后成为欧盟成员国，10月，波兰成立了专门负责协调有关入盟事务的欧洲一体化委员会，1997年1月，波兰正式宣布华沙将致力在2002年加入欧盟，2006年加入欧洲货币联盟。1998年，波兰争取到了同欧盟进行正式入盟谈判的资格。[1] 在2000年的总统选举中，克瓦希涅夫斯基在首轮中就以53.9%的选票战胜右翼对手，成为剧变后波兰第一位连任总统。在2001年的议会选举中，民左联党赢得议会选举并组成了新一届左翼联合政府。这届政府的对外政策基本上仍然是加强与欧盟的政策磋商，争取早日加入欧盟。但是联盟伙伴农民党因为在农业补贴上的谈判问题，不断向联合政府施压，导致最终联盟解散。2004年6月，波兰参加了首次欧洲议会选举。在这次选举中，欧洲怀疑主义政党[2]表现抢眼。波兰家庭联盟、法律与公正党、自卫

---

[1] Ryszard Stemplowski, "Poland: on the Road to the European Union", *European Business Journal*, September 22, 1996.

[2] 关于欧洲怀疑主义政党的类型划分，目前仍有争议。本篇只是在广义上使用这一概念。详见高歌《试析欧盟东扩对中东欧新成员国政党制度的影响——兼评政党制度中的欧洲怀疑论》，《俄罗斯中亚东欧研究》2004年第5期。

党分列选举第二、三、四位。2005年9月的国内选举中，这类政党也取得了不错的成绩，法律与公正党在选举中获胜，自卫党和波兰家庭联盟分居第三、五位。在10月的总统选举中，法律与公正党总统候选人来赫卡钦斯基当选总统，法律与公正党组成一党少数政府。2006年5月，法律与公正党改组政府，与自卫党和波兰家庭联盟联合执政。波兰剧变以来第一次出现了欧洲怀疑主义政党的联合政府。在法律与公正党执政的短暂两年中，其与欧盟和俄罗斯的关系同时交恶，最终导致该党在2007年提前举行的议会选举中败给了另一支右翼政党公民纲领党。后者执政后奉行与欧盟相对友好的政策，波兰在2007—2015年两届公民纲领党政府中从欧盟获得不少外来援助。甚至公民纲领党推选的连续两届总理图斯克，于2014年12月1日赴布鲁塞尔任欧洲理事会主席。因此，这段时期可以说是波兰政党在欧洲化历程中的"黄金时代"。2015年10月25日议会选举后，法律与公正党再次问鼎权柄。该党仍然坚持民族主义立场，在难民问题上与欧盟分歧严重，其推行的波兰国内法律的修改等行为，招致欧盟极大的反感，甚至欧洲议会议长舒尔茨指责法律与公正党推行的改革"违背欧洲基础价值观"。[①] 从目前的欧盟局势和波兰国内政党政治生态来看，未来二者之间的关系不容乐观。

（二）剧变后匈牙利政党政治发展及主要政党的对欧政策

1989年东欧剧变中，匈牙利是社会动荡最为轻微的国家之一。1989年10月社会主义工人党改组为匈牙利社会党，10月匈牙利修改宪法。1990年3月和4月匈牙利举行战后首次多党大选，基本平稳地实现了由一党制向多党制的过渡。

与其他大部分中东欧国家一样，剧变后的第一任政府由民主论坛为首的中右翼党派联合执政。1990年上台的安道尔政府宣称匈牙利的外交政策立足于在平等互利原则上发展东西方关系，采取一系列的实际行动以表明匈牙利的亲欧洲态度，例如申请加入欧洲议会等。在政府的施政报告中，民主论坛提出了匈牙利政府将是一个自由的政府、人民的政府、经济转折的政府和欧洲的政府。民主论坛宣布政府对外战略的重点立足

---

① 江玮：《波兰，在东西方之间的崛起力量》，《财经》2016年2月26日。

于欧洲,执行"回归欧洲"政策。因此,匈牙利是波匈捷三国中首先和欧共体签订联系国协定的。1991年4月,联合政府发表"经济改造和发展的四年纲要",其中特别提出要在1994年实现向欧洲靠拢的目标。[①] 在民主论坛联合政府亲欧洲路线指引下,匈牙利在参加欧洲一体化进程方面表现积极,1992年数个欧洲组织的年会在匈牙利举行。1994年匈牙利向欧盟提出了入盟申请。[②] 1994年5月,匈牙利举行第二次议会大选,社会党大败民主论坛,并与自由民主主义者联盟组成联合政府,社会党主席霍恩·久洛出任政府总理。匈牙利进入剧变后政党政治的第二个时期,即左翼执政时期。该政府仍然宣布将继续"回归欧洲",参加欧洲一体化,争取早日加入欧盟和北约。1996年3月29日,经济合作与发展组织接纳匈牙利为第27个成员国,匈牙利遂成为继捷克以后第二个加入经济合作组织的中东欧国家,这一事实普遍被认为是为匈牙利加入欧盟开创了有利条件,能够起到加速匈牙利入盟的作用。为这一成果所鼓舞,社会党政府更加强调向欧盟靠拢的必要性和紧迫性。1998年5月议会选举后,社会党败给青民盟。值得注意的是,如果说社会党1994年的上台得益于人们对更为遥远也更为辉煌的奥匈帝国强大的二元之一的回忆,那么青民盟主席欧尔班则是作为强硬的民族主义者而上台的,宣称要和西方平起平坐,强调匈牙利的民族利益。因而青民盟在2002年的议会选举中败北。在此之后,社会党带领匈牙利加入欧盟。但是在2002—2006年的四年中却潜伏着新民粹主义的隐忧。[③] 在2006年4月社会党再度蝉联执政不久,同年的9月,因为久尔恰尼录音丑闻导致社会党政府支持率出现下降,也为接下来的2010年选举出局埋下了隐患。在2001年选举中极右政治势力在匈牙利登上了政治的前台,匈牙利极右政党"尤比克"党在议会选举中成为议会第三大党,与社会党不相上下。

---

① Lene Bogh Sorensen and Leslie C. Eliason, Aarhus, *Forward to the Past? Continuity and Change in Political Development in Hungary, Austria, and the Czech and Slovak Republics*, University Press, 1997, p. 137.

② The World Bank, *Hungary: On the Road to the European Union*, 1999.

③ Agnes Rajacic, "Populist Construction of the Past and Future: Emotional Campaigning in Hungary between 2002 and 2006", *East European Politics and Societies*, Vol. 21, No. 4, 2007, pp. 639 – 660.

这是该党继 2009 年欧洲议会选举后取得的又一次胜利。该党诉诸民族主义和民粹主义，以"匈牙利属于匈牙利人"的口号吸引选民，散布反犹太人、反罗姆人和反同性恋的信息。"尤比克"党抨击欧盟，认为加入欧盟冲淡了匈牙利的民族特性，对匈牙利经济、文化传统和人口趋势都有不利影响。[1] 匈牙利青民盟自 2010 年 6 月执政以来，建立青民盟的强权集中制，控制舆论修改媒体法，修改宪法以及欧尔班放肆地批判欧盟，使得欧盟对匈牙利的指责日益严厉，甚至欧盟冻结对匈援助项目资金。[2] 但即使在这样双方"斗法"的情况下，青民盟依然在 2014 年赢得了议会选举。未来匈牙利政党政治如何发展，国内政治走向如何以及匈牙利与欧盟之间的关系如何演变成为未来中东欧与欧盟间的一个重要关注点。

（三）剧变后捷克政党政治发展及主要政党的对欧政策

捷克斯洛伐克 1989 年年底发生政局动荡，捷共失去执政地位。1989 年 11 月捷克斯洛伐克总统选举揭晓，七七宪章的发起人和公民论坛的主要代表哈维尔当选总统。1990 年 6 月的捷克斯洛伐克国会大选进一步增强了公民论坛等右翼政党的力量。1992 年大选以及 1993 年发生"天鹅绒革命"，捷克和斯洛伐克分道扬镳。一直到 1998 年捷克第四次大选，公民民主党一直执政达近十年，所以这十年来，捷克奉行的都是公民民主党的外交政策。捷克公民民主党在 1995 年第六次全国代表大会通过的政纲中明确提出了对欧基本政策：与欧盟相关地区的政治和经济问题，是捷克共和国作为欧盟成员在外交方面所要解决的主要任务。[3] 实际上，公民民主党政府的外交政策着眼于西方，积极参加欧洲一体化，重视发展和北约、欧盟的关系。公民民主党的外交政策从大的方面衡量与波兰、匈牙利所奉行的"回归欧洲"路线并无实质性差别。所不同的是布拉格

---

[1] 吴恩远：《俄罗斯东欧中亚发展报告（2011）》，社会科学文献出版社 2011 年版，第 90 页。

[2] 朱晓中：《中东欧转型 20 年》，社会科学文献出版社 2013 年版，第 43—46 页；马细谱、李少捷：《中东欧转轨 25 年：观察与思考》，中央编译出版社 2014 年版，第 244—253 页。

[3] 项佐涛、姬文刚：《世界主要政党规章制度文献：中东欧》，中央编译出版社 2015 年版，第 387 页。

对回归的热情不像华沙和布达佩斯那么强烈。公民民主党政府也主张尽快加入欧盟，但不肯为加入欧盟不惜一切代价。这导致捷克成为欧共体的联系国和提出加入欧盟申请均晚于华沙和布达佩斯。但也仅此而已，在任何情况下，公民民主党从未放弃过加入欧盟，这也是该党对欧的外交底线。具有讽刺意义的是，在1995年欧盟东扩出现集体摇摆时，波兰、匈牙利均是加紧外交游说和深化法律规范、经济制度的变革以求得欧盟的青睐，但公民民主党主政的捷克却敢公开表示对欧盟的不满。究其原因在于，捷克选择欧盟的主要理由是发展经济的要求，其地缘安全考虑不像波兰、匈牙利那样强烈。1998年捷克举行第四次议会选举，公民民主党不敌社会民主党。在捷克右翼执政8年之后，迎来了捷克剧变后的首次左翼政府。捷克社会民主党在党纲《捷克社会民主党的价值观、目标和原则》里明确提出了对欧基本政策：支持捷克共和国加入欧盟。认为欧盟是一个独立的、自主的、社会民主的、不断争取和平与经济繁荣的欧洲国家组织，并决定其未来发展方向。欧盟可以被看作一个跨国的大型机构，在其范围之内，可以有效地维护欧洲社会模式和民主福利国家，并推动其发展。[①] 在实际的执政过程中，社民党很好地执行了政党纲领中的对欧政策，因此在其任内8年内，将右翼政府提出的"回归欧洲"的口号转变为现实。在1999年5月和2004年5月，捷克分别成为北约和欧盟的成员。捷克的经济转轨由此获得了外部的安全保障、约束力和驱动力，多党议会民主制和市场经济更为巩固。但是，为实现"回归欧洲"、加入欧盟的目标，社会民主党不得不按要求进行公共财政改革，实施紧缩政策，压缩开支，削减社会福利，加重个人税收和社会负担，调高部分商品的增值税率，对欧盟过多让步。这与其建立福利国家、提高人民生活水平和解决失业问题的承诺背道而驰，民众认为社会民主党政府在入盟进程中没有很好地维护民族利益，"欧洲怀疑主义"应运而生。2005年6月，在法国和荷兰相继否决《欧盟宪法条约》后，基督教民主党——捷克斯洛伐克人民党要求立即停止对该条约的宣传，总

[①] 项佐涛、姬文刚：《世界主要政党规章制度文献：中东欧》，中央编译出版社2015年版，第159页。

统克劳斯①和公民民主党认为条约已名存实亡，继续进行批准进程毫无意义，而社会民主党则继续宣传该条约并将完成其批准进程作为政府的首要任务。但是在执政伙伴和反对党的阻挠下，该条约最终没有捷克的签名。《欧盟宪法条约》后被《里斯本条约》取代后，由于克劳斯总统对《里斯本条约》持反对立场，认为通过条约将会削弱捷克主权。② 后历经宪法法院裁定不违宪的情况下，在 2009 年 11 月 3 日，捷克总统克劳斯签署了《里斯本条约》，成为欧盟 27 个成员国中最后一个签署该条约的国家。2010 年 5 月 29 日捷克举行议会选举。捷克社民党获胜，但最终组成了以公民民主党为首的右翼政府。该政府对欧洲仍然持怀疑主义态度。执政后，捷克再次故伎重演，演出了一幕《里斯本条约》翻版戏目。在 2012 年 1 月，内恰斯右翼政府拒绝签署欧盟新财政协议，与英国一道成为欧盟 27 国中仅有的两个明确表示拒签该协议的国家。除此之外，捷克还考量本国利益，一致拒绝采用欧元，成为"软疑欧主义"的代表国家之一。到了 2013 年议会选举后，捷克社民党赢得选举，并与阿诺运动、基督教民主联盟——捷克斯洛伐克人民党联合执政。但是在一个既有保守主义，更有民粹主义的联盟伙伴中凸显自己的社会民主主义价值理念绝非易事。2017 年 10 月的议会选举中，捷克社民党丢掉这次选举。有"捷克特朗普"之称的安德烈·巴比什率领的阿诺运动党获得了 200 个席位中的 78 席，这位捷克国内亿万富豪出任总理后会不会一如既往地提出"反建制"主张，在欧元、难民等问题上与欧盟如何博弈，增添了未来捷克与欧盟之间的不确定性关系。

---

① 克劳斯成为欧洲怀疑主义的典型代表和"反欧盟斗士"与其本身的政治经历密不可分。他在 1991—2002 年出任公民民主党主席，2003—2013 年出任捷克共和国总统。其政治生涯和政治影响力横跨剧变后到入盟后的 20 余年，无论是党主席还是国家元首，克劳斯对欧盟的立场一向是持欧ీ怀疑主义的。详见：Ladislav Cabada, "From Eurogovernmentalism to Hard Euroscepticism—Genesis of the Czech Liberal—Conservative 'Anti-EU' Stream", *The Polish Quarterly of International Affairs*, Vol. 24, No. 2, 2015, p. 19。

② 邢广程：《俄罗斯东欧中亚国家发展报告（2009）》，社会科学文献出版社 2009 年版，第 299—300 页。

四　几点结论

1. "欧洲化"的界定比较复杂，究其原因在于，"欧洲化"既是一种概念，也是一种分析工具。它提供的不仅仅是一种理论范式，更重要的是丰富了既有的一体化理论的研究范畴。

2. 学界将政党政治与"欧洲化"进行理论上的关联研究，实质上仍然围绕的是国内政治与欧盟政治的互动问题进行研究。政党政治的"欧洲化"为丰富并完善一体化理论中有关政治领域内治理结构与欧盟层面的对接提供了可能，使得一体化的研究从宏观的政策指导领域向着微观的政策操作层面转向。

3. 中东欧"欧洲化"的研究受到一些传统研究习惯的影响，仅仅侧重于从成员国自身入手，而忽略了欧盟对成员国的政策传导研究。必须将二者结合起来，才能全面认识中东欧的政治发展。

4. 中东欧国家政党政治转型和发展的实践证明，尤其是波兰、匈牙利、捷克这三个最早加入欧盟的中东欧国家的历史过程进一步证明，"欧洲化"将会日益将国内政治与欧盟政治进行双向对接，并改写甚至重塑欧盟及成员国未来的政党政治图景。

俄罗斯在塞尔维亚(2006—2016)[*]

2006年6月5日,塞尔维亚宣布继承黑山的国际法主体地位。同年6月11日,俄罗斯外交部正式承认塞尔维亚的国际法主体地位,俄塞关系进入新的历史时期。

一 政治领域:首脑会晤频繁,战略合作深化

1.2006—2008年,塞尔维亚领导人5次访问俄罗斯,为调整双边关系奠定基础。2008年两国达成政府间协议,塞尔维亚正式决定参与"南溪"项目塞尔维亚段建设,两国开始进入战略合作初级阶段。

2006年6月13日和2007年6月9日,科什图尼察总理先后到圣彼得堡参加第10届、第11届国际经济论坛,与普京总统举行会谈,讨论巴尔干局势。

2008年1月25日,塔迪奇总统和科什图尼察总理访问俄罗斯,签署《俄塞石油天然气政府间协定》,这份协定奠定了两国能源合作的基石。协定规定,俄罗斯天然气股份公司(Газпром,以下简称"俄气")出资51%,塞尔维亚国有天然气公司(Сербиягаз,以下简称"塞气")出资49%,共同在塞尔维亚组建新公司从事"南溪"天然气管道塞尔维亚段设计、施工、维护、运营;共同建设"巴纳特院子"(Банатский Двор)

---

[*] 南江,河北经贸大学中东欧国际商务研修学院助理研究员;王成云,河北经贸大学国际教育学院院长、教授。

地下天然气储气设施。① 在随后的记者发布会上，两位总统都指出"今天所签署的能源协议具有极其重要的战略意义"，塔迪奇总统特别强调，能源协议将显著增强塞尔维亚在东南欧的战略地位。9月8日，塞尔维亚议会批准该协议。

2008年12月24日，塔迪奇总统访问俄罗斯，与梅德韦杰夫总统举行会谈。两位总统出席了3份石油天然气协议的签署仪式。② 这3份协议是2008年1月25日《俄塞石油天然气政府间协定》的落实文件。塔迪奇指出："今天我们签署能源战略合作协议……这些协议将把塞俄两国紧密联系在一起""塞尔维亚位于俄罗斯与欧盟之间……我们今天签署的天然气协议将使俄罗斯的天然气通过塞尔维亚进入欧洲，也就是说，塞尔维亚将成为这个宏大战略项目的重要一环"。

2. 2009—2012年，塞尔维亚领导人3次访俄，俄罗斯领导人2次访塞，首脑互动频繁，且成果丰硕。2011年3月，普京总理明确表示俄罗斯不反对塞尔维亚加入欧盟，从而打消了两国关系发展的政治障碍。2012年尼科利奇在塞尔维亚总统大选中获胜，他明确塞尔维亚"入盟拒约"的政治道路，两国战略合作进入起步期。

2009年10月20日，梅德韦杰夫总统访问塞尔维亚，这是自2006年塞尔维亚成为国际法主体后，俄罗斯总统首次访塞。双方签署了7份协议，其中包括俄气与塞气就共同建设南溪项目塞尔维亚段、共同建设"巴纳特院子"（Банатский Двор）4.5亿立方米地下储气设施成立合资企业签署合作备忘录，该项目计划投资5亿欧元；协议规定，备忘录签署30天内，俄气出资51%，塞气出资49%，共同成立合资公司 Саут стрим Сербия 负责南溪项目塞尔维亚段的设计、施工、运营管理。两国

---

① "巴纳特院子"：位于塞尔维亚诺维萨德市东北60公里处，是东南欧最大的地下天然气储气库之一，2011年10月1日投入运营。其一昼夜最大处理量为500万立方米，主要供应塞尔维亚、匈牙利和波黑。2011年11月俄塞双方曾签署协议，将"巴纳特院子"最大储气量增加到10亿立方米。2014年10月"巴纳特院子"达到4.5亿立方米的满气量。参见朱晓中《近年来俄罗斯与中东欧国家的能源合作》，《欧亚经济》2014年第5期，第9页。

② 这三份协议是：1. 俄罗斯天然气工业石油公司（Газпром нефть）与塞尔维亚石油公司（Нефтяная индустрия Сербии）股份买卖协议；2. 俄罗斯天然气工业股份公司（Газпром）与塞尔维亚天然气公司（Сербиягаз）合作意向协议；3. 俄罗斯天然气出口股份公司（Газпромэкспорт）与塞尔维亚天然气公司签署谅解备忘录。

内务部还签署了在塞尔维亚城市尼什（Ниш）建立人道主义中心以消除自然灾害等人道主义领域的合作协议；俄罗斯国家杜马与塞尔维亚人民议会签署了两国议会合作协议。启动2009—2011年两国间文化、教育、科技、体育和青年领域的政府合作项目；俄罗斯库尔斯克州政府和塞尔维亚地区经济发展部签署经贸合作协议。梅德韦杰夫参加贝尔格莱德解放65周年纪念活动，向在"二战"中牺牲在塞尔维亚的苏联士兵和塞尔维亚士兵纪念碑敬献花圈。他在塞尔维亚议会发表演讲，首先强调欧洲要公正对待"二战"历史，指出："斯大林体制并不完美，但所有有良知的人都知道，苏联并不是战争的始作俑者""签署欧安条约是保障欧洲大西洋区域安全的开端""俄罗斯与欧盟是战略伙伴……俄罗斯不反对欧盟吸纳包括东欧国家在内的新成员国""俄罗斯希望塞尔维亚能够成为区域能源大国"。在随后的记者会上，塔迪奇总统特别强调塞俄间深厚的历史联系，他找到塞俄间签署的第一份正式法律文件，签署时间是1509年。随后他强调当前"南溪"项目对塞俄合作的重要意义："南溪项目不仅对塞尔维亚，对俄罗斯和欧洲都有重要的战略意义""两国计划在塞尔维亚建设交通走廊，未来5—10年在多瑙河建设新的港口"。

2011年3月23日，普京总理访问塞尔维亚，与塔迪奇总统和茨韦特科维奇总理举行会谈。俄塞签署了4份协定。① 在随后的记者会上，普京指出，塞尔维亚期望尽快加入欧盟，俄罗斯对此并不担心，但会密切关注，希望塞尔维亚入盟不会损害俄塞关系，他相信，会找到两全其美的解决办法。3月24日，普京参观了塞尔维亚最大的东正教圣萨瓦大教堂，被大主教授予塞尔维亚东正教最高勋章。

2012年5月26日，刚在选举中获胜的尼科利奇总统在正式就职前访问俄罗斯。普京指出："2011年俄塞贸易额增长了1.5倍，俄罗斯投资额为14亿美元""2010年俄罗斯对塞贷款2亿美元，今年准备向塞基础设施领域投资8亿美元""俄罗斯不仅视塞尔维亚为巴尔干地区传统合作伙伴，更将塞尔维亚视为共命运的兄弟，这正是未来俄塞双边关系的基石"。尼科利奇指出："如果没有普京的支持，他不会在大选中胜出""塞

---

① 《俄罗斯电力公司与贝尔格莱德市政府合作协定》《俄塞旅游合作协定》《俄塞科技合作协定》《俄塞国际运输协定》。

尔维亚正谋求加入欧盟,但道路漫长""塞尔维亚将保持军事中立,不会加入北约"。

2012年9月11日,尼科利奇总统对俄罗斯进行工作访问,与普京在索契举行会谈,重点谈"南溪"项目,尼科利奇总统希望在12月初启动"南溪"塞尔维亚段建设。

3. 2013—2016年,塞尔维亚领导人11次访问俄罗斯,俄罗斯领导人1次访问塞尔维亚。双方在"南溪"项目、军事领域互动频繁,两国关系的战略性日益凸显。2013年5月24日,两国签署《俄塞战略伙伴声明》,这为深化两国关系奠定了坚实的政治基础。2014年10月普京总统访问塞尔维亚,武契奇总理明确表示,塞尔维亚不会跟随西方制裁俄罗斯。俄塞关系不断深化,两国间战略合作特别是军事领域的战略合作进入快速发展期。

2013年4月9—11日,塞尔维亚总理兼内务部长达契奇访问俄罗斯,这是达契奇担任总理后首次访问俄罗斯,也是塞尔维亚总理时隔五年再次访问俄罗斯。4月10日,达契奇与梅德韦杰夫举行会谈,双方签署了7份协议。[①] 在随后的记者会上,达契奇指出,南溪项目塞尔维亚段将在12月开工建设,总投资额达17亿欧元。在与普京的会谈中,达契奇指出:"俄罗斯是塞尔维亚人民最好的朋友""塞尔维亚地缘形势十分恶劣,除波斯尼亚外所有的邻国要么已是北约成员国,要么正在谋求加入北约"。普京指出:"俄塞关系一贯特殊,特别是在宗教、人文甚至经济领域都存在特殊关系"。

2013年5月24日,尼科利奇总统对俄罗斯进行工作访问,普京总统在索契会见了尼科利奇。尼科利奇指出,"塞尔维亚已经开始准备建设南溪塞尔维亚段"。双方签署了《俄塞战略伙伴声明》。

2013年10月30日,尼科利奇总统对俄罗斯进行私人访问,参加俄罗斯工贸商会组织的投资论坛,尼科利奇总统带着塞尔维亚史上规

---

① 《俄塞关于双方在对方领土牺牲士兵纪念物地位协定》《俄塞金融贷款协定》《俄塞铁路合作协定》《俄罗斯卡卢加州与塞尔维亚贸易通信部经贸合作备忘录》《俄联邦海关局与塞尔维亚海关局、塞尔维亚经济金融部互换贸易统计数据备忘录》《俄塞互认学历学位协定》《俄塞人道主义中心2013—2015年共同行动计划》。

模最大的投资项目到俄罗斯寻找合作机会。两国总统在莫斯科会晤，就双边关系进行讨论。普京指出："塞尔维亚石油公司的纳税额1—9月份达到6.9亿欧元，使塞尔维亚预算增长了37%""2013年俄罗斯对塞投资12亿美元"。尼科利奇指出，塞尔维亚石油公司已成为巴尔干地区规模最大的石油公司；希望能在12月前完成"南溪"项目的投资谈判。

2014年7月7—8日，武契奇担任总理后首次对俄罗斯进行工作访问。7月7日，武契奇总理与梅德韦杰夫总理就能源、金融、基础设施、人文领域的议题进行了广泛的会谈。在随后的记者会上，梅德韦杰夫指出，2013年双边贸易额增长了15%；塞尔维亚国家银行将使用卢布作为结算货币。7月8日，武契奇总理与普京总统举行会谈，武契奇指出，今天将签署的南溪项目合同具有重要的战略意义。

2014年10月15日，普京总统对塞尔维亚进行工作访问，专程参加贝尔格莱德解放七十周年纪念活动，并出席阅兵式。10月16日，普京总统与尼科利奇总统举行会谈，尼科利奇指出："现在塞尔维亚没有敌人，只有朋友——一些是好朋友，一些是一般朋友。我们认为俄罗斯就是我们的好朋友，不只我们这一代人现在这样认为，我们也要像我们的祖辈那样教导我们的下一代，要让他们知道俄罗斯是塞尔维亚的好朋友。"普京重申坚定支持塞尔维亚在科索沃问题上的立场，该立场"不会发生任何改变"；双方将继续推动经贸领域的合作。尼科利奇授予普京"塞尔维亚共和国一级勋章"。

10月16日普京总统与武契奇总理举行会谈，武契奇指出，2014年前8个月双边贸易额增长了29.6%，超过2013年全年贸易额，创历史新高；塞尔维亚是唯一能够出口俄罗斯猪肉的欧洲国家，希望推动意塞合资的菲亚特汽车出口到俄罗斯。[①] 普京指出，不仅双边贸易额有所增长，投资额也在增长，俄罗斯投资的塞尔维亚石油公司（NIS）已经成为塞尔维亚最大的纳税大户；俄罗斯已有投资20亿美元，计划再投资10

[①] 2008年9月28日，意大利与塞尔维亚政府签署协议在塞尔维亚第4大城市克拉古耶瓦茨建立合资企业"菲亚特塞尔维亚"，意大利都灵汽车制造厂出资67%，塞尔维亚国家出资33%，2012年4月建成投产。

亿美元，卢克石油公司（ЛУКОЙЛ）已投资3亿美元；普京同意给予塞尔维亚生产的菲亚特汽车一定的进口配额。在随后进行的记者会中，武契奇总理重申："塞尔维亚反对并不会参加针对俄罗斯的任何制裁行动"；普京指出："俄罗斯对塞投资不断增长，目前投资额已达30亿美元……俄罗斯已向塞尔维亚石油公司投资20亿美元，计划再投资10亿美元。塞尔维亚石油公司长年亏损，俄罗斯注资后，该公司已成为塞尔维亚最大的纳税大户，占塞尔维亚国家预算的14%。此外卢克石油公司已对塞投资3亿—4亿美元，也计划扩大投资""塞尔维亚向俄罗斯出口农产品，贸易额达1.3亿—1.5亿美元……短期内将达到5亿美元""俄罗斯向塞提供8亿美元贷款投资铁路设施，第一阶段提供1.04亿—1.05亿美元贷款""如果算上私人投资的话，俄罗斯可在三年内对塞投资达到100亿美元"。

2015年10月27—29日，武契奇总理对俄罗斯进行为期三天的访问。10月27日武契奇总理与梅德韦杰夫总理举行会谈。双方签署了8份协议。① 在随后的记者会上，梅德韦杰夫指出，俄罗斯从塞尔维亚进口农产品增加了70%，2015年上半年再增加40%；南溪项目中止，可能改线。10月28日，两位总统共同参加第四届"开放的创新"国际技术论坛，2015年塞尔维亚是该论坛嘉宾国。

2016年3月9—10日，尼科利奇总统对莫斯科进行工作访问，3月10日与普京会谈。"东正教国际团结基金"（Международный Общественный Фондединство провославных народов）授予尼科利奇总统勋章；尼科利奇感谢俄罗斯在安理会针对联合国教科文组织接纳科索沃问题上投弃权票。

2016年10月12—14日，尼科利奇总统对俄罗斯进行工作访问，他为塞尔维亚驻圣彼得堡总领馆揭幕。

2016年12月21日，武契奇总理对莫斯科进行工作访问。武契奇在

---

① 1.《俄塞军事技术知识产权保护协定》；2.《俄塞经济合作、吸引投资和项目合作谅解备忘录》；3.《俄联邦移民局和塞尔维亚内务部合作备忘录》；4.《俄联邦禁毒局与塞尔维亚内务部禁止新型毒品合作备忘录》；5.《俄联邦军事技术局与塞尔维亚国防部合作备忘录》；6.《俄联邦青年管理署与塞尔维亚青年和体育部关于青年政策谅解备忘录》；7.《俄塞商务委员会合作备忘录》；8.《俄罗斯国际铁路公司与塞尔维亚铁路公司战略合作备忘录》。

与绍伊古会谈时指出,"希望将两国政治、经济、军事合作水平提升到新高度"。

表1　　　　　　　　　　　两国首脑互访频次

年份	日期	访俄	访塞	签署协议
2006	6.13	科什图尼察总理		
2007	6.9	科什图尼察总理		
2008	1.25	塔迪奇总统、科什图尼察总理		1项
	12.9	塔迪奇总统		参加大牧首葬礼
	12.24	塔迪奇总统		3项
2009	10.20		梅德韦杰夫总统	7项
2010	5.9	塔迪奇总统		参加卫国战争胜利庆典
2011	3.23		普京总理	4项
2012	5.26	尼科利奇总统		就职前访问
	9.11	尼科利奇总统		
2013	4.9—11	达契奇总理		7项
	5.24	尼科利奇总统		签署战略伙伴声明
	10.30	尼科利奇总统		私人访问
2014	2.6—9	尼科利奇总统		冬奥会开幕式
	7.7—8	武契奇总理		"南溪"项目
	10.15—16		普京总统	7项
2015	5.8—9	尼科利奇总统		参加卫国战争胜利庆典
	10.27—29	武契奇总理		8项
2016	3.9—10	尼科利奇总统		
	5.26	武契奇总理		私人访问
	10.12—14	尼科利奇总统		
	12.21	武契奇总理		

资料来源:俄联邦总统网、俄联邦政府网。

二 经贸领域:能源领头,贸易平稳

(一)石油、天然气领域:政府推动、俄气执行、"南溪"突破

2008年1月25日两国签署《俄塞石油天然气合作政府间协定》,该协定规定,俄方执行机构是俄气,塞方执行机构是塞气。两个企业在政府的推动下,以"南溪"项目作为突破口,不断深化能源全领域合作。俄气通过与塞气合资获得在塞尔维亚勘探、开采、加工、存储天然气的权利。俄气的子公司俄石油通过收购塞石油获得在塞尔维亚勘探、开采、加工、销售石油和石油制品的权利。俄塞在石油、天然气领域的合作还延伸至热电领域。

2009年,俄石油获得塞石油51%的控股权,2011年再收购5.15%,从而获得56.15%的股权。塞石油成为东南欧最大的集勘探、开采、加工、销售石油和石油制品为一身的能源公司。该公司在潘切沃(Панчево)和诺维萨德(Нови-Сад)各有一座炼油厂,两座工厂年加工量为730万吨石油;在埃勒米尔(Элемир)有一座液化天然气工厂。该公司的石油制品在本国的市场占有率为85%,在波黑、匈牙利、罗马尼亚、保加利亚和安哥拉都有销售。

2012年10月13日,俄罗斯能源部长兼俄塞经贸科技政府间委员会俄方代表诺瓦克(А. В. Новак)与塞尔维亚能源环保部部长米哈伊洛维奇(З. Михайлович)签署《俄罗斯供应塞尔维亚天然气政府间协定》及其备忘录,2012—2021(含)年俄罗斯每年向塞尔维亚供应50亿立方米天然气,该协定到期9个月前如双方无异议,将自动延期5年。该协议的备忘录规定,塞尔维亚天然气公司须在2014年年底前分三阶段还清俄罗斯天然气出口公司(Газпром экспорт)2000年11月—2011年1月总计3000万美元的天然气债务。①

2013年3月27日,俄罗斯天然气出口公司与塞气子公司Югоросгазом公司签署为期十年的供气合同。11月24日,"南溪"塞尔

---

① http://www.ambasadarusije.rs/ru/novosti/o-dolgovremennih-postavkah-rossiiskogo-gaza-v-ser-biju.

维亚段启动仪式在南巴奇卡州（Южно-Бачский окру）沙伊卡什村（Шайкаш）举行，因外部因素干扰历时已久的"南溪"项目塞尔维亚段终于尘埃落定（见图1）。塞尔维亚总统尼科利奇、总理达契奇、俄罗斯能源部长诺瓦克以及俄气董事长和塞气总经理共同出席启动仪式。当天，普京向南溪塞尔维亚段建设启动仪式致贺信，他指出："南溪管道穿越黑海将俄罗斯天然气输送到东南欧，有效避免过境风险""南溪项目将使塞尔维亚成为欧洲重要的能源中心之一"。

2015年10月28日，俄气与塞气签署谅解备忘录，将在储气、天然气燃料、小型液化天然气站等领域进行合作，研究"巴纳特院子"扩容问题。[①] 2015年俄气子公司中部能源股份公司（Центрэнергохолдинг）与塞尔维亚石油公司签署协议，中部能源股份公司出资51%，塞尔维亚石油公司出资49%共同组建Serbskaya Generaciya LLC Novi Sad公司，该公司于2015年在潘切沃建设140万千瓦（可扩容至208万千瓦）热电厂，预计2018年建成投产。该工厂可保障塞尔维亚石油公司用电需求，此外，还可并入塞尔维亚电网。

2016年3月25日，俄气与塞气签署科技合作协议，进行天然气全领域合作，建立协调委员会和常设工作组。

表2　　　　　　　　　　俄罗斯向塞尔维亚供气情况

年份	供气量（亿 m³）	增长率（%）
2011	13.9	
2014	13.5	
2015	17	23.6
2016	17.5	4.3%

资料来源：俄气网站。

在石化领域，俄罗斯的卢克石油公司在塞尔维亚原油供应和终端消费市场也占有重要地位。卢克石油公司是世界第二大私营石油公司，

[①] 2017年6月3日，俄气与塞气签署协议，将"巴纳特院子"储气容量由4.5亿立方米扩容至7.5亿立方米。

图1 "南溪"塞尔维亚段示意

注：源自俄气网站。

2003年在塞尔维亚私有化过程中，它收购塞尔维亚国有石油公司 Беопетрол 79%股份，成立卢克石油塞尔维亚公司（Лукойл Сербия）。2005—2007年，卢克石油公司对该公司老化的加油站进行大面积改造，并在贝尔格莱德机场及诺维萨德等地新建4座加油站。2008—2011年在塞尔维亚主要城市新建8座加油站。目前，卢克塞尔维亚公司已跻身塞尔维亚前20大公司行列。截至2015年年底，卢克石油公司在塞尔维亚拥有138座加油站。[①]

（二）俄罗斯铁路集团公司

近年来，俄罗斯铁路集团公司（РоссийскиеЖелезныеДороги，以下简称"俄铁"）在塞尔维亚基础设施领域的表现十分抢眼。

[①] http：//www.lukoil.ru/Company/BusinessOperation/GeographicReach/Europe/LUKOILinSerbia。

2013年5月，俄铁子公司"俄铁国际"（РЖД Интернешнл）与塞尔维亚铁路公司（以下简称"塞铁"）签署出口内燃机车和承建基础设施工程协议总承包合同，承建塞尔维亚4条近400公里铁路并取得一项26辆内燃机车组的供货合同。① 俄方提供8亿美元出口贷款。2016年12月13日，俄铁国际提前1年向塞铁交付27辆价值1亿美元的柴油内燃机车组，全部由俄罗斯地铁车辆公司生产。

2014年10月10日，俄铁国际与塞铁签署2017年前完成弗伊弗迪那自治省斯旧帕佐瓦至诺维萨德段复线工程的合同，全长44公里，设计时速200公里。10月16日，双方签署增购内燃机车和升级改造10号泛欧洲走廊3段线路的系列协议，总长112公里，合同总金额1.38亿美元，由俄方提供贷款。② 2016年12月1日，10号走廊的布亚诺瓦茨至布卡列瓦茨段（Буяновац-Букаревац）全长14公里铁路提前1个月完工。

2015年10月，在武契奇总理访俄期间，俄铁国际与塞铁签署承建塞尔维亚铁路调度中心的合同。

2016年7月15日，"俄铁国际"与塞铁签署补充协议，承建旧帕佐瓦至诺维萨德段，合同金额3.38亿美元。同日，11号泛欧走廊塞尔维亚贝尔格莱德至黑山巴尔线的列斯尼克至瓦列沃段（Ресник-Валево）开工，该段全长77.6公里，设计时速120公里，合同金额8000万美元，俄方提供出口信贷，预计2018年6月投入运营。塞尔维亚副总理兼建设、交通和基础设施部部长出席补充协议签署仪式和列瓦段开工仪式。

（三）俄塞贸易稳中有变

自2006年以来，俄塞双边贸易额大致维持在15亿—20亿美元的水平。2006—2011年俄对塞保持顺差，其中2009—2011年，俄方顺差呈现下降趋势。2012—2016年俄方基本处于逆差，其中2014年由于制裁因素，俄从塞大量进口农产品，逆差陡增（见表3）。

---

① 贝尔格莱德至潘切诺全长15公里；泛欧10号走廊全长112公里；旧帕佐瓦至诺维萨德（Стара Пазова-Нови Сад）全长44公里；贝尔格莱德至黑山巴尔全长200公里。

② 旧帕佐瓦至诺维萨德段是匈塞铁路的一部分。

表3　　　　　　　　　俄塞2006—2016年贸易情况　　　　　　单位：亿美元

年份	贸易总额	俄出口	俄进口	俄差额
2006	11.07	8.05	3.02	5.03
2007	13.76	7.91	3.85	4.06
2008	17.71	12.48	5.23	7.25
2009	11.05	7.47	3.58	3.89
2010	14.11	8.42	5.69	2.73
2011	20.10	10.94	9.16	1.78
2012	17.08	7.43	9.65	-2.22
2013	19.74	8.55	11.19	-2.64
2014	16.00	4.97	11.03	-6.06
2015	16.10	8.40	7.70	0.70
2016	16.57	7.7	8.87	-1.17

注：数据来源自俄联邦海关署。

在俄塞贸易结构中，2016年俄罗斯出口塞尔维亚份额最大的5类商品分别是：石油、天然气及其相关矿物制品36.23%；化工制品23.4%；汽车、交通类产品16.27%；金属制品8.34%；农产品8.07%，其中，汽车、交通类产品同比增幅最大，这同俄铁在塞尔维亚的大力经营密切相关。2016年塞尔维亚出口俄罗斯份额最大的5类商品分别是：农产品38.63%；化工制品15.81%；汽车、交通类产品15.41%；纺织品、鞋15.35%；木材、纸浆制品4.84%，其中，农产品同比增幅最大，这同西方制裁俄罗斯密切相关。[①]

（四）俄罗斯推动塞尔维亚加入欧亚经济联盟

2000年8月28日，俄罗斯与南联盟在贝尔格莱德签署无限期自贸协定。该协定第3条、第4条规定，五年内分阶段对原产于两国的1—97大类商品逐步实行免关税。该协定覆盖原产于两国95%的商品、原产于塞尔维亚50%的原材料。2009年4月3日，俄塞签署备忘录调整2000年自

---

① http://russian-trade.com/reports-and-reviews/2017-02/torgovlya-mezhdu-rossiey-i-serbiey-v-2016-g/.

贸协定的免税清单。2011年7月22日俄塞签署备忘录再次调整免税清单。塞尔维亚与俄罗斯主导的欧亚经济联盟成员国白俄罗斯和哈萨克斯坦分别于2009年、2010年签署了双边自贸协定，塞尔维亚对欧亚经济联盟成员国亚美尼亚和吉尔吉斯斯坦也实行最惠国待遇，在此基础上，俄罗斯自2016年起开始推动塞尔维亚加入欧亚经济联盟。① 俄联邦委员会国际事务委员会对此进行了专门研究并形成《欧亚经济联盟与塞尔维亚：一体化前景》的工作报告，设想5—7年内塞尔维亚融入欧亚经济联盟的三种路径。②

三 军事合作：战略互需凸显

（一）2011—2012年，双方军事合作处于起步期

众所周知，塞尔维亚曾遭受北约军事轰炸，而2009年与塞尔维亚关系不睦的两个邻国：克罗地亚和阿尔巴尼亚加入北约，从而使塞尔维亚基本被北约邻国包围，这样的地缘形势增加了塞尔维亚的不安全感。俄罗斯面对北约不断东扩的局面也需要找到突破口，改变战略被动状态。

俄塞两国军方互访始于2011年，是年5月31日—6月3日，塞尔维亚武装力量总参谋长米勒迪奇（Милое Милетич）上将率领塞尔维亚军事代表团访问俄罗斯。6月1日，他与俄罗斯国防部第一副部长、俄罗斯武装力量总参谋长马卡罗夫（Николай Макаров）大将举行会谈，双方讨论了两国军事技术合作问题，两国军事合作开始起步。9月21日，塞尔维亚国防部国务秘书米什杰维奇（Таней Мишчевич）访问俄罗斯，他与俄罗斯国防部副部长安东诺夫（Анатолий Антонов）举行会谈，双方一致认为，两国军事技术合作需要坚实的法律保障。

2012年8月21—23日，塞尔维亚副总理兼国防部长武契奇访问俄罗斯，与俄罗斯副总理兼军工委员会主席罗戈津（Дмитрий Рогозин）举行

---

① 2009年塞白签署自贸协定，2010年塞哈签署自贸协定。2014年5月，俄、白、哈签署《欧亚经济联盟条约》，2015年1月1日欧亚经济联盟正式启动，2015年1月2日、8月12日，亚美尼亚和吉尔吉斯斯坦加入欧亚经济联盟。

② гл. ред. И. С. Иванов, Сербия-ЕАЭС: перспективы интеграции в рамках зоны свободной торговли, М.: НП РСМД, 2016.

会谈，双方初步讨论了在塞尔维亚生产俄式军工产品的可能性问题。

2012年11月28日，俄罗斯副总理兼军工委员会主席罗戈津对塞尔维亚进行工作访问。他与尼科利奇总统、达契奇总理兼内务部长、武契奇第一副总理兼国防部长举行会谈。罗戈津指出，双方专家研究了在塞尔维亚生产俄式武器的可能性，他相信，塞尔维亚完全有能力生产武器和军工产品。为此，俄塞将在议会层面建立军事技术合作委员会，具体军事合作项目将在俄塞签署战略伙伴协定后确定。

（二）2013—2016年，军方高层互动频繁，联合军演动作不断

2013年4月10日，塞尔维亚总理达契奇访问俄罗斯期间，与俄罗斯国防部长邵伊古举行会谈。绍伊古指出，两国军方将根据2012年所达成的共识继续推动双边军事合作。

2013年5月24日俄塞签署战略伙伴声明，其第4条第4项专门提到军事合作："加强长期军事合作""在俄塞军事技术合作工作组框架下提升军事技术合作水平"。此后，两国军事合作进程明显加速。[①] 5月30日，塞尔维亚武装力量总参谋长迪科维奇（Любиш Дикович）上将率领塞尔维亚军事代表团访问俄罗斯，他与俄罗斯国防部第一副部长兼俄罗斯武装力量总参谋长格拉西莫夫（Валерий Герасимов）大将举行会谈，讨论双边两国军事合作问题。格拉西莫夫大将指出，两国致力于提升军事领域的合作水平，将共同培养军官兵并开展联合军演。

11月12—13日，俄罗斯国防部长绍伊古对塞尔维亚进行正式访问，这是14年来俄罗斯国防部长首次访问塞尔维亚。他与尼科利奇总统、达契奇总理、武契奇第一副总理和罗迪奇（Небойшей Родичем）国防部长举行会谈，双方签署了《俄塞军事合作协定》。绍伊古指出，《俄塞军事合作协定》将提升两军总参谋部和各军种的军事合作水平。双方还谈及塞尔维亚军官赴俄军校学习、两军举行联合军演、提升国防工业合作水平。绍伊古邀请塞尔维亚坦克部队参加2014俄罗斯坦克两项大赛。武契

[①] 在俄罗斯国防部网站"搜索"栏输入"塞尔维亚"，时间自2006年6月11日—2017年1月1日，搜索结果有237项；时间自2013年5月24日—2017年1月1日，搜索结果有207项，即自2013年5月24日两国签署战略伙伴协议后，双边军事合作日益密切。

奇指出，塞尔维亚政府将严格依照宪法严守军事中立原则。

2014年3月20日，俄罗斯空降兵代表团对塞尔维亚进行为期三天的访问，参加了俄塞空降兵营级战术军演预备会议。

2014年5月23日，塞尔维亚国防部长加希奇（Братиславом Гашичем）到俄罗斯参加第三届莫斯科国际安全会议，他与俄罗斯国防部长绍伊古举行会谈。绍伊古指出，近年来中国在军事教育、军事技术合作、军工生产领域的合作显著提升。加希奇指出，希望他在任期间继续推动双边军事技术合作。

2014年7月16日，俄罗斯空军航空兵司令科贝拉什（Сергей Кобылаш）少将率领俄国防部代表团对塞尔维亚进行工作访问。俄国防部代表团以观察员身份参加塞尔维亚 Раванница-2014战术级军演，参观了塞尔维亚250防空导弹营和204航空旅。科贝拉什少将与塞尔维亚空军领导人举行会谈，讨论两国空军合作事宜。

2014年8月5日，俄罗斯工程兵司令尤里·斯塔维茨基（Юрий Ставицкий）中将对塞尔维亚进行工作访问，他与塞尔维亚陆军总司令亚历山大·日夫科维奇（Александром Живковичем）上将举行会谈，共同讨论了培训塞尔维亚工程兵搭设浮桥、排雷、参加"开放水域—2015"国际工兵竞赛等事宜。俄方希望通过国际军事竞赛大力提升塞尔维亚工程兵军事技术水平。

2014年8月，10名塞尔维亚特种兵在俄罗斯梁赞高等空降兵指挥学院进行为期两周的伞降培训，这是两国首次举办这类培训。

2014年8月7日，塞尔维亚陆军总司令日夫科维奇上将访问俄罗斯，他与俄罗斯陆军总司令萨柳科夫（Олега Салюкова）上将就两军军事合作举行会谈。萨柳科夫指出，俄罗斯陆军军官学校将继续培养塞尔维亚军官。塞代表团参观了俄罗斯西部战区近卫摩托化第二师。

2014年8月15日，塞尔维亚国防部长加希奇访问俄罗斯，与俄国防部长绍伊古举行会谈，讨论两国军事技术合作，并分析了乌克兰和巴尔干局势。绍伊古指出，俄罗斯欢迎塞尔维亚反对美国及其盟友制裁俄罗斯的立场；制裁不仅有损俄罗斯经济，对欧洲乃至世界经济均产生不利影响。"我认为，制裁促使我们调整政策，我们只会变得更加强大。"绍伊古高度评价俄塞军事合作水平，指出，2014年俄塞两国军事合作达到历史最好水平。①

2014年11月6—16日，俄塞在塞尔维亚举行首次战术级联合反恐军演，俄空降兵和塞陆军特种部队参加此次演习。11月14日，联合军演在尼根茨训练场（Никинци）正式开始，俄罗斯6架"伊尔—76"军用运输机搭载10辆"弩—2"新型伞降战车及装甲运兵车和75名空降兵从塞尔维亚巴塔伊尼察（Батайница）军用机场起飞，15名侦察兵驾驶"弩—2"伞降战车从天而降至演习地点，这是俄罗斯首次向国际社会展示这种高机动性能新型伞降战车。此外，俄罗斯在此次军演中还出动了无人机等先进武器，可以说，此次军演也为俄罗斯武器出口提供了重要演示平台。

2015年4月15日，塞尔维亚国防部长加希奇到俄罗斯参加第四届莫斯科国际安全会议，他与俄罗斯国防部长绍伊古举行会谈。绍伊古指出，我们视塞尔维亚为友善可靠的好朋友，两国先辈有着共同的历史和共同的记忆，这些将我们两国紧密联系在一起。加希奇指出，塞俄军事合作每年都有进步：2012年两国只有10项军事技术合作计划，2013年有16项，2014年有26项，2015年计划30项。绍伊古邀请塞军参加6月俄罗斯举办的"军队—2015"国际军事技术论坛和8月首届俄罗斯国际军事比赛。②

2015年8月1—15日，20名塞尔维亚陆军参加了莫斯科州阿拉比诺训练场（Алабино）举行的"坦克两项"比赛。③ 8月15日，塞尔维亚国防部长加希奇到俄罗斯参加2015国际军事大赛闭幕式，他与俄罗斯国防部长绍伊古举行会谈讨论两国军事合作问题。两位防长讨论了9月即将在俄罗斯举行的由俄罗斯、白俄罗斯、塞尔维亚的陆军、空天军、空降兵部队参加的"斯拉夫兄弟—2015"三国联合军演的问题。

2015年9月2—5日，"斯拉夫兄弟—2015"俄白塞战术级联合军演在俄罗斯克拉斯诺达尔边疆区拉耶夫斯基训练场（Раевский）举行，塞尔维亚派出近60名空降兵参加此次军演。

---

① https://function.mil.ru/news_page/country/more.htm?id=11979018@egNews.
② https://function.mil.ru/news_page/country/more.htm?id=12015797@egNews.
③ 坦克两项比赛是2015国际军事比赛的一部分。

2015年10月2—9日，俄罗斯空天军与塞尔维亚空军首次在俄罗斯阿斯特拉罕州阿舒鲁克训练场（Ашулук）举行"БАРС—2015"战术级联合飞行演习。

2016年3月31日，塞尔维亚第一副总理兼外长达契奇访问俄罗斯，与绍伊古举行会谈，商讨两国军事合作。绍伊古指出，俄塞人道主义中心有机会参与在叙利亚巴尔米拉地区的扫雷行动。

2016年4月27日和8月13日，塞尔维亚新任国防部长德拉日维奇（Зоран Джорджевич）访问俄罗斯，与俄罗斯国防部长绍伊古举行会谈，讨论两国军事合作事宜。德拉日维奇表示，在制裁俄罗斯的问题上，塞尔维亚不会改变自身的立场；双方将继续强化军事领域的合作。

2016年10月20日，俄罗斯空军出动"伊尔—76"运输机抵达塞尔维亚尼什机场，将40吨第一批人道主义物资运至叙利亚阿勒颇。12月21日，绍伊古与到访的塞尔维亚总理武契奇会谈时高度评价此次人道主义行动，"塞尔维亚在用实际行动帮助叙利亚人民渡过艰难时期，此次行动有助于稳定叙利亚局势，也展现了俄塞两国间的高度信任"。[①]

2016年10月27—28日，俄罗斯西部战区司令卡尔塔波洛夫（Андрей Картаполов）上将访问塞尔维亚，他与塞尔维亚军队总参谋长举行会谈，商讨双边军事合作问题。

2016年11月2—15日，"斯拉夫兄弟—2016"俄白塞战术级联合军演在塞尔维亚贝尔格莱德郊区举行，俄罗斯第98空降师独立侦察旅的150名空降兵携带"超光速粒子"无人侦察机参加此次军演。

在军售方面，2016年12月武契奇总理访俄期间，双方曾签署塞购俄"山毛榉"防空导弹系统、6架"米格—29"战斗机的协议。[②] 2016年俄罗斯赠送塞尔维亚30辆T—72C坦克和30辆БРДМ—2装甲侦察战车。[③]

---

① https://function.mil.ru/news_page/country/more.htm?id=12106760@egNews.
② https://rg.ru/2016/12/19/serbiia-kupit-u-rossii-kompleksy-buk.html.
③ https://ru.wikipedia.org/wiki/%D0%A0%D0%BE%D1%.

表4　　　　　　　　　　　俄塞军方互动频次

年份	日期	访俄	访塞	
2011	5.31—6.3	总参谋长		
	9.21	国防部国务秘书		
2012	8.21—23	副总理兼国防部长		
2013	5.30	总参谋长		
	11.12—13		国防部长	
2014	3.20		空降兵代表团	
	5.23	国防部长		莫斯科国际安全会议
	7.16		空军代表团	
	8.5		工程兵代表团	
	8.7	陆军总司令		
	8.15	国防部长		
	11.6—16		联合反恐军演	
2015	4.15	国防部长		莫斯科国际安全会议
	6.30—7.2		空降兵代表团	
	8.15	国防部长		2015国际军事大赛
	9.2—5	"斯拉夫兄弟—2015"		
	10.2—9	"БАРС—2015"空军联合军演		
2016	2.2—5		俄塞空降兵联合军演	
	3.31	第一副总理兼外长		与绍伊古会谈
	4.27	国防部长		莫斯科国际安全会议
	8.12	总参谋长		
	8.13	国防部长		2015国际军事大赛
	10.10—14		"БАРС—2016"空军联合军演	
	10.27—28		西部战区司令	
	11.2—15		斯拉夫兄弟—2016	

注：资料来源自俄罗斯国防部网站。

(三) 俄塞人道主义中心：美国、北约、欧盟的眼中钉

俄塞人道主义中心（Российско-сербскоий гуманитарный центр）位于贝尔格莱德以南200公里的尼什市，距北约驻科索沃最大的邦德斯蒂尔军事基地不到100公里，距美国驻罗马尼亚德韦塞卢空军基地140公里。① 由于这里特殊的地理位置，该中心自设立伊始便受到来自美国、北约和欧盟的强大压力。

设立该中心源于2007年夏席卷巴尔干百年一遇的森林大火。2007年7月24日，应塞尔维亚总理科什图尼察的请求，普京总统命令俄联邦紧急情况部协助塞尔维亚扑灭森林火灾。俄紧急情况部派出"伊尔—76"运输机和水陆两栖飞机支援塞尔维亚救火。2008年两国首脑会晤时，曾数次提到此次行动对塞尔维亚减灾的重要作用。2009年10月20日，俄塞签署《应对自然灾害、人为事故人道主义应急救援协定》，普京总统授权俄联邦紧急情况部在塞尔维亚尼什市建立人道主义中心，以应对巴尔干地区发生自然灾害等紧急情况。2011年普京总理访问塞尔维亚时与塔迪奇总统就成立人道主义中心进行会谈。

2012年4月25日，两国签署《设立俄塞人道主义中心的协议》，该中心正式成立。协议规定：该中心的性质是政府间非营利组织；该中心在塞尔维亚合法注册，享有法人权利；俄塞政府共同出资，也可接受第三国和国际组织提供的资金；俄方主管机构是俄联邦紧急情况部、塞方主管机构是塞尔维亚内务部；协议有效期5年，如双方在协议到期前6个月未提出异议，则自动延期5年。该中心的主要任务是：1. 防灾减灾及相关培训；2. 紧急救援；3. 在塞尔维亚和巴尔干地区开展联合排雷行动；4. 展示先进救援技术及设备。目前，该中心已在塞尔维亚、阿尔巴尼亚、波黑、希腊、斯洛文尼亚开展过救灾行动。②

2013年5月24日，俄塞签署《战略伙伴声明》，该声明第4条专门提到俄塞人道中心紧急响应地区人道主义灾难的重要作用。

---

① 2016年5月12日，美国正式启动罗马尼亚德韦塞卢空军基地部署反导系统，该系统可随时对接北约反导系统。

② 俄塞人道主义中心网站，http://ihc.rs/about。

2014年5—6月，塞尔维亚发生洪灾，俄紧急情况部向塞尔维亚和波黑派出飞机运送140吨人道主义救援物资，该中心组织人力物力两天内将2200名灾民（其中包括600多名儿童）转移到另一城市。

俄塞自2008年起在塞尔维亚开展人道主义联合排雷行动。目前，俄塞人道主义中心负责执行此项行动，该中心已组织在420万平方米范围内排除1.3万颗各式地雷。

目前该中心有9名工作人员，其中塞方5人、俄方4人。由于美国和欧盟对该中心是否会演变为俄罗斯的军事基地始终心存芥蒂，因此，在双重压力下，到目前为止，该中心俄方工作人员尚未获得其应享有的外交豁免权。①

四 俄塞政府间协调机构：俄塞经贸与科技合作政府间委员会

俄塞经贸与科技合作政府间委员会的俄方主席是俄联邦第一副总理罗戈津，塞方主席是塞尔维亚第一副总理兼外长达契奇。委员会副主席是俄联邦经济发展部副部长弗拉基米洛维奇（Груздев Алексей Владимирович），执行秘书是俄联邦经济发展部欧洲、北美、国际组织司司长瓦列里耶维奇（Анисимов Михаил Валериевич）。该委员会自成立以来至今召开过16次会议。

该委员会下设六个工作组，分别是：1. 经贸工作组，俄方代表是俄联邦经济发展部副部长弗拉基米洛维奇，塞方代表是塞尔维亚贸易、旅游、电信国务秘书尼克切维奇（Стеван Никчевич），执行秘书是俄联邦经济发展部欧洲、北美、国际组织司司长瓦列里耶维奇；2. 能源工作组，俄方代表是俄联邦能源部副司长弗拉基米洛维奇（Абрамов Александр Владимирович），塞方代表是塞尔维亚能源部国务秘书菲利波维奇（Мирьяна Филипович），2015年12月17—18日在莫斯科召开会议；3. 农业工作组，尚未开展工作；4. 交通工作组，俄方代表是俄联邦交通部

---

① 《塞尔维亚总统：在俄塞人道主义中心问题上感到压力》，2017年7月3日，俄罗斯卫星通讯社，http://sputniknews.cn/politics/201707031023005075/。

副部长阿纳多利耶维奇（Асаул Николай Анатольевич），塞方代表是塞尔维亚建设、交通、基础设施部国务秘书特里弗诺维奇（Деян Трифунович）；5. 旅游工作组，俄方代表是俄联邦文化部旅游与地区政策司司长谢尔盖耶芙娜（Ярилова Ольга Сергеевна），塞方代表是塞尔维亚贸易、旅游、电信部副部长宾诺（Рената Пинджо）；6. 战略工作组，俄方代表是俄联邦经济发展部副部长弗拉基米洛维奇，塞方代表是塞尔维亚经济部部长科内热维奇（Горан Кнежевич），执行秘书是俄联邦经济发展部欧洲、北美、国际组织司司长瓦列里耶维奇。

此外，在军事领域，双方在议会层面设立"俄塞军事技术合作工作组"。

五　小结

俄罗斯与塞尔维亚同属斯拉夫民族，存在血浓于水的亲缘关系；两国又同属东正教文明圈，存在宗教亲近感；在军事上，俄罗斯帝国曾数次以"保护者"的身份在塞尔维亚土地上征战；[①] 在历史上，上文已提到，俄塞间签署第一个正式法律文件的时间是1509年；俄罗斯帝国与塞尔维亚王国间签署的第一份贸易协定的日期是1879年5月19日。[②] 所有这些无法用金钱衡量的软因素在俄罗斯和塞尔维亚人民之间架起一座无形的心桥，更是推动两国关系向前发展的无形因素。

2006年以来，俄塞关系历经了2006—2008年的调整期和2009—2012年的稳定期。自2013年5月两国签署战略伙伴协议后，双方在能源、铁路、军事领域的合作突飞猛进，这些领域都具有长期性、战略性、拉动作用强、合作深度广的特点，对凝聚两国民心具有重要作用。2015年11月24日—12月3日，塞尔维亚进行的一次民调显示，在美国、欧盟、德国、中国、土耳其、俄罗斯中，最符合塞尔维亚利益的选项依次是：俄

[①] 目前，塞尔维亚有17处俄罗斯（苏联）士兵墓地，共埋葬着5000多名苏联士兵，有近50处苏联士兵纪念碑，此外，还有近1000座"一战"时期战死塞尔维亚的沙俄士兵的墓地。俄罗斯有35处"二战"时期牺牲的塞尔维亚士兵墓。

[②] Ю. М. Галкина, Русско-Дунайское пароходство как инструмент внешней политики Российской империи в 1903 – 1913 гг., С. 86.

罗斯63%、欧盟12%、德国9%、中国7%、美国3%、土耳其1%，塞尔维亚民众对俄罗斯的好感可见一斑。①

当前，俄罗斯正积极推动塞尔维亚加入欧亚经济联盟；中国正积极推动欧亚经济联盟对接"一带一路"。2017年6月7日，塞尔维亚政府宣布成立"与俄罗斯和中国合作国家委员会"，前总统尼科利奇担任该委员会主席，委员会成员包括7名现任部长和7名专家。虽然未来仍需面对诸多压力和困难，但相信在这个委员会的协调下，塞尔维亚与俄罗斯和中国的合作前景会更加美好。

---

① гл. ред. И. С. Иванов, Сербия-ЕАЭС: перспективы интеграции в рамках зоны свободной торговли, С. 12.